二訂版

キーワードで読み解く
所得税の急所

税理士 秋山 友宏 著

一般財団法人 大蔵財務協会

はしがき（二訂版）

　本書は、所得税について、日々発生する事象や確定申告期を中心として発生する事象を、税理士事務所の所長と事務員のやりとりを通じて提供し、問題点の考え方や解決のヒント、申告等の際の留意事項などを説明する形式をとっています（本書のコンセプトについては、「はしがき（初版）」をお読みください。）。平成27年12月の初版からまもなく９年が経過することもあり、その間の税制改正を踏まえ、最近の裁決・判決を取り入れるなどした上で、この度、二訂版として発刊することになりました。発刊に当たり、題材の整理統合、新たな題材の採用など、内容の充実に努めました。

　この９年の間、経済社会の構造変化に対応するための改正が行われました。主なものとしては、配偶者の就業調整を減らすための配偶者控除と配偶者特別控除の改正（平成30年）、働き方改革を後押しする目的による給与所得控除、公的年金等控除及び基礎控除の改正と子育て、介護世帯を配慮した所得金額調整控除の創設（令和２年）などが挙げられます。また、高額所得者に対する税負担の適正化のための措置として、国外中古建物を用いた租税回避へ対応するための不動産所得に係る損益通算の制限（平成３年）、配当について総合課税を適用させる大口株主要件の改正（令和５年10月）、住宅ローン控除をはじめとする住宅税制における所得金額要件の引下げ（令和４年・令和６年）、令和７年から施行される極めて高い水準の所得に対する負担の適正化措置（特定の基準所得金額の課税の特例）の導入などが挙げられます。

　これらの改正には、合計所得金額による制限が多く含まれています。そのため、退職所得で源泉徴収の対象となるものは、かつては確定申告

書への記載を省略していましたが、今日では、合計所得金額による制限規定の増加により、退職所得の記載を省略すると適正な申告書が作成できないケースが多く起こり得ます。このように所得税制はますます複雑化していますが、申告書作成ソフトを活用し、正しい金額を正しく入力すれば、誤りのない確定申告書が作成できます。しかし重要なことは、事実関係を整理した上で法令への当てはめを的確に行うこと、適用可能な制度を失念しないこと、選択可能な制度はその選択を誤らないこと、期限内申告要件や明細書の添付要件などの手続を失念しないこと等であり、それらは申告書作成ソフト入力以前の確認事項であることは、これまでと変わることはありません。

　所得税における論点は数多くあり、また、取扱いが明確にされていないものもあります。本書で取り上げたテーマは、所得税で基本的に重要とされているもの、適用を誤ると税負担に大きな影響がでるもの、確定申告の際に比較的多く見受けられるものを中心としています。キーワードとしたテーマに関連する事象について、法令、通達、裁決、判決等を掲げて説明していますが、その整理の仕方や考え方には、筆者の個人的見解が含まれていることをご了承ください。また、裁決や判決については、題材に関連した箇所の要点のみを掲げていますので、公表されているものは原文を当たっていただければと思います。

　本書が、確定申告業務を始めとして、税理士の皆様の日々の業務に少しでもお役に立てば幸いです。

　最後になりますが、本書の作成にあたり、一般財団法人大蔵財務協会の編集局の皆様に多大なるご支援、ご協力をいただきました。この場をお借りして厚くお礼申し上げます。

　令和6年8月

税理士　秋　山　友　宏

はしがき（初版）

　所得税の確定申告期は税理士の皆様にとって猫の手も借りたいほどの繁忙期です。顧問契約を締結されているお客様は別として、1月下旬から2月上旬にかけて昨年一年間の資料を受け取ります。そのため、資料の受領で初めて昨年一年間の状況が明らかになることも多いものです。既に年を越しており決算対策的なことはできません。即決即断で3月15日のゴール目指して力を結集することになります。この繁忙期、ご依頼を頂いた全てのお客様に対し、誤りのない申告書を作成したいところです。しかし、残念ですがそのようにならないこともあります。避けたいのは、取り返しのつかない大きな誤りです。更正の請求で救われるものはよいのですが、その対象とならないものもあります。期限内申告要件は減ったものの、未だ残されているものもあります。

　ところで、法人税は資本取引を除けば益金と損金の世界です。損失が生じても、その全て又はその多くは当分の間繰り越すことができ、将来の利益と相殺できます。一方、所得税では、業務（事業）と家事の区分に加え、10種類の所得区分があります。家事費が税負担の面で考慮されないのは当然としても、所得の種類によっては損失自体、全く考慮されないものもあります。また、同一年であれば損失と利益の通算ができても、年をまたぐと利益には課税され、損失は何ら考慮されないものもあります。そのため、発生した損失を効果的に活用できるか否かで税負担に大きな階差が生じることになります。

　また、事業と業務の区分も重要です。事業所得と雑所得の区分、不動産所得における事業的規模と事業的規模以外の区分などで問題が生じます。事業の損失であれば他の経常所得との損益通算に制限はありません

が、業務の場合には多くの制限が設けられています。生計一親族に対する事業専従者給与（控除）は業務では認められません。そのため、事業と業務の区分けの考え方、両者の取扱いの差異を確認しておくことも必要です。所得税は生身の人間が得た利益を課税対象とするものです。そのため、資産や所得に種々の区分が設けられ、その取扱いの複雑さも相まって分かりにくいものとなっています。

　本書は、所得税に関するキーワードを取り上げ、そのキーワードに関連したトピックを税理士事務所の所長と事務員のやりとりを通じて提供し、問題点の考え方や解決のヒントを解説する形式をとっています。取り上げたキーワードは、所得税の取扱いを左右する重要なもののほか、確定申告で比較的多く見かける項目や誤りやすい項目としています。結論を左右する事象等に基づき所得税の考え方を整理したものですから、各規定の適用要件などを網羅的に解説したものではない点をご了承ください。

　これから迎える確定申告業務はもとより皆様が日々の税理士業務で直面する所得税の税務判断に際し、本書が幾ばくかお役に立てば幸いです。

　なお、本書では、各キーワードに関連する法令、通達、そして判決・裁決を掲げていますが、その整理の仕方や考え方には筆者の個人的見解が含まれています。また、所得税に限られたことではありませんが、税務の取扱いについては十分明らかにされていないものも多くあります。そのため、文中、意見にわたる部分についても筆者の個人的見解であることをご了承ください。

　最後になりますが、本書の構成、内容そして表記方法などに関し、一般財団法人大蔵財務協会の編集局の皆様に多大なるご支援、ご協力をいただきました。この場をお借りして厚くお礼申し上げます。

　平成27年12月

　　　　　税理士法人エーティーオー財産相談室　秋　山　友　宏

凡　例

本書中に引用する法令等については、以下の略称を使用しています。

1　法令等

　　所　　法……………………所得税法
　　所　　令……………………所得税法施行令
　　所　　規……………………所得税法施行規則
　　相　　法……………………相続税法
　　相　　令……………………相続税法施行令
　　消　　法……………………消費税法
　　通則法………………………国税通則法
　　通則令………………………国税通則法施行令
　　措　　法……………………租税特別措置法
　　措　　令……………………租税特別措置法施行令
　　耐　　令……………………減価償却資産の耐用年数等に関する省令
　　国外送金等調書法…………内国税の適正な課税の確保を図るための国外送金等に係る調書の提出等に関する法律
　　国外送金等調書令…………内国税の適正な課税の確保を図るための国外送金等に係る調書の提出等に関する法律施行令
　　災害減免法…………………災害被害者に対する租税の減免、徴収猶予等に関する法律
　　復興財確法…………………東日本大震災からの復興のための施策を実施するために必要な財源の確保に関する特別措置法
　　地　　法……………………地方税法
　　地　　令……………………地法税法施行令

2 **通達等**

　　所基通……………………所得税基本通達
　　法基通……………………法人税基本通達
　　相基通……………………相続税法基本通達
　　消基通……………………消費税法基本通達
　　措　通……………………租税特別措置法通達
　　耐　通……………………耐用年数の適用等に関する取扱通達

3 **引用の例示**

　法令の引用例は、以下のとおりです。
　　所法59①一………………所得税法第59条第1項第1号

（注）　本書は、令和6年8月1日現在の法令・通達によっています。

目　次

◆ Keyword 1 ◆　事業と業務 …………………………………… 1

Q1　貸金業の登録をしての金銭の貸付け。貸金業の登録自体は、事業所得該当性の根拠となり得るのか　◇「事業」と「業務」の区分（事業所得と雑所得）◇ ……………………………… 2

Q2　不動産所得は、事業（事業的規模）と業務（事業的規模以外）に区分される。貸付件数がいわゆる5棟10室基準に満たない場合は、どのような点で事業的規模該当性が判断されるのか　◇「事業」と「業務」の区分（不動産所得の貸付け規模による区分）◇ ……………………………………………… 10

Q3　未収賃料の貸倒れが発生した場合、貸倒損失として必要経費に算入することでよいか　◇未収入金の貸倒れ処理◇ …………… 17

Q4　固定資産税に課税誤りがあり過去8年度分の税額が返還された。この返還金は受領時の収入に計上するのか、それとも過年分の必要経費を減額する修正申告をするのか　◇過年分損益修正の処理◇ …………………………………………… 23

Q5　災害等により固定資産に損失が生じた場合、その取扱いは事業用資産と業務用資産でどのように異なるか　◇固定資産（事業用・業務用）の災害損失の取扱い◇ ……………………… 27

◆ Keyword 2 ◆　事業の承継と廃止 …………………………… 33

Q1　個人事業の子への承継。棚卸資産を子へ贈与した場合の処理はどのようになるか。また、親所有の店舗の減価償却費等は子の経費になるのか　◇個人事業の承継に係る税務◇ ……………… 34

Q2　事業廃止後に未収金の貸倒れが発生。貸倒れの処理はどのようになるか。更正の請求はいつまでに行うのか　◇事業廃止後に生じた必要経費◇ ………………………………………… 39

Q3　賃貸人である被相続人に相続が発生。遺産分割協議が調うと相続財産である賃貸建物の帰属は相続開始時に遡るが、賃料収入の帰属も同様に考えるのか　◇死亡による不動産賃貸業の承継◇ 46

Q4　医師、弁護士、税理士など一身専属の資格で行う事業者が死亡した場合、事業の承継と廃止はどのような事実から判断されるか　◇一身専属の資格における事業の承継と廃止◇ 53

◆ Keyword 3 ◆　相続取得した減価償却資産 61

Q1　相続取得した減価償却資産の取得価額と未償却残高は、いずれも被相続人の相続開始時の金額を引き継ぐことでよいか　◇相続取得した減価償却資産（取得価額と未償却残高）◇ 62

Q2　相続取得した減価償却資産の償却方法の決定に当たり、その取得日は、被相続人の取得日か、それとも相続による取得日か　◇相続取得した減価償却資産（償却方法）◇ 65

Q3　相続取得した減価償却資産の耐用年数は、被相続人の耐用年数か、それとも相続時に残存年数を見積るのか　◇相続取得した減価償却資産（耐用年数）◇ 70

Q4　相続に伴い減価償却資産に対して支出した費用は、相続した減価償却資産の取得費を構成するのか　◇相続に伴い支出した費用の取扱い◇ 73

◆ Keyword 4 ◆　生計一親族間の取引 77

Q1　事業者が生計一親族に支払う対価は経費にならない。では、親族がその対価を得るために要した費用は事業者の経費となるのか　◇生計一親族間の対価と費用◇ 78

Q2　使用貸借の場合は対価の支払がないが、所得税法56条は適用されるのか　◇生計一親族間の使用貸借と所得税法56条◇ 83

Q3 生計を一にする配偶者への金銭の貸付けで生じた利息収入について、確定申告は必要か　◇生計一親族から受ける利息収入◇ ··· 87

◆ Keyword 5 ◆　青色事業専従者給与 ································· 91
Q1 事業を行っていると資金繰りに悩むこともある。青色事業専従者給与の未払経理処理は認められるか　◇青色事業専従者給与の未払金経理◇ ··· 92
Q2 青色事業専従者は事業に専ら従事する必要がある。他に職業を有する場合、専ら従事に当たるか否かはどのように判断すればよいのか　◇他に職業を有する者の事業専従者該当性◇ ··· 97
Q3 青色事業専従者給与のうち著しく高額な部分は、税務調査において必要経費算入を否認される。何をもって著しく高額と判断されるか　◇著しく高額な青色事業専従者給与◇ ······················· 103

◆ Keyword 6 ◆　同族会社取引と行為計算否認 ············· 109
Q1 同族会社への利率年1％での運転資金の貸付け。貸付利息を無利息に変更すると問題は生じるか。また、将来、貸倒れとなったときはどのような処理となるか　◇同族会社への運転資金等の貸付け◇ ··· 110
Q2 同族会社へ土地等を賃貸する場合、賃貸料の設定について個人オーナーはどのような点に注意が必要か　◇同族会社への土地等の貸付け◇ ·· 118
Q3 同族会社への事務所建物の貸付け。相場賃料で賃貸していたが、同族会社の経営悪化のため賃料を引き下げた。相場賃料を受領しないことで問題が生じるか　◇同族会社への建物等の貸付け◇ ··· 124

Q4　同族会社である不動産管理会社に対する管理料の支払い。不動産管理会社を活用する場合にどのような点を注意すべきか　◇同族会社への不動産管理料の支払◇ ……………… 129

◆ Keyword 7 ◆　不動産貸付けをめぐる税務 …………… 135

Q1　不動産賃貸に関連して生じる金員の所得区分はどのように考えるか。また、不動産所得となる金員の臨時所得該当性はどのように判断されるか　◇不動産所得の範囲と不動産所得に係る金員の臨時所得該当性◇ ………………………………… 136

Q2　賃貸マンションの一室の一括リフォームを行った。ユニットバス、システムキッチン、トイレの各設備を交換し、壁紙の張替えと床の補修を行った。資本的支出と修繕費の区分、旧設備の除却費用はどのように処理するのか　◇賃貸建物等のリフォーム処理◇ ……………………………………… 144

Q3　賃貸建物の塀の当て逃げ事故による破損。火災保険の特約で受け取った保険金と原状回復のための支出についての課税関係はどのようになるか　◇固定資産の資産損失における原状回復費用の取扱い◇ …………………………………… 150

Q4　賃貸用の中古マンションを購入した。土地、建物、建物附属設備の区分はどのようにしたらよいか　◇中古マンションの取得価額の土地と建物等の区分◇ ……………………… 156

Q5　賃貸建物の建替えのための取壊し。資産損失（除却損）と取壊し費用の必要経費計上については、どのような点に注意したらよいのか　◇賃貸建物の取壊しをめぐる取扱い◇ ……… 163

◆ Keyword 8 ◆　立退料の所得区分 ………………………… 169

Q1　自宅として使用している賃借建物の立退料として受領した金員の所得区分。一時所得となる場合、その収入を得る

ために支出した金額をどのように考えるか ◇ 賃借している自宅建物の立退料 ◇ 170

Q2 事業所得者が受ける事務所の立退料のうち、収益補償相当額は事業所得の収入金額となる。その収益補償該当性はどのように考えるのか ◇ 賃借している事務所の立退料 ◇ 174

Q3 賃借した建物を他に転貸している場合、賃借人が受ける立退料と転借人に支払う立退料の取扱いはどのようになるのか ◇ 転貸建物に係る立退料 ◇ 182

◆ Keyword 9 ◆ 生活に通常必要でない資産 187

Q1 生活に通常必要でない資産の譲渡損失が生じなかったものとみなされるのは、個々の譲渡所得の段階か、それとも損益通算の段階か ◇ 生活に必要でない資産の譲渡損失 ◇ 188

Q2 生活に通常必要でない資産の災害による損失の控除の取扱いはどのようになっているのか ◇ 生活に通常必要でない資産の災害損失 ◇ 192

Q3 不動産所得の損失は損益通算の対象となるのが原則であるが、その対象とならないものもある ◇ 保養目的の不動産の貸付けによる損失 ◇ 196

◆ Keyword 10 ◆ 上場株式等の所得に係る課税方式選択 199

Q1 源泉徴収選択口座の譲渡益と他の口座の譲渡損失とを通算すると税負担が軽減される。しかし、通算後の所得が増えると医療保険料が増加する場合がある ◇ 上場株式等に係る課税方式の選択（源泉徴収選択口座と所得制限）◇ 200

Q2 上場株式等の配当等のうち特定上場株式の配当等については、総合課税、申告分離課税、申告不要の有利選択になる。

大口株主等については原則総合課税になるが、その判定はどのように行うのか　◇上場株式等に係る課税方式の選択（大口株主等とそれ以外）◇ ……………………………………… 204

Q3　利子配当受入れ源泉徴収選択口座は申告不要を選択できる。申告を選択した方がよいケースとしてはどのようなことが考えられるか　◇上場株式等に係る課税方式の選択（利子配当受入れ源泉徴収選択口座）◇ ……………………………………… 210

Q4　上場株式等の譲渡損失の繰越控除は申告要件とされている。過去の譲渡損失の申告を失念していた場合、繰越控除が認められる場合と認められない場合がある　◇上場株式等に係る課税方式の選択（譲渡損失の繰越控除）◇ ……… 215

◆ Keyword 11 ◆　為替差損益の認識 …………………………… 221

Q1　海外賃貸不動産への投資。現地通貨による決済のため為替差損益が発生することが考えられる。どのような取引を行うと為替差損益の認識が必要になるのか　◇為替差損益の認識の要否◇ ……………………………………………………… 222

Q2　外貨建借入金を返済した場合は、借入時の円換算額と返済時の円換算額との差額を為替差損益として認識することになる。外貨建借入金を借り換えた場合も為替差損益を認識することになるのか　◇為替差損益の認識（外貨建借入金の借換え）◇ …………………………………………………………… 227

Q3　外国株式などの外貨建資産への投資を源泉徴収選択口座で行っている。確定申告に当たり上場株式等の譲渡や配当について申告不要を選択するとしても、為替差損益の計上が必要になる場合があるのか　◇為替差損益の認識（特定口座取引）◇ ………………………………………………………… 233

◆ Keyword 12 ◆　生活の本拠と非居住者課税 ……………… 241

Q1　居住者・非居住者の判定における生活の本拠は、客観的事実により判定されるが、その判定はどのように行われるのか　◇ 生活の本拠による居住者・非居住者の区分 ◇ …………… 242

Q2　国外勤務により非居住者になると国内源泉所得のみが課税対象になるが、その課税方式はどのようになるのか　◇ 非居住者に対する国内源泉所得の課税方式 ◇ …………………… 249

Q3　出国年や帰国年のように居住者期間と非居住者期間がある場合、所得税の手続に加え、住民税の取扱いについての検討が必要になることがある　◇ 居住者期間と非居住者期間がある場合の手続 ◇ ……………………………………………… 256

◆ Keyword 13 ◆　所得内通算、損益通算、純損失の繰越しと繰戻し ……………… 261

Q1　不動産所得の損失は、その全てにおいて他の不動産所得との所得内通算及び他の所得と損益通算することができるか　◇ 所得内通算と損益通算（不動産所得） ◇ ………………… 262

Q2　譲渡所得における所得内通算と損益通算はどのように行われるのか　◇ 所得内通算と損益通算（譲渡所得） ◇ …………… 269

Q3　純損失が生じた場合、翌年以降に繰り越すことが多いが、前年への繰戻しを選択することも考えられる。繰越しと繰戻し、手続の違いはあるのか　◇ 純損失の繰越しと繰戻し ◇ ……… 272

Q4　準確定申告で青色申告に係る純損失が発生。事業を引き継いだ相続人において控除できるのか。それとも、繰戻しによる還付請求をするのか　◇ 準確定申告における純損失の繰戻し ◇ ………………………………………………………… 277

◆ Keyword 14 ◆　所得金額の合計額 ……………………………… 281

Q1　所得金額により適用要件に制限が加えられる。「合計所得金額」と「総所得金額等」は何が異なり、それぞれどこで適用されるのか　◇「合計所得金額」と「総所得金額等」◇ ……… 282

Q2　退職所得の金額は合計所得金額や総所得金額等に含まれる。退職所得がある場合の確定申告ではどのような点に注意が必要か　◇ 確定申告を要しない所得と合計所得金額 ◇ ……………… 290

Q3　財産債務調書の提出基準の一つに所得金額基準（2,000万円超）がある。判定に含めない所得はあるか。措置法の特別控除は適用前と適用後のいずれで判定するのか　◇ 財産債務調書の提出基準とされる所得金額の合計額 ◇ ………………………… 294

◆ Keyword 15 ◆　税額控除制度 ……………………………… 297

Q1　税額控除を選択した寄附金の控除漏れがあることが判明。更正の請求をすることは可能か。また、所得控除に変更しての更正の請求はどうか　◇ 税額控除制度における当初申告要件 ◇ ……………………………………………………………………… 298

Q2　親所有の建物を増改築により二世帯住宅にするか、それとも建替えで二世帯住宅を建築するか。住宅ローン控除の適用に当たり、どのような点に注意が必要か　◇ 両親との同居における住宅ローン控除（増改築か二世帯住宅か）◇ ……… 302

Q3　住宅ローン控除は、居住年を含めその前後の一定期間に居住用財産の譲渡特例の適用を受けていると適用できない場合がある。この取扱いは、他の住宅税制についても同様か　◇ 住宅ローン控除等の適用制限 ◇ ………………………… 308

Q4　源泉徴収選択口座による国外株式等への投資。配当等から外国所得税が差し引かれたときの源泉徴収税額の計算方法は、外国税額控除の対象と分配時調整外国税相当額控除

の対象で異なる。源泉徴収選択口座について申告を選択するときの注意点は何か　◇金融証券税制における二重課税の調整◇ 313

Q5　国外不動産の売却で譲渡益が生じている。同一年に国内の不動産も売却しており、こちらは譲渡損失となった。国外不動産の譲渡についての外国税額控除を適用する際にはどのような点に注意したらよいか　◇外国税額控除の適用時期と調整国外所得金額◇ 318

◆ Keyword 16 ◆　還付請求手続 323

Q1　還付申告書に提出期間の定めはない。その場合の提出期限についてどのように考えるのか　◇還付申告書の提出期限◇ 324

Q2　更正の請求は法定申告期限から5年以内に行う必要がある。還付申告書には法定申告期限は定められていないため、更正の請求期限の起算日はいつからとなるのか　◇還付申告書に係る更正の請求期限◇ 329

◆ Keyword 17 ◆　所得税申告と他税目 333

Q1　満期保険金の支払を受けた。保険料の負担者と満期保険金の受取人が異なれば、全てみなし贈与として贈与税の課税対象になるのか　◇満期保険金の課税関係◇ 334

Q2　所得税では合計所得金額による種々の制限が設けられている。この合計所得金額による制限は、所得税以外の税目にも影響するのか　◇住宅取得等資金贈与（贈与税）と合計所得金額◇ 340

Q3　親所有の土地に二世帯住宅を建てる場合、住宅ローン控除と将来の相続時の小規模宅地等の減額特例のどちらを優

先させるのか　◇持ち家の持ち方（住宅ローン控除と小規模宅地等の減額特例）◇ ··· 344

Q4　アパート収入や月極めの駐車場収入は、所得税では不動産所得となるが、個人事業税では「不動産貸付業」と「駐車場業」に区分される。その区分はどのように行われるのか　◇個人事業税と青色申告決算書◇ ································· 350

Q5　所得税の確定申告をすると個人事業税の申告をしたものとみなされる。個人事業を廃業した場合も同様にみなされるのか　◇事業の廃止と個人事業税の申告◇ ································· 356

◆ Keyword 1 ◆
事業と業務

　所得税法は、「事業」と「業務」を使い分けて規定しています。多くの場合、その違いにより税務処理が異なるのが原則です。「事業」の取扱いは、基本的には法人税（企業会計）の取扱いと同様ですが、「業務」となると、必要経費算入の制限などが設けられています。

　所得区分でみますと、事業所得と雑所得（業務に係る雑所得）の区分があります。前者が「事業」で、後者が「業務」になります。この区分について、国税庁では、令和4年10月に「業務に係る雑所得（事業所得等との区分）」に関する通達（所基通35－2）を改正しました。その通達解説において、事業では、一般に記帳・帳簿書類の保存が行われるため、その有無による事業所得と業務に係る雑所得の一応の区分（イメージ）が示されてはいるものの、最終的には社会通念（収入金額の状況や営利性、有償性、継続性、反復性の有無、自己の危険と計算における企画遂行性の有無、人的物的設備の有無など）により総合判定するという従前の考え方と変わるものではないといえます。

　また、不動産所得では、事業的規模と事業的規模以外に区分され、前者が「事業」、後者が「業務」になります。この区分は賃料収入の状況や貸付管理の状況等から判断されますが、実務上は、特に反証がない限り、いわゆる5棟10室基準（所基通26－9）が用いられています。

　ここでは、「事業」と「業務」の区分け及び課税上の取扱いの差異について取り上げています。

◆「事業」と「業務」の区分（事業所得と雑所得）◆

Q1　貸金業の登録をしての金銭の貸付け。貸金業の登録自体は、事業所得該当性の根拠となり得るのか

////////////////////////// **税理士事務所ある日のやりとり** //////////////////////////

事務員　小山様、相続した上場株式の売却代金を元手に個人で貸金業を始められるそうです。既に貸金業の登録もお済みだそうです。

所　長　法人7社のオーナーで多忙なのに、このうえ貸金業まで始めるの？

事務員　銀行より低い利率でその7社に運転資金の貸付けをするようです。経営状態が悪化しているF社は銀行からの借入れは難しいですし……。

所　長　なるほど。オーナーとしての会社運営の一環ということもあるようだな。

事務員　貸金業として登録済ですから事業所得となり、F社が倒産して損失が生じても給与所得と損益通算できることをご説明しておきました。

所　長　オーナーをされている法人以外にも貸付けをするのかな？

事務員　それはないようです。法人経営で手一杯だそうですから……。

所　長　だとすると事業所得ではなく雑所得として扱われてしまうよ。損失が生じても給与と損益通算はできないね。

事務員　えーっ!!　そうなんですか？

所長の解説

　所得税における「事業」と「業務」の区分の主なものとしては、①事業所得と雑所得の区分、②不動産所得を生ずべき事業と業務の区分があります。ここでは前者について取り上げます。なお、雑所得は、公的年金等に係る雑所得、業務に係る雑所得（所基通35－2）、その他雑所得（所基通35－1）の3区分とされていますが、ここでは、業務に係る雑所得と事業所得の区分になります。

1　事業所得と雑所得の区分

　事業所得と雑所得（業務に係る雑所得）の区分けにより、所得税の取扱いが変わるものが多くあります。主な取扱いの差異としては、次表に掲げるものがあります。

　なお、次表の③及び④については、その他雑所得に係るものも含まれます。

◆事業所得と雑所得における主な取扱いの差異（措置法を除く。）◆

	項　目	事業所得	雑所得
①	資産損失・貸倒損失（所法51①②④）	必要経費算入	所得金額を限度として必要経費算入
②	青色事業専従者給与又は事業専従者控除（所法57①③）	適用あり	適用なし
③	損失が生じた場合の他の所得との損益通算（所法69①）	適用あり	適用なし
④	純損失の繰越控除（所法70①②）	青色申告に係るもの及び白色申告による一定のもの（注）は適用あり	適用なし

⑤	青色申告（所法143）	適用あり	適用なし
⑥	延納に係る利子税（所令97①）	事業所得の金額に対応する部分は必要経費算入	必要経費不算入
⑦	青色申告決算書又は収支内訳書の添付（所法120⑥、149）	適用あり	前々年分の業務に係る収入が1,000万円超に限り適用あり
⑧	帳簿書類の備付け、保存（所法148①、232①②）	適用あり	前々年分の業務に係る収入が1,000万円超に限り、現金預金取引等関係書類の保存の必要あり

（注）　変動所得の金額の計算上生じた損失及び被災事業用資産の損失に限られる。

2　「業務に係る雑所得」に関する通達改正

　昨今のシェアリングエコノミー等の「新分野の経済活動に係る所得」や「副業に係る所得」の増加に伴い、国税庁では「業務に係る雑所得（事業所得等との区分）」に関する通達（所基通35－2）を改正しました（令和4年10月7日付（下記の 参考 の「1」を参照））。

　改正後の通達の注書きで、「事業所得と認められるかどうかは、その所得を得るための活動が、社会通念上事業と称するに至る程度で行われているかどうかで判定する。」とした上で、「なお、その所得に係る取引を記録した帳簿書類の保存がない場合（その所得に係る収入金額が300万円を超え、かつ、事業所得と認められる事実がある場合を除く。）には、業務に係る雑所得（資産（山林を除く。）の譲渡から生ずる所得については、譲渡所得又はその他雑所得）に該当することに留意する。」との一応の区分についての考え方が示され、そのイメージとして次表が掲げられています（国税庁HP「雑所得の範囲の取扱いに関する所得税基本通達の解説」を一部改変）。

◆事業所得と業務に係る雑所得等の区分（イメージ）◆

収入金額	記帳・帳簿書類の保存あり	記帳・帳簿書類の保存なし
300万円超	概ね事業所得(注)	概ね業務に係る雑所得
300万円以下		業務に係る雑所得 ※資産の譲渡による所得は、譲渡所得・その他雑所得

(注) 次のような場合には、事業と認められるかどうかを個別に判断することとなる。
① その所得の収入金額が僅少と認められる場合
② その所得を得る活動に営利性が認められない場合

> **参考**
>
> 「業務に係る雑所得」をめぐる税務
> 1 「業務に係る雑所得」とは
>   次に掲げるような所得が該当することとされています。ただし、事業所得又は山林所得と認められるものは除かれます（所基通35－2）。
>   ① 動産（不動産所得（所法26①）に規定する船舶及び航空機を除く。）の貸付けによる所得
>   ② 工業所有権の使用料（専用実施権の設定等により一時に受ける対価を含む。）に係る所得
>   ③ 温泉を利用する権利の設定による所得
>   ④ 原稿、さし絵、作曲、レコードの吹き込み若しくはデザインの報酬、放送謝金、著作権の使用料又は講演料等に係る所得
>   ⑤ 採石権、鉱業権の貸付けによる所得
>   ⑥ 金銭の貸付けによる所得
>   ⑦ 営利を目的として継続的に行う資産の譲渡から生ずる所得
>   ⑧ 保有期間が5年以内の山林の伐採又は譲渡による所得
>   (注) 事業所得と認められるかどうかは、その所得を得るための活動が、社会通念上事業と称するに至る程度で行われているかどうかで判定する。
>   なお、その所得に係る取引を記録した帳簿書類の保存がない場合（その所得に係る収入金額が300万円を超え、かつ、事業所得と認められる事実がある場合を除く。）には、業務に係る雑所得（資産（山林を除く。）の譲渡から生ずる所得については、譲渡所得又はその他雑所得）に該当することに留意する。
>
> 2 「現金預金取引等関係書類」の保存と「収支内訳書等」の作成・添付
>   令和4年分以後の所得税における業務に係る雑所得については、次のとおりとされています。

> (1) 「現金預金取引等関係書類」の保存
>   その年の前々年分の業務に係る雑所得の収入金額が300万円を超える者は、「現金預金取引等関係書類」(請求書、領収書等のうち、現金の受もしくは払出しまたは預貯金の預入もしくは引出しに際して作成されたもの)の保存が義務付けられています(所法232②、所規102⑦)。
> (2) 「収支内訳書等」の作成・添付等
>   業務に係る雑所得を有しており、その年の前々年分の業務に係る雑所得の収入金額が1,000万円を超える者が確定申告書を提出する場合には、総収入金額や必要経費の内容を記載した書類(収支内訳書など)の添付が必要です(所法120⑥)。
>   一方、その年の前々年分の収入金額が300万円以下である者は、いわゆる現金主義の特例の適用があります(確定申告書にこの特例を受ける旨の記載が必要)(所法67②、所令196の2)。

 上記の事業所得と業務に係る雑所得等の区分(イメージ)は、取引の記帳や帳簿書類の保存が行われている場合は、一般には、営利性、継続性、企画遂行性を有し、社会通念での判定において、事業所得に区分される場合が多いとの考え方によるものですが、①その所得の収入金額が僅少と認められる場合、②その所得を得る活動に営利性が認められない場合には、個別判断を必要としています。

 そのため、個別案件による最終的な判定は、これまでの判決等で判示される社会通念(いわゆる事業にあたるかどうかは、結局、一般社会通念によって決めるほかないが、これを決めるにあたっては営利性・有償性の有無、継続性・反復性の有無、自己の危険と計算における企画遂行性の有無、その取引に費やした精神的あるいは肉体的労力の程度、人的・物的設備の有無、その取引の目的、その者の職歴・社会的地位・生活状況などの諸点が検討されるべき(東京地裁昭和48年7月18日判決))によることに変わりはなく、その中でも最も重視されるのは、次に掲げる判決で判示されているとおり、取引の営利性と他の収入状況といえます。

> 医療法人社団の副院長による洋画等の制作及び販売は、有償性、継続性、反復性があり、自己の計算と危険において企画遂行されている活動であるが、毎年、多額の損失を計上し、その費用は毎年の給与収入等で賄われていることから、営利性がなく事業所得に該当しないとされた事例（横浜地裁令和3年3月24日判決）

○　裁判所の判断
　本件制作販売等は、有償性、継続性、反復性、原告の計算と危険における企画遂行性を有し、物的設備を備え、さらに、原告が相当の精神的・肉体的労力を費やして行っていた活動であるといえるものの、これらの活動に要する資金は、専ら原告が医療法人社団の理事長を務め、医師として診療行為を行うことにより得た給与所得及び資産から調達されており、しかも、本件各年分における客観的収支状況や販売実績に照らせば、多額の資金を投じる一方で、収益は全く上がっておらず、およそ相当程度の期間継続して安定した収益が得られる見込みがあったとはいえず、客観的にみて営利を目的として行われたものともいえないことからすれば、社会通念上、本件制作販売等が、自己の計算と危険において独立して営まれ、営利性、有償性を有し、かつ反復継続して遂行する意思と社会的地位とが客観的に認められる業務であるとはいえず、事業に該当しない。

3　事業者としての登録と事業所得該当性

　冒頭の所長と事務員のやりとりにもありましたが、事業所得該当性は、事業者としての登録や資格に基づく所得であることのみで認められるものでもありません。例えば、貸金業における事業所得該当性については、特定の者以外にも広く金銭の貸付行為が行われているなど、その貸付けが事業と称するにふさわしい状況が必要とされています（下記判決参照）。

貸金業の登録はしているものの、金銭の貸付行為は、営利を目的とした社会通念上の事業として行われているとは認め難いとされた事例（東京地裁平成5年10月29日判決）

○　裁判所の判断

　金銭の貸付けが所得税法上の事業に該当するか否かは、社会通念に照らして、その営利性、継続性及び独立性の有無によって判断するのが相当であり、具体的には、その貸付口数、貸付金額、利率、貸付けの相手方、担保権の設定の有無、貸付資金の調達方法、貸付けのための広告宣伝の状況その他諸般の状況を総合勘案して判断することとなる（所基通27－6参照）。

　原告の貸付けは、昭和63年以降は、原告自らが経営者の立場にあり、原告以外からの借入れを行っていない原告関連2社に対するもののみであり、その貸付けは2社の運転資金又は事業資金のためのものとみられること、それ以外の貸付けは、昭和63年以前に原告の知人ないし知人の経営会社に対するものが2件程度あるのみで、その貸付けも担保等を取ることなく、契約書等をも作成しないいわゆる信用貸しであること、本件貸付けに際しても、担保の設定など事前の債権回収確保の措置を何ら講じていないこと、昭和63年以降の貸付けの利率は、貸付資金を銀行から借り入れる際の借入利率を下回っているため、貸付額を多くすればするほど損失が増える状態となっており、利息収入については貸付資金の借入利息の支払を下回っていて、少なくともこの期間に関しては収益性を欠く貸付けとなっていること、貸金業のための事務所や従業員等の独立した物的人的設備は全くないこと、貸金業としての看板の設置や広告宣伝等広く顧客を求める方策を何ら講じていないことなどからすれば、原告が貸金業の登録を行っていたことを考慮しても、なお、原告が本件貸付けを事業として行っていたものとはいえないというべきである。

　この判決及び上記2の横浜地裁判決のいずれにおいても、当初申告における事業所得の金額は損失です。損失が継続し、他の所得等で生活資金を得ているような状況では、その損失状況からの脱却に努めているな

どの具体的な事実でもない限り、事業所得と認められることはないといえます。

> **ポイント**
>
> ■　事業は、「自己の計算と危険において利益を得ることを目的として継続的に行う経済活動」とされる。
> ■　事業所得を生ずべき事業該当性においてはその営利性が重視される。損失が継続し、他の所得等で生活資金を得ているような状況では、一般には事業と認められない

◆ 「事業」と「業務」の区分（不動産所得の貸付け規模による区分）◆

Q2 不動産所得は、事業（事業的規模）と業務（事業的規模以外）に区分される。貸付件数がいわゆる5棟10室基準に満たない場合は、どのような点で事業的規模該当性が判断されるのか

////////////////////////// **税理士事務所ある日のやりとり** //////////////////////////

事務員 白井様、ビルの1階で経営していた居酒屋を法人経営にしたため事業所得はなくなりました。

所　長 ここ3～4年間の売上が、対前年比30％増と順調だから法人成りを勧めたんだよね。

事務員 ところで、青色申告特別控除ですけど、賃料収入は年1,200万円もあるし、複式簿記で記帳し、e-Taxで申告していますから65万円でいいですよね。

所　長 確か…、ビルは5階建てだから貸付件数は5室だよね。5棟又は10室に満たないし、実質判定になるけど…。

事務員 実質判定とは、よく言われている"社会通念"というものですよね。

所　長 入居者の募集は不動産屋に依頼していたと思うし、賃料も銀行振込だろう。ビルだから日々の清掃もほとんどないだろうしね…。

事務員 年間1,200万円も賃料収入があってもダメですかね。

所　長 いくつも裁決があるけど、賃料が多いだけでは認められていないんだよ。

事務員 そうですか…。では、青色申告特別控除は10万円ということで白井様にお伝えします。

///

所長の解説

　不動産所得は、かつては利子・配当とともに資産所得とされていたこともあり、役務提供度合いが低い所得と位置付けられています。まずは、事業的規模（事業）と事業的規模以外（業務）の区分による税務上の取扱いの差異について確認します。

1　不動産貸付けにおける事業的規模と事業的規模以外の区分

　不動産所得は、不動産等の貸付けによる所得です。数多くの賃貸物件を所有し賃貸する場合に限らず、自宅の一室のみを賃貸する場合（食事の提供がある場合を除く。）も不動産所得になります。しかし、貸付けの規模が「事業的規模」か、「事業的規模以外（業務）」かにより、税務上の取扱いが異なることになります。

　税務上の取扱いの主な違いは次表のとおりです。

◇不動産貸付けが事業的規模か否かによる主な取扱いの差異◇

項　目		事業的規模	事業的規模以外（業務）
収入計上時期（前受け、未収の経理を行っている場合）（昭48付直所2－78）		期間対応可	1年以内の期間の賃料に限り期間対応可
資産損失	取壊し、除却、滅失等（所法51①④）	必要経費算入	不動産所得の金額を限度として必要経費算入
	災害等（所法51①④、72①）	同上	必要経費算入（同上）と雑損控除との選択適用

貸倒損失 （所法51②、64①）	必要経費算入	総収入金額に計上した年分に遡って、総収入金額を減額 ⇨ 更正請求
青色事業専従者給与又は事業専従者控除（所法57①③）	適用あり（注）	適用なし
延納に係る利子税 （所令97①）	不動産所得の金額に対応する部分は必要経費算入	必要経費不算入
青色申告特別控除 （措法25の2①③）	一定の要件を具備することにより最高65万円	最高10万円（ただし、事業所得を有する場合は最高65万円）

（注） 不動産所得は、一般に役務提供度合いが低いことから、事業専従者の役務提供内容について十分な検討が必要である。

2 いわゆる5棟10室基準

不動産所得における事業（事業的規模）と業務（事業的規模以外）の区分については、5棟10室基準といわれている基本通達が用意されています（下記の参考通達参照）。

> **参考通達**
> **所得税基本通達26－9（建物の貸付けが事業として行われているかどうかの判定）**
> 　建物の貸付けが不動産所得を生ずべき事業として行われているかどうかは、社会通念上事業と称するに至る程度の規模で建物の貸付けを行っているかどうかにより判定すべきであるが、次に掲げる事実のいずれか一に該当する場合又は賃貸料の収入の状況、貸付資産の管理の状況等からみてこれらの場合に準ずる事情があると認められる場合には、特に反証がない限り、事業として行われているものとする。
> (1) 貸間、アパート等については、貸与することができる独立した室数がおおむね10以上であること。
> (2) 独立家屋の貸付けについては、おおむね5棟以上であること。

この通達は、その前段において社会通念により事業該当性を判定するとの原則を掲げた上で、次のいずれかに該当すれば事業として取り扱うことを定めています。
① 独立家屋であればおおむね5棟以上、アパート等であればおおむね10室以上のいずれかであり、特に事業ではないとする反証がない場合
② 賃貸料の収入の状況、貸付資産の管理の状況等からみて①に準ずる事情があり、特に事業ではないとする反証がない場合

　申告実務では、上記①のおおむね5棟、おおむね10室を満たせば事業として取り扱っていることが多いと思います。この貸付件数による基準を満たしている状況でその事業該当性を否定するには、課税庁による「反証」が必要とされています。すなわち、事業に該当しないことを課税庁自ら立証する必要があるわけです。そのようなこともあり、この基準を満たしていれば否認される可能性は低いといえます。

　②は、いわゆる5棟10室基準を満たさないものの、賃貸収入が比較的多額で、かつ、不動産管理に事務量を要するような場合における事実認定による判定といえます。しかし、この判定に持ち込まれると、事業の性質として掲げられる各性質（営利性・有償性、反復・継続性、自己の危険と計算における事業遂行性、精神的・肉体的労力の程度、人的・物的設備の有無など）が持ち出され、それらを総合しての事業該当性が判断されています（下記裁決参照）。

> 建物の貸付けに係る維持管理等の程度が実質的には相当低いとして、不動産所得を生ずべき事業に当たらないとされた事例（平成19年12月4日裁決　裁決事例集74集37頁）
>
> ○　審判所の判断
> 　本件貸付けについては、営利性、継続性、人的・物的設備など部分部分としてみた場合は直ちに事業ではないということはできない要素

> も認められるが、本件貸付けは、本件同族会社2社及び親族に対する限定的かつ専属的なものであり、（中略）賃貸料は、それぞれの法人の収入及び人員割合が計算の根拠となっていることからすると、請求人における事業遂行上その企画性は乏しく、危険負担も少ないと認められる。また、本件建物は、その構造からみて他に賃貸が可能である等の汎用性が少ないなど、これらの点における請求人の自己の危険と計算による事業遂行性は希薄であると認められる。さらに、本件建物の設備等の管理・修理点検等は請求人が行っているものの、清掃及び冷暖房設備点検、ビルの防犯・火災のセキュリティ契約等は本件同族会社2社が行っていること、賃貸料の集金等はインターネットバンキングにより振替処理されていること、また、本件貸付物件は本件同族会社2社及び親族に継続して貸し付けられていることから、請求人にとって賃借人の募集等をする必要はなく、賃貸料の改定交渉等の業務の煩雑さもなく、ビル管理業務等の負担も軽微であることから、本件貸付けに費やす精神的・肉体的労力の程度は、実質的には相当低いと認められる。
> 　これらの諸点を総合勘案すると、本件貸付けは、社会通念上事業と称するに至る程度のものとは認められないと判断するのが相当である。

　一般に、貸付事業（業務）の遂行に関し必要な役務提供を行う場合、貸主自ら行う、使用人を雇って行わせる、外注先に依頼するなどの方法があります。また、賃料の受領についても、自ら集金する、入居者に持参させる、銀行振込みで受けるなどの方法があります。更に、賃貸借契約についても、個々の入居者と賃貸借契約を締結する、サブリース業者等と一括貸付契約を締結する、などの方法があります。いずれの方法で行うかはいわば経営方針の違いと考えますが、上記裁決の内容からすると、不動産所得の事業該当性の判定においては、貸主自らが役務提供を行う度合いが多いことが求められているように窺えます。

3　賃料収入が高額の場合

　店舗用の大きな建物のみを賃貸している場合のように、貸付件数は少

ないものの高額の賃料収入を得ているケースもあるかと思います。個人事業税が賦課される不動産貸付業は、棟数や室数による基準のほか、貸付けに係る総床面積や年間賃料収入による基準が設けられている場合がありますが、次に掲げる裁決にあるように、所得税においては、年間賃料収入や不動産所得の金額が比較的高額であり、賃料収入により生活資金を捻出していても、前述の社会通念による事業性の有無により判断されています。

> **宅地開発により賃貸用店舗を建設し、生活費の源泉を確保するものであっても、役務提供度合いが低いことにより、不動産所得を生ずべき事業には該当しないとされた事例（平成19年12月12日裁決　広裁（所）平19－16）**
>
> ○　審判所の判断
> 　請求人は、同人が営む不動産貸付けは、山林を宅地に開発して賃貸用店舗を建設し、生活費の源泉を確保するものであるから、不動産所得を生ずべき事業に該当する旨主張する。
> 　しかしながら、①貸付物件の賃貸料収入は全て振込みのため集金業務はないこと、②賃貸物件の維持管理費用は賃借人が負担することとなっていること、③請求人及び夫の不動産貸付に係る役務の提供の程度は相当低いこと、④貸付物件の維持管理を他の者に依頼していないことなどから、本件不動産貸付けに係る請求人の精神的・肉体的労力は僅少であるといえる。また、貸店舗は、賃借人が利用することを前提として賃借人の要望する設計に沿って建築されたものであり、貸店舗以外の貸付物件は単なる土地の貸付けであることからすれば、本件不動産貸付けに係る請求人の企画性は薄く、自己の計算における事業遂行性に乏しいと認められることから、請求人が営む不動産貸付けは、社会通念上事業と称するに至る程度のものとは認められない。
> 　また、請求人は、個人事業税の納税義務者であり、かつ消費税の課税事業者でもあるから、法的安定性の要請からすれば、税法上の概念の統一的理解が図られるべきであり、請求人の貸付けは所得税法上の事業にも該当する旨主張する。

しかしながら、各税法の趣旨、目的は異なるものであり、事業の解釈についても、それぞれの法令の趣旨、目的に沿ってその意義を解釈すべきであるから、請求人の主張には理由がない。

ポイント

- 貸付け規模がいわゆる5棟10室基準を満たしている場合において、事業的規模に該当しないとする事実認定による反証は、課税庁が負うことになる。
- いわゆる5棟10室基準を満たしていない場合で、事実認定による事業該当性の判断においては、社会通念による判断となるものの、貸主自らによる役務提供度合いが重視される。

◆ 未収入金の貸倒れ処理 ◆

Q3　未収賃料の貸倒れが発生した場合、貸倒損失として必要経費に算入することでよいか

////////////////////////　**税理士事務所ある日のやりとり**　////////////////////////

事務員　金子様のアパート、家賃の未収が多いです。入居審査を厳しくしないといけないのかもしれませんね。

所　長　でも、下手に条件を厳しくして、入居者が見つからなくて空室になってしまうのも困るんじゃない？

事務員　そんな甘いことをおっしゃっても、所長、先月なんて、入居者の一人が夜逃げをしたそうですよ。朝になったらもぬけの殻、行方不明だそうでこれでは家賃の請求ができません！未収賃料は、一昨年の11月からの18か月分で、合計90万円にもなっています。貸倒処理をしますね。

所　長　うーん、困った話だね……。ところで、金子様のご所有は、アパート１棟だけだよね。何室あるのかな？

事務員　６室です。

所　長　そうか、それなら、未収賃料を今年の分、前年の分、前々年の分に分けて、前年と前々年分は更正の請求をしたらいい。未収賃料の内訳が分かる書類を添付して、更正の請求書を税務署に提出しなさい。

事務員　え？　でも、法人税では全て貸倒処理ですよ。所得税ではどうして更正の請求になるのですか？

所　長　事業的規模の物件なら全て今年の貸倒れで法人税と同じだけどね。６室では事業的規模とはいえず、業務になるからね。

//

所長の解説

1 未収賃料の貸倒れ等に関する取扱い

　未収賃料の貸倒れについては、不動産の貸付けが「事業として」行われているか否かで、取扱いが異なります。

　所得税法51条《資産損失》2項は、居住者の営む不動産所得等を生ずべき事業について、その事業の遂行上生じた売掛金の貸倒れ等の損失の金額は、その損失の生じた日の属する年分の不動産所得等の金額の計算上、必要経費に算入する旨規定しています。すなわち、貸付けが事業的規模で（事業として）行われている場合は、その貸倒れが生じた時点で必要経費となります。

　一方、貸付けが事業的規模以外（業務）の場合の未収賃料（収入）の貸倒れについては、所得税法64条《資産の譲渡代金が回収不能となった場合等の所得計算の特例》1項の規定が適用され、その賃料収入がなかったものとされます。

◆不動産の貸付規模による貸倒損失の適用条項◆

区　分	事業（事業的規模）	業務（事業的規模以外）
未収賃料の貸倒れ	所得税法51条2項 （必要経費算入）	所得税法64条1項 （収入をなかったものとする）

　そのため、その未収賃料を収入計上した年分の所得税について更正の請求をすることになります（所法152）。更正の請求期限については、所得税法152条では貸倒れが生じた日の翌日から2か月以内とされていますが、同条において、国税通則法23条1項の規定による更正の請求をすることができる旨定められているため、法定申告期限（当初申告が還付申告書（所法122）の場合は当該申告書の提出日。以下同じ。）から5年

以内でよいと解されています。法定申告期限から5年を経過した後に貸倒れが生じた場合には、その生じた日の翌日から2か月以内に更正の請求を行う必要があります（所得税法152条《各種所得の金額に異動を生じた場合の更正の請求の特例》における更正の請求期限の考え方については、"keyword 2　事業の承継と廃止"のQ2（40頁）参照）。

2　未収賃料の貸倒れに係る更正の請求

不動産の貸付規模が事業的規模以外の場合で未収賃料の貸倒れが生じたとき、未収賃料を収入計上した年分の不動産所得の金額を再計算します。しかし、全てのケースで更正の請求ができるとは限りません。

この場合、不動産所得の金額の計算上なかったものとみなされる金額は、次の①～③の金額のうち、最も低い金額となります（所令180②、所基通64－2の2）。

① 　回収不能額等
② 　当該回収不能額等が生じた時の直前において確定している該当年分の課税標準の合計額（総所得金額、短期譲渡所得の金額、長期譲渡所得の金額、上場株式等に係る配当所得等の金額、一般株式等に係る譲渡所得等の金額、上場株式等に係る譲渡所得等の金額、先物取引に係る雑所得等の金額、退職所得金額及び山林所得金額の合計額）
③ 　回収不能額等に係る上記②に掲げる金額の計算の基礎とされる各種所得の金額

例えば、50万円の未収賃料を計上した年分について、その50万円が貸倒れとなった場合について、次の3つのケースでみていきます。

◆具体例《50万円の未収賃料が貸倒れとなったケース》◆　　　（単位：万円）

区分		【ケース1】		【ケース2】		【ケース3】	
		当初申告	再計算	当初申告	再計算	当初申告	再計算
不動産所得	収入金額	150	100	150	110	150	150
	必要経費	70	70	110	110	180	180
	所得金額	80	30	40	0	△30	△30
給与所得		240	240	240	240	240	240
総所得金額		320	270	280	240	210	210

【ケース1】　貸倒額≦当初申告の不動産所得の金額の場合

① 回収不能額等　未収賃料 50万円
② 課税標準の合計額　総所得金額 320万円
③ 不動産所得の金額　80万円
　⇨　①～③のうち最も少ない金額　50万円

　収入金額は、当初申告額150万円のうち貸倒れの50万円がなかったものとされ100万円になります。その結果、総所得金額を320万円から270万円へ減額する更正の請求を行います。

【ケース2】　貸倒額＞当初申告の不動産所得の金額の場合

① 回収不能額等　未収賃料 50万円
② 課税標準の合計額　総所得金額 280万円
③ 不動産所得の金額　40万円
　⇨　①～③のうち最も少ない金額　40万円

　なかったものとされる金額は、未収賃料50万円のうち当初申告の不動産所得の金額の40万円が限度となります。その結果、総所得金額を280

万円から240万円へ減額する更正の請求を行います。

【ケース3】 当初申告の不動産所得の金額がマイナスの場合
① 回収不能額等　未収賃料 50万円
② 課税標準の合計額　総所得金額 210万円
③ 不動産所得の金額　△30万円（マイナスにつき0）
　⇒ ①〜③のうち最も少ない金額　0円

当初申告の不動産所得の金額が損失の場合、なかったものとされる金額は0円になります。再計算額は当初申告額と同額となるため、更正の請求の対象にはなりません。

【ケース2】及び【ケース3】のように、なかったものとされる金額は、当初の不動産所得の金額の範囲内となります。この事例は、未収賃料を計上した年分と貸倒れが生じた年分が異なる場合ですが、いずれも同一年分の場合（例えば2月分の未収賃料が、その年の10月に貸倒れとなる場合）も、この所得税法64条が適用されます。

いわば、事業的規模以外（業務）の場合の未収賃料の貸倒れは、実質的に不動産所得の金額が限度とされ、建物の取壊しによる資産損失（所法51④）の取扱いと同様の考え方がとられているといえます。

3　未収利息の貸倒れ

貸付金の未収利息の貸倒れの取扱いも、上記2の未収賃料の貸倒れと同様になります。ただし、未収利息の場合は、貸付金元本も貸倒れになります。税務処理としては、事業所得であれば貸倒れが生じた時に未収利息と貸付金元本の合計額が必要経費となり（所法51②）、雑所得であれば未収利息は収入に計上した年分について更正の請求を行い（所法64①、152）、貸付金元本はその事実が発生した年分の雑所得の金額の範囲内で必要経費となります（所法51④）。そのため、貸付金元本の貸倒れ

は、年金所得など他の雑所得がなければ、税務上、救済されないことになります（"keyword 6　同族会社取引と行為計算否認"のＱ１（114頁）参照）。

> **ポイント**
> ■ 不動産の貸付けが事業的規模の場合の未収賃料の貸倒れは、その貸倒れが生じた年分の必要経費になる。
> ■ 不動産の貸付けが事業的規模以外（業務）の場合の未収賃料の貸倒れは、その未収賃料を収入計上した年分の賃料収入がなかったものとして更正の請求を行う。

◆ 過年分損益修正の処理 ◆

Q4 固定資産税に課税誤りがあり過去8年度分の税額が返還された。この返還金は受領時の収入に計上するのか、それとも過年分の必要経費を減額する修正申告をするのか

////////////////////// **税理士事務所ある日のやりとり** //////////////////////

事務員 固定資産税にも課税誤りがあるんですねぇ……。前田様、過去8年間分の固定資産税80万円が無事に返還されました！

所　長 地方税法の規定では還付請求権は5年で時効だけど、今回の前田様のように、市町村によっては5年を超えて返還される場合もあるようだからね。

事務員 ところで、これは賃貸アパートの土地の固定資産税です。今年の不動産所得の収入としておきますね。

所　長 ん？　前田様の場合は事業的規模ではないだろう。これまでの必要経費が過大だったことになるので修正申告になるんじゃないかな。

事務員 え？　8年間も遡って修正申告をするのですか？

所　長 国税の徴収権の時効は原則5年。「偽りその他不正の行為」なら7年だけど……。今回は地方税当局の誤りだから、それには該当しないよね。5年間分の修正申告の準備をすればいいんだよ。

事務員 自主的な修正申告で加算税はかからないとしても、延滞税がかかったら、泣きっ面に蜂でひどいですよ。

所　長 大丈夫、大丈夫。延滞税も免除になるはずだよ。修正申告書には、修正申告理由をきちんと記載しておきなさい。

所長の解説

　不動産の貸付けが事業的規模の場合、返還された8年間分の固定資産税の合計額を不動産所得の収入に計上します。他方、事業的規模以外の場合は、過去の各年分の必要経費（租税公課）が過大であったとして修正申告することになります。

1　固定資産税等の課税誤りによる還付金請求権

　固定資産税や都市計画税（以下「固定資産税等」という。）の課税誤りによる過誤納金還付請求権は、その請求をすることができる日から5年で時効となります（地法18の3①）。ただし、その市町村に特別の返還金支払要綱の定めがあれば、それに定められた期間（一般には10年間）について、一定の手続のもと返還を請求することができます。なお、市町村によっては、納税者が課税明細書、領収書等により過大納付の事実を証明すれば、10年を超えて返還請求ができる場合もあるようです。

2　返還される固定資産税等の取扱い

　未収賃料の貸倒れ処理については、前記Q3に記載したとおりです。すなわち、未収賃料が事業的規模による貸付けで生じたものである場合は、その貸倒れが生じた時の貸倒損失として必要経費に算入し（所法51②）、事業的規模以外（業務）による貸付けで生じたものである場合は、未収賃料として収入計上をした各年分の収入が過大であった旨の更正の請求をすることでした（所法64①、152）。

　これは、所得税における過年分の損益修正は、事業（事業的規模）の場合はその事由が生じた年分で処理し、業務（事業的規模以外）の場合は、該当年分で処理をしようとするものです。この考え方により、不動産所得の必要経費に算入した固定資産税等が課税誤りにより還付された場合は、事業的規模の場合は、その還付が確定した年分において不動産

所得の雑収入に計上し、一方、事業的規模以外の場合は、必要経費（固定資産税等）が過大であった年分について、必要経費を減額する修正申告をすることと解されています。

　以上は、不動産所得を生ずべき事業又は業務の用に供される固定資産に係る固定資産税等の課税誤りに関する取扱いですが、事業所得を生ずべき事業用固定資産と雑所得を生ずべき業務用固定資産に係る固定資産税等の課税誤りについても同様です。

3　修正申告の遡及可能年数と延滞税

　国税の徴収権の消滅時効は、原則、その国税の法定納期限から5年間とされていますから（通則法72①）、修正申告は、偽りその他不正の行為（通則法70⑤一）に該当しなければ、直近の5年間分についてすることができます。このような修正申告は、一般には、自主的に提出するものであり更正を予知したものに当たらないため、加算税は賦課されません（通則法65⑥）。

　また、延滞税については、人的災害等があった場合、一定期間について免除されます。法令では、納税額の全部又は一部について申告できなかった原因について「火薬類の爆発、交通事故その他の人為による異常な災害又は事故により」（通則令26の2三）と規定されていますが、税務職員による誤指導や課税標準の計算不能など、納税者が社会通念上なすべき行為をつくしているといえるときは、これら事由も「人為による異常な事故」の一態様に含まれることとされています（平13徴管2－35ほか「人為による異常な災害又は事故による延滞税の免除について（法令解釈通達）」）。

　固定資産税等の課税誤りについては、その原因を確認する必要がありますが、地方税当局に原因がある場合は、延滞税の免除事由に該当すると考えます。

　なお、返還金のほかに還付加算金（地法17の4①）を受領する場合が

あります。還付加算金は雑所得となり（所基通35－1⑷)、その支払を受けた日の属する年分の所得として申告します（国税庁質疑応答事例「還付加算金の収入すべき時期」参照）。

4　固定資産税等の課税誤りによる追加納付

　過去の固定資産税等に課税誤りがあり、還付ではなく追加納付を求められた場合の処理はどのようになるのでしょうか。租税公課の必要経費算入は、賦課決定手続により追加納付すべきことが確定した時（所基通37－5）とされていますから、事業的規模か否かにかかわらず、その通知を受けた日の属する年分において必要経費に算入することになります。

ポイント

- 必要経費に算入した固定資産税等の課税誤りによる返還金については、事業（事業的規模）の場合は返還金の通知書を受領した日の収入に計上し、業務（事業的規模以外）の場合は、過年分の必要経費（租税公課）を減額する修正申告となる。
- 修正申告書を提出できるのは、原則、過去5年間分である。
- 固定資産税等の課税誤りによる追加納付額は、事業的規模か否かにかかわらず、賦課決定通知を受けた日の属する年分の必要経費（租税公課）とする。

◆ 固定資産（事業用・業務用）の災害損失の取扱い ◆

Q5 災害等により固定資産に損失が生じた場合、その取扱いは事業用資産と業務用資産でどのように異なるか

////////////////////// **税理士事務所ある日のやりとり** //////////////////////

事務員 所長、大変です‼ 先日の台風による洪水で小川様のアパートが流されてしまいました。幸い、入居者は避難しており、死傷者は1人もいらっしゃらないとのことです。

所　長 そうか、それはよかった……。ところで、火災保険の水害補償は受けられるのかな？

事務員 それが、小川様は2年前に築古物件を購入されて、あと数年で建て替えるつもりだったそうで、火災保険には入っていなかったようです。

所　長 うーん……、それでは、建物の簿価は？　後片付けの費用はいくらかかった？

事務員 建物の簿価は980万円で、後片付けの費用の支出はこれからだそうです。アパートは全室で6部屋なので、業務扱いになり、そのため、資産損失は所得金額が限度です。ちなみに、今年の2か月分の不動産所得は80万円程度だったので、今回の資産損失980万円のうち900万円は切捨てになってしまいますね。

所　長 いやいや、雑損控除を選択すればいいよ。控除しきれない損失があれば、雑損失の金額として翌年以後へ繰り越せばいい。

事務員 えぇ？　ご自宅ではなくて業務用資産ですよ？

所　長 事業用資産や生活に通常必要でない資産に該当しなければ、雑損控除を選ぶのはOKだよ。

所長の解説

1 業務用固定資産の災害損失

(1) 資産損失と雑損控除の選択

　災害、盗難又は横領により、一定の資産（生活に通常必要でない資産、事業用資産を除く。）に損失が生じた場合、雑損控除が適用できます（所法72①）。保険金や損害賠償金を受領する場合には、損失額からこれら保険金等を控除した後の金額が対象になります。

　不動産の貸付規模が事業的規模以外の場合、賃貸建物は業務用固定資産に該当します。業務用固定資産は、生活に通常必要でない資産及び事業用資産のいずれにも該当しませんから、その災害等による損害については、資産損失（所法51④）と雑損控除（所法72①）の選択適用になります。業務用固定資産に係る資産損失は、次表のとおりその資産損失を控除する前の不動産所得の金額が必要経費算入の限度額となるため、控除しきれない損失が生じるような場合は、雑損控除の適用を検討する必要があります。

◇不動産の貸付規模による資産損失の適用条項◇

区　分	事業（事業的規模）	業務（事業的規模以外）
賃貸建物本体に生じた損失	所得税法51条1項（必要経費算入）	所得税法51条4項（損失控除前の所得金額を限度として必要経費算入）

(2) 資産損失と雑損控除における損失額の計算

　ここでは、災害により賃貸建物が全損した場合について記載しています（業務用資産が一部損壊した場合の資産損失については、"keyword 7 不動産貸付けをめぐる税務"のQ3（153頁）参照）。なお、発生資材は生じていないものとしています。

ア　資産損失の場合

　資産損失における損失額は、直前の簿価相当額になります。ただし、保険金等を受領する場合は、保険金等を控除します（所法51①④）。

> **算式**
> 　資産損失における損失額 ＝ 直前の簿価 － 保険金等の額

　なお、直前の簿価よりも保険金等の額が大きい場合、その超える部分の金額は非課税になります（所法9①十八、所令30二）。

　また、後片付費用は、不動産所得の必要経費になります（所法37①）。

イ　雑損控除の場合

　雑損控除における損失額は、直前の時価に基づき計算することとされていましたが、使用又は期間の経過により減価するものについては、平成26年分以後は時価と簿価の有利な方を選択できるようになりました（所令206③一）。保険金については、資産損失と同様、損失額から控除し（所法72①）、保険差益が生じた場合は非課税になります（法9①十八、所令30二）。

> **算式**
> 雑損控除における損失額
> 　＝ 直前の時価又は簿価 ＋ 災害関連支出 － 保険金等の額

　なお、雑損控除を選択した場合、後片付費用は、災害関連支出として損失額を構成することになります。

資産損失と雑損控除の計算について、次の具体例でみてみましょう。

◆具体例《業務用資産に災害損失が生じたケース》◆

> 賃貸建物の災害直前の簿価（未償却残額）　980万円
> 賃貸建物の災害直前の時価　980万円
> 後片付費用　50万円

【ケース１】　資産損失を選択する場合

・資産損失額　簿価の980万円（ただし、資産損失控除前の不動産所得の金額が限度）

・後片付費用50万円は全て必要経費

　なお、仮に1,200万円の建物本体の損害に係る保険金等を受領する場合は、資産損失額は０円となり、保険差益220万円（1,200万円－980万円）は非課税になります。

【ケース２】　雑損控除を選択する場合

・損失額＝　直前の時価又は簿価　　　　後片付費用
　　　　　　980万円　　＋　　50万円　　＝　1,030万円

　なお、仮に1,200万円の建物本体の損害に係る保険金等を受領する場合は、損失額が０円となり、保険差益170万円（1,200万円－1,030万円）は非課税になります。

　雑損控除における控除額は、所得金額等に応じた足切額があります。所得控除は、まず雑損控除から行いますが、その雑損控除額が所得金額の合計額より大きいときは、控除しきれない額は雑損失の金額として翌年以後３年間（特定非常災害に係るものは５年間）繰り越すことができます（所法71①、71の２①）。

2　事業用固定資産の災害損失

　事業用固定資産（事業所得、不動産所得又は山林所得を生ずべき事業

の用に供される固定資産)については、雑損控除の適用はなく、全て資産損失としてその簿価相当額がその事業に係る所得の必要経費になります(所法51①)。事業用の繰延資産についても同様です(所令140)。

なお、保険金等の受領がある場合には、その損失額から保険金等の額を控除した残額が必要経費となります。損失額より保険金等の額が大きい場合のその差額(保険差益)が非課税となる点は、業務用固定資産と同様です(所法9①十八、所令30二)。

資産損失控除後の所得金額が損失となった場合は、損益通算の対象となり、通算しきれない損失は、青色申告者であれば純損失の繰戻し還付請求(所法140)又は繰越控除、白色申告者であれば被災事業用資産の損失の繰越控除の適用があります。繰越控除の年数は、いずれも3年間ですが、特定非常災害に係るものは5年間になります(所法70①②、70の2①~③)。

ポイント

- アパートなどの業務用資産の災害損失については、資産損失と雑損控除の有利選択となる。災害関連支出は、雑損控除では損失額を構成するが、資産損失では損失額ではなく、別途、不動産所得の必要経費となる。
- 事業用資産の災害損失は、資産損失として必要経費に算入する。

◆ Keyword 2 ◆
事業の承継と廃止

　事業主が死亡し、相続人等がその事業を承継すれば、事業は廃止されず継続していると考えるのが原則です。これは死亡による承継に限られるものではなく、世代交代等により事業が承継される場合も同様です。親が営んでいたときに生じた債権が、相続により子へ承継された後に貸し倒れた場合は、その貸倒れが生じた日において、子の必要経費として処理をすることになります。

　また、事業が承継されず廃止された場合において、その廃止後に費用や損失が生じる場合があります。事業が廃止され総収入金額がありませんから、「事業を廃止した場合の必要経費の特例」により、原則として、事業廃止年分の必要経費とすべく、更正の請求を行うことになります。

　なお、賃貸物件の相続による承継では、遺産分割協議が調うまでの期間（未分割期間）の処理が問題になりますが、この点については業務（事業的規模以外）についても同様です。また、一身専属の資格に基づく事業の場合には、相続人が同じ資格を有し事業を承継したようにみえたとしても、事業が廃止されたとした裁決が存在するなど、相続等における事業承継は、事実関係をどのように評価するかで異なる結論となる場合があります。前述の「事業を廃止した場合の必要経費の特例」は、事業が廃止された場合に限って適用されるものですから、事業の廃止又は承継の判断が重要になります。

　ここでは、個人事業の承継や廃止に係る事例を取り上げています。

◆ 個人事業の承継に係る税務 ◆

Q1　個人事業の子への承継。棚卸資産を子へ贈与した場合の処理はどのようになるか。また、親所有の店舗の減価償却費等は子の経費になるのか

////////////////// **税理士事務所ある日のやりとり** //////////////////

（事務員）　手作り小物のお店を営まれている大谷様から、事業承継についてご相談がありました。お母様も80歳を超えられたので、事業専従者の娘さんに事業を譲られるようです。

（所　長）　そうか、もうそんなお歳だったかなあ……。あそこは小さい店だけど、土産店として結構流行っているし、経営も順調だよね。法人にするような規模ではないけどね。

（事務員）　棚卸資産は娘さんに贈与されるそうです。ですので、財産評価基本通達の定めで評価して、贈与税の申告が必要になるとお伝えしました。

（所　長）　ん？　娘さんは贈与税だけど、お母様は棚卸資産のみなし譲渡になるぞ。

（事務員）　相続や贈与で取得した場合、単に取得価額を引き継げばいいのではないですか？

（所　長）　相続の場合はそうだけど、棚卸資産の贈与はみなし譲渡だよ。ところで、お母様ご所有の店舗は譲渡しないんだよね？

（事務員）　はい、店舗はそのままで無償使用ですね。ところで、生計一親族の場合、減価償却はどうなるんでしたっけ？

（所　長）　おいおい、店舗の減価償却は所得税法56条の適用だろう。お母様が有償で賃貸したと仮定した場合の減価償却費が、娘さ

んの経費になるわけだ。

💡 所長の解説

1　棚卸資産の相続又は贈与による移転

　親子間における事業承継では、相続によるものと贈与（世代交代）によるものがあります。棚卸資産の移転については、相続による場合と贈与による場合で取扱いが異なる点に注意が必要です。

　相続（限定承認を除く。）による場合は、被相続人に所得課税は行われませんが、贈与（相続人に対する死因贈与を除く。）や遺贈（包括遺贈及び相続人に対する特定遺贈を除く。）による場合は、贈与（遺贈）者にみなし譲渡課税が行われます（所法40①一）。

◆棚卸資産の相続と贈与◆

区　分		被相続人又は贈与者の所得課税	相続人又は受贈者の棚卸資産の取得価額
棚卸資産の移転	相続	所得課税なし	被相続人の死亡時の評価方法による評価額（所令103②一）
	贈与	みなし譲渡（所法40①一）（注）	みなし譲渡による金額（所法40②一）

（注）　通常他に販売する価額となるが（所基通39－1）、棚卸資産の取得価額以上の金額をもってその備え付ける帳簿に所定の記載を行い、これを総収入金額に計上しているときは、当該金額が時価の70％未満でない限り認められる（所基通39－2）。

　上記は所得税の取扱いですが、棚卸資産を相続又は贈与で取得した相続人又は受贈者は、一般には、財産評価基本通達132《評価単位》及び同133《たな卸商品等の評価》の定めによる評価額をもって、相続税又は贈与税の課税対象となります。この定めでは、適正利潤や予定経費等を控除できることとされていますから、実質的には仕入価額相当額での

評価となります。

なお、事業承継に際し債務も含めて継承する場合には、贈与された財産の価額から承継した債務を控除した残額が贈与税の課税対象になります。

> **参考**
>
> **贈与による移転時にみなし譲渡課税の対象となる資産**
>
> 次の(1)～(3)の資産は、棚卸資産と同様に、贈与（相続人に対する死因贈与を除く。）又は遺贈（包括遺贈及び相続人に対する特定遺贈を除く。）による移転の際にみなし譲渡課税の対象になります（所令87）。
> (1) 次に掲げる棚卸資産に準ずる資産
>   ① 不動産所得、山林所得又は雑所得を生ずべき業務に係る棚卸資産に準ずる資産（山林を除く。）
>   ② 取得価額が10万円未満の少額の減価償却資産（業務の性質上基本的に重要なものを除く。）
>   ③ 一括償却資産の必要経費算入の規定の適用を受けたもの（業務の性質上基本的に重要なものを除く。）
> (2) 有価証券で事業所得の基因となるもの
> (3) 暗号資産

2　生計一親族所有の店舗の使用に係る取扱い

生計を一にする親族が所有する建物等の資産を使用して事業や業務を行うときは、所得税法56条《事業から対価を受ける親族がある場合の必要経費の特例》が適用されます。この規定については主に"keyword 4　生計一親族間の取引"で取り上げますが、ここでは生計を一にする親族が所有する店舗建物を使用する場合の取扱いについて説明します。

生計一親族間で賃貸借とした場合は、賃借人が支払う賃料は必要経費にならず、賃貸人が受ける賃料はなかったものとみなされます。そして、賃貸人の固定資産税、減価償却費、火災保険料等は、賃借人である事業者の必要経費になります（所法56①）。この固定資産税、減価償却費、火災保険料等の取扱いは、賃貸借でなく無償使用（使用貸借）とした場

合も同様です（所基通56－1）。

なお、減価償却費は、その店舗を有償で賃貸したと仮定した場合に必要経費に算入される償却費の額となります。具体的には、生計一親族の店舗所有者が行うべき減価償却方法（例えば、平成10年3月以前に取得したもので、建物につき旧定率法を選定していれば、その旧定率法）により計算することになります。

親がその所有する店舗を生計を一にする子に対し月額30万円で賃貸した場合についてみてみましょう。

```
子が親へ支払う賃貸料   年額360万円（月額30万円）
店舗建物に係るデータ
    固定資産税等（※）  年額  25万円 ┐
    減価償却費         年額 100万円 ├合計 130万円
    火災保険料         年額   5万円 ┘
※ 敷地の固定資産税等を含む。
```

◆具体例《生計一親族間での賃料360万円による店舗の賃貸借》◆

区分	貸主（親）		借主（子）	
	賃料対価の授受による計算	所法56条による計算	賃料対価の授受による計算	所法56条による計算
収入金額（A）	360万円	0円	―	―
必要経費（B）	(注)130万円	0円	360万円	(注)130万円
所得金額（A－B）	① 230万円	② 0円	③ △360万円	④ △130万円

(注) 貸主（親）の必要経費130万円は、所得税法56条の規定により借主（子）の必要経費となる。

生計を一にする親子間の賃貸借において、親子の合計としてみれば、賃料対価の授受による計算の所得金額△130万円（①＋③）と所得税法56条による計算の所得金額△130万円（②＋④）とは同額になります。
　また、店舗を無償で使用させた場合（使用貸借）については、次表のとおりです。

◆具体例《生計一親族間での店舗の使用貸借》◆

区分	貸主（親）		借主（子）	
	賃料対価の授受による計算	所法56条による計算	賃料対価の授受による計算	所法56条による計算
収入金額(A)	0円	0円	―	―
必要経費(B)	(注)130万円	0円	0円	(注)130万円
所得金額(A－B)	①△130万円	② 0円	③ 0円	④△130万円

（注）　貸主（親）の必要経費130万円は、所得税法56条の規定により借主（子）の必要経費となる。

　なお、生計が別である場合、有償使用であれば通常の賃貸借となり、無償使用又は固定資産税相当額以下の使用料であれば使用貸借（貸主が負担する固定資産税等の維持管理費は家事費）として処理されます。

> ポイント

- ■　事業承継において、棚卸資産を贈与すると贈与者は事業所得の収入となり、受贈者は贈与税の課税対象となる。
- ■　親族所有の建物や店舗の使用については、生計が一か別かで税務処理が異なる。

◆ 事業廃止後に生じた必要経費 ◆

Q2 事業廃止後に未収金の貸倒れが発生。貸倒れの処理はどのようになるか。更正の請求はいつまでに行うのか

////////////////// **税理士事務所ある日のやりとり** //////////////////

事務員 所長、牧田様ですが、4〜5年前の賃料の未収金300万円が貸倒れになってしまったそうです。牧田様は、2年前の令和4年に、ご所有の賃貸物件を全て売却されています。

所　長 廃業しているから更正の請求をしないとね。

事務員 いえ、それが、貸倒れの時期は4か月前のようです。更正の請求期限は貸倒れから2か月以内ですから、既に期限徒過です。

所　長 4〜5年前の賃料ということは、未収金は令和元年と令和2年だろう。解説書によると更正の請求は、法定申告期限から5年間できるようだよ。

事務員 でも、所得税法152条では2か月以内となっていますよ？

所　長 うん、5年経過した後に貸倒れになったのであれば、それは貸倒れの発生から2か月以内に行う必要があるけどね。牧田様の場合は、法定申告期限から5年経過していないから期限内だよ。

事務員 そうなんですか！　では、令和元年分と令和2年分の更正の請求をしますね。

所　長 いいや、ちょっとまった！　それは業務の場合だよ。貸付けは事業的規模だったよね？　事業的規模の場合は廃業年の令和4年分の経費になる。令和4年分で控除しきれない場合に限って令和3年分から控除することになるんだよ。

所長の解説

1　事業を廃止した場合の必要経費の特例

　事業（事業所得、不動産所得又は山林所得を生ずべき事業）を廃止した後に、その事業に係る費用又は損失でその事業が継続していれば必要経費となる金額が発生した場合は、原則として、その廃止した年分（廃止年分にその事業の収入がなかった場合は、その収入があった最近の年分）又はその前年分のその事業の必要経費になります（所法63）。手続としては、必要経費とする事業廃止年分等について更正の請求を行うことになります（所法152）。

　所得税法152条《各種所得の金額に異動を生じた場合の更正の請求の特例》は、事業を廃止した場合の必要経費の特例（所法63）又は資産の譲渡代金が回収不能となった場合等の所得計算の特例（所法64）に規定する事実など一定の事実が生じたことにより、国税通則法23条1項各号《更正の請求》の事由が生じたときは、その事実が生じた日の翌日から2か月以内に、同項の規定による更正の請求を行うことができる旨規定しています。

　この規定は、国税通則法23条1項の特例として通常の更正の請求の期限後において後発的事由が生じた場合に、納税者の権利救済の途を更に拡充する趣旨のものであるため、通常の更正の請求の期限内であれば、通常の更正の請求ができると解されています（「平成29年版　必要経費の税務」145頁・大蔵財務協会）。

　事業継続中に発生した貸倒損失の必要経費計上を失念した場合、法定申告期限から5年間は更正の請求ができることから（通則法23①）、事業廃止後の貸倒損失の場合も同様とする課税実務が行われているものと考えられます。これにより、法定申告期限から5年以内と貸倒れが生じた日から2か月以内のいずれか遅い日が更正の請求期限となります。

2　事業廃止後の必要経費の控除年分

事業廃止後に生じた費用又は損失は、次により必要経費に算入します（所令179）。

(1)　事業廃止年分（収入がないときは、収入があった最近の年分）

次のいずれか低い金額を限度として、事業廃止年分のその事業の必要経費に算入します。

①　必要経費が生じた時の直前で確定している廃止年分の総所得金額、山林所得金額及び退職所得金額の合計額

②　①の計算の基礎とされる不動産所得の金額、事業所得の金額又は山林所得の金額

(2)　(1)の年分の前年分

上記(1)で控除しきれない金額については、次のいずれか低い金額を限度として、(1)の年分の前年分のその事業の必要経費に算入します。

①　必要経費が生じた時の直前で確定している(1)の年分の前年分の総所得金額、山林所得金額及び退職所得金額の合計額

②　①の計算の基礎とされる不動産所得の金額、事業所得の金額又は山林所得の金額

なお、上記(2)により控除しきれない残額は切捨てとなります。

不動産賃貸業（事業的規模）を廃止した後に未収賃料300万円の貸倒れが発生した場合について、2つのケースでみてみましょう。事業廃止年分の当初申告の状況等は、次表のとおりです。

◆具体例《未収賃料300万円の事業廃止後の貸倒れ》◆　　　　（単位：万円）

区分	ケース1 廃止年		ケース2 廃止年		ケース2 廃止年の前年	
	当初申告	更正請求	当初申告	更正請求	当初申告	更正請求
不動産所得の金額	440	140	120	0	200	20
給与所得の金額	100	100	100	100	100	100
総所得金額	540	240	220	100	300	120

【ケース1】　廃止年の不動産所得の金額　440万円≧貸倒額　300万円の場合

　貸倒額300万円を事業廃止年の必要経費に算入しますから、廃止年分について不動産所得の金額を140万円とする更正の請求を行います。

【ケース2】　廃止年の不動産所得の金額　120万円＜貸倒額　300万円の場合

　① 貸倒額300万円のうち廃止年の不動産所得の金額（120万円）を限度として必要経費に算入しますから、廃止年分について不動産所得の金額を0円とする更正の請求を行います。

　② 上記①で控除しきれなかった180万円（300万円－120万円）については廃止年の前年の必要経費に算入しますから、廃止年の前年分について不動産所得の金額を20万円とする更正の請求を上記①と併せて行います。

3　2事業を営む場合の事業廃止の考え方

　事業所得の金額は、事業所得に係る総収入金額から必要経費を控除して計算します（所法27②）。事業所得を生ずべき事業を2以上営んでいると、事業所得の金額はその2以上の事業の所得の合計額になります。

その場合、1つの事業を廃止した後にその廃止した事業に係る費用等が生じたとしても、他の事業所得に係る収入金額がある限りにおいて、その収入金額から控除できるため、事業を廃止した場合の必要経費の特例の適用はないとされています（下記判決参照）。

> **寿司業と金融業を営む者が、金融業を廃止した後に生じたその金融業に係る損失につき、事業を廃止した場合の必要経費の特例の適用はないとされた事例（東京地裁平成元年10月30日判決）**
>
> ○　裁判所の判断
> 　事業所得とは、農業、漁業、製造業、卸売業、小売業、サービス業その他政令に定めるものから生ずる所得をいい、事業所得の金額は、複数の事業を営む場合でも、各事業ごとにではなく、事業全体について事業所得に係る総収入金額から必要経費を控除した金額とされている。上記によれば、複数の事業を営む納税義務者がその一部の事業を廃止しただけの場合には、なお当該納税義務者に事業所得に係る収入が生じ、その事業所得の金額の計算上、廃止した事業に係る損失を必要経費として控除することが可能であるから、この場合は所得税法63条の「事業所得を生ずべき事業を廃止した」場合には該当しないといわざるを得ない。

　一方、2事業が不動産所得を生ずべき事業（不動産貸付業）と事業所得を生ずべき事業の場合で、不動産貸付業を廃止した後に未収賃料の貸倒れが生じた場合には、その生じたときに不動産所得の収入金額はありません。そのため、事業を廃止した場合の必要経費の特例が適用され、不動産貸付業の廃止年分（廃止年分に賃料収入がなかった場合は、賃料収入があった最近の年分）又はその前年分の必要経費とする更正の請求を行うことになります（所法63、152）。

◆具体例《「事業を廃止した場合の必要経費の特例」の適用の可否》◆

【ケース１】 ２事業がいずれも事業所得の場合

　　　金融業………▶(事業廃止)………▶貸付金の貸倒れ
　　　　　　　　　　　　　　　　　　　⇩
　　　飲食業………………………………▶貸倒損失を飲食業の経費に算入

【ケース２】 ２事業が不動産所得と事業所得の場合

　　　不動産貸付業………▶(事業廃止)………▶未収賃料の貸倒れ
　　　　　　　　　　　　　　　　　　　　　　⇩
　　　　　　　　　　　　事業廃止年分の不動産所得について更正の請求
　　　飲食業……………………………………………………………………▶

4　業務を廃止した後に生じた必要経費

　不動産貸付けが業務（事業的規模以外）の場合には、所得税法64条が適用され、次頁の図の下段のとおり、貸倒れに係る未収賃料が生じた各年分のその賃料収入がなかったものとして、その各年分について更正の請求を行うことになります（所法152・更正の請求の具体例については、"keyword１　事業と業務"のＱ３（19頁）参照）。

　一方、未収賃料の貸倒れではなく必要経費とされるべき費用（例えば、固定資産税等が過少で、業務廃止後に確定した追加税額）が生じた場合の取扱いについては、明文規定は用意されていません。しかし、業務の場合は、前述のとおり、本来、必要経費とすべきであった各年分において処理をするという方法がとられていますから、必要経費とすべきであった各年分について更正の請求を行うことになると解されています。

◆未収賃料の貸倒れと更正の請求年分◆

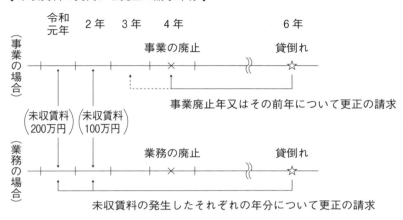

> [!NOTE]
> ポイント

- 事業廃止後にその事業に係る費用等が発生した場合は、事業廃止年分（廃止年分に収入がなかった場合は、その収入があった最近の年分）又はその前年分の必要経費とする更正の請求を行う。
- 事業所得を生ずべき2以上の事業を営んでいた場合で、1事業を廃止し、その廃止後にその廃止事業に係る費用等が発生したとしても、他の事業所得の総収入金額から控除できるため、事業を廃止した場合の必要経費の特例の適用はない。
- 業務廃止後にその業務に係る費用等が発生した場合は、本来、必要経費に算入すべき各年分について更正の請求を行う。

◆ 死亡による不動産賃貸業の承継 ◆

Q3 賃貸人である被相続人に相続が発生。遺産分割協議が調うと相続財産である賃貸建物の帰属は相続開始時に遡るが、賃料収入の帰属も同様に考えるのか

////////////////// **税理士事務所ある日のやりとり** //////////////////

事務員　8月末に亡くなられた大野様ですが、準確定申告書ができました。

所　長　どれどれ…。貸店舗の不動産所得が520万円で税額が28万円か。おや、奥様は控除対象配偶者でいいのか？

事務員　控除対象配偶者かどうかは死亡時の現況で判定です。死亡時は専業主婦ですよ。

所　長　おいおい。合計所得金額が48万円以下かどうかは、死亡時における奥様の年間所得の見積額で判定だよ。

事務員　貸店舗は、恐らくご長男が相続されると思います。来年3月の確定申告までにはご長男が相続することで遺産分割協議が調うでしょうから、相続開始時からご長男の所得になります。

所　長　貸店舗の帰属はそうだけど、遺産分割が調うまでの間の賃料収入は法定相続分だぞ。

事務員　えっ、そうなんですか。9月から年末までの不動産所得は概算で260万円。奥様の法定相続分は2分の1だから130万円。48万円以下にはなりませんね。

所　長　それから、消費税はどうかな？　被相続人は簡易課税だったから、各相続人の消費税の納税義務を判定して、簡易課税を選択する場合は年内の届出が必要だよ。

所長の解説

1　不動産賃貸業における賃貸人の地位

　相続人は、相続開始の時から、被相続人の財産に属した一切の権利義務を承継します（民法896）。不動産賃貸業を営む被相続人が死亡した場合、一般には、その賃貸建物は相続人が相続により取得しますから、被相続人の不動産賃貸業は相続人に承継されることになります。

　賃貸建物を相続する者が遺言により定められている場合を除き、相続人による遺産分割協議でその賃貸建物の取得者が決まります。

　死亡による不動産賃貸業の承継に係る以下の記載については、事業的規模に限らず、事業的規模以外（業務）の場合も同様です。

2　未分割期間中の賃料収入の帰属

　遺産に係る相続人が複数であるときは、遺産は相続開始の時から遺産分割が調うまでの間、その相続人らの共有に属することとなります。また、未分割財産から生ずる法定果実である不動産賃料についても、相続開始の時から遺産分割が調うまでは、その相続人らの共有に属するものと解されています。

　なお、遺産分割が調うと、その効力は相続開始時に遡りますが（民法909）、未分割期間中の法定果実である賃料は、その影響を受けず、各相続人に法定相続分により帰属することになります（最高裁平成17年9月8日判決）。

　そのため、未分割期間中の不動産賃料は、法定相続分による申告が必要になり、後日、遺産分割が確定しても、更正の請求事由にはなりません。

> **相続開始から遺産分割までの間に遺産である賃貸不動産から生ずる賃料債権は、各共同相続人がその相続分に応じて分割単独債権として確定的に取得するものとされた事例（最高裁平成17年9月8日判決）**
>
> ○ 裁判所の判断
> 　遺産は、相続人が数人あるときは、相続開始から遺産分割までの間、共同相続人の共有に属するものであるから、この間に遺産である賃貸不動産を使用管理した結果生ずる金銭債権たる賃料債権は、遺産とは別個の財産というべきであって、各共同相続人がその相続分に応じて分割単独債権として確定的に取得するものと解するのが相当である。遺産分割は、相続開始の時に遡ってその効力を生ずるものであるが、各共同相続人がその相続分に応じて分割単独債権として確定的に取得した上記賃料債権の帰属は、後にされた遺産分割の影響を受けないものというべきである。

3　共同相続人の青色申告

　未分割期間中の賃料収入による不動産所得が生じる相続人等で、既に青色申告を行っている者以外の者については、青色申告の承認申請の検討が必要です。

　青色申告の承認申請は、その年3月15日（その年1月16日以後に新たに業務を開始した場合は、その開始した日から2か月以内）が申請期限とされています（所法144）。しかし、青色申告者である被相続人の業務を相続したことにより相続人が新たに業務を開始した場合のその提出期限は、準確定申告書の提出期限までとされており、具体的には次表のとおりになります（所基通144-1）。

◆業務承継相続人の青色申請期限◆

区　分	青色申告承認申請期限
① 死亡日が1月1日～8月31日	死亡日から4か月以内
② 死亡日が9月1日～10月31日	その年の12月31日
③ 死亡日が11月1日～12月31日	その年の翌年の2月15日

4　配偶者（扶養）控除の適用の可否

(1) 準確定申告での人的控除の適用

　被相続人の控除対象配偶者や控除対象扶養親族（以下「控除対象配偶者等」という。）であった者が相続人である場合において、被相続人の準確定申告において控除対象配偶者等に該当するか否かは、死亡時の現況（対象者である相続人の合計所得金額は、死亡時におけるその年1月1日から12月31日までの間の見積額）によることとされています（所法85③、所基通85－1）。

　不動産所得に係る事業や業務を承継する場合で相続人が複数いるときは、相続開始時から年末までのその不動産所得の金額を見積もり、その見積額に法定相続分（遺言があるときは指定相続分）を乗じた金額が各相続人に帰属するものとして控除対象配偶者等の所得金額要件の判定をします。

　なお、相続税の納付のため相続財産を譲渡することとなった場合の譲渡所得のように、相続発生時において通常予期できないような所得についてはこの見積額に含めません。

年の中途で死亡した者の控除対象配偶者に該当するかどうかは、死亡時の現況で見積もったその年の1月1日から12月31日までの配偶者の合計所得金額で判定すべきとした事例（平成21年12月7日裁決　裁決

事例集78集193頁)

> ○ 審判所の判断
>   請求人らは、所得税法第85条第３項《扶養親族等の判定の時期等》において、年の中途で死亡した居住者の配偶者がその居住者の控除対象配偶者に該当するかどうかは、居住者が死亡の時まで配偶者を扶養していたか否かによって判断されるべき旨主張する。
>   しかしながら、合計所得金額を構成する各種所得金額は、いずれも「その年中の」、すなわち、１月１日から12月31日までの収入金額又は総収入金額を基礎に計算されることから、それらの合計である合計所得金額についても１月１日から12月31日までの期間で計算されることとなる。そして、このことは、配偶者控除を受けようとする居住者が年中に死亡していたかどうかによって異なるものではない。

(2) 他の居住者における控除の適用

年の中途で死亡した者の準確定申告において控除対象配偶者等とされた者であっても、その後その年中において相続人など他の者の控除対象配偶者等に該当する者については、当該他の者において自己の控除対象配偶者等として控除することができます(所基通83〜84－１)。

ポイント

- ■ 未分割期間中の賃料収入は、各共同相続人がその相続分に応じて分割単独債権として確定的に取得し、後にされた遺産分割の影響を受けない。
- ■ 準確定申告における配偶者(扶養)控除の適用における所得金額要件の判定は、死亡時におけるその対象者の年間の合計所得金額の見積額による。

参考

1　未分割と消費税の課税事業者の判定

　免税事業者である相続人又は事業を行っていない相続人が、課税事業者である被相続人の事業の全部又は一部を承継したときは、その相続人は相続開始日の翌日から課税事業者として消費税の納税義務を負うことになります（消法10①、消基通1－5－1、1－5－3、1－5－4(1)）。

　また、相続開始年の翌年及び翌々年は、相続人の基準期間の課税売上高と被相続人の基準期間の課税売上高との合計額が1,000万円を超えると、相続人は消費税の課税事業者となります（消法10②、消基通1－5－4(2)）。

　未分割期間中は、各相続人が共同して被相続人の事業を承継したものとされ、各相続人の基準期間における課税売上高の算定に当たり、被相続人の基準期間の課税売上高に法定相続分等を乗じて算定します（消基通1－5－5）。そのため、店舗や事務所など賃料が課税売上げとなる不動産に係る遺産分割が年内に調うか、年を越してから調うかで、相続開始年の翌年の相続人の課税事業者該当性に影響が生じる点に注意が必要です。

◆**具体例**《相続開始年の前年に被相続人に1,200万円の課税売上高（事務所の賃貸収入）があり、法定相続人が配偶者と子（法定相続分各2分の1）の場合における相続開始年の翌年の各相続人の消費税の納税義務（相続人固有の課税売上げはない場合）》◆

区　　分	①相続開始年の年末までに遺産分割が調い、子が事務所建物取得した場合	②相続開始年の年末までに遺産分割が調わない場合
配偶者の基準期間（相続開始の前年）の課税売上高	0円	600万円 （1,200万円×1／2）
子の基準期間（相続開始の前年）の課税売上高	1,200万円	600万円 （1,200万円×1／2）

　相続開始年の年末までに遺産分割協議が調い、子が事務所建物を取得すると、子は相続開始年の翌年は基準期間の課税売上高が1,200万円となるため消費税の課税事業者になります。一方、未分割のままで年を越すと、基準期間の課税売上高が1,000万円以下（600万円）のため、配偶者も子も課税事業者になりません。

2　相続による適格請求書発行事業者の事業の承継

　相続により適格請求書発行事業者の事業を承継した相続人（適格請求書発行事業者を除く。以下同じ。）は、次の①～③に掲げる日のいずれか早い日までの期間（以下「みなし登録期間」という。）については、適格請求書発行事業者とみなされます。
① 　相続があった日の翌日からその相続人が適格請求書発行事業者の登録を受けた日の前日
② 　今回の相続に係る適格請求書発行事業者が死亡した日の翌日から4月を経過する日
③ 　死亡した適格請求書発行事業者が適格請求書発行事業者の登録の取消しを求める旨の届出書を提出していた場合、その登録が失効する日の前日

　なお、みなし登録期間中に相続人が適格請求書発行事業者の登録申請書を提出している場合において、そのみなし登録期間の末日までに登録申請に係る登録又は拒否の通知がないときは、そのみなし登録期間の末日の翌日から当該通知が相続人に到達するまでの期間についてもみなし登録期間とみなされます。

　また、みなし登録期間中においては、その死亡した適格請求書発行事業者の登録番号がその相続人の登録番号とみなされます（消去57の3③）。

　そのため、事業を承継した相続人の基準期間における課税売上高が1,000万円以下であっても、みなし登録期間中は、納税義務の免除の規定の適用はありません（消去9①）。

◆ 一身専属の資格における事業の承継と廃止 ◆

Q4 医師、弁護士、税理士など一身専属の資格で行う事業者が死亡した場合、事業の承継と廃止はどのような事実から判断されるか

////////////////////// **税理士事務所ある日のやりとり** //////////////////////

事務員 先日お亡くなりになった医師の松井様、ご長男が院長になられ、病院経営を引き継がれるそうです。準確定申告で、自由診療に係る事業税を見込控除しておきますね。

所　長 おいおい、事業税の見込控除は事業が廃止された場合だろう。ご長男が病院経営を引き継ぐなら、後日、賦課された事業税は、ご長男の申告で経費にすればいいと思うけど？

事務員 いいえ所長、一身専属の資格に基づく職業では、その事業主が亡くなると事業廃止になるんですよ。税理士のケースですが、裁決があります。

所　長 お、よく勉強しているね。ただ、一身専属の資格による職業は、廃止か承継かの判断が難しいぞ。所得税法に「事業の廃止」についての定めはないしね。病院の場合は、相続人が事業を承継したと判断した裁決もあるんだよ。

事務員 そうなんですか？　では、税理士事務所と病院、事業の廃止か否かはどこで判断するんですかね？

所　長 先程の税理士の死亡のケースは、その後訴訟になり広島高裁は裁決と異なる判断をしているよ。

所長の解説

1　事業を廃止した場合の事業税の見込控除

　事業税は、死亡以外の事由での事業廃止をした場合を除き、所得税の（準）確定申告をした場合は事業税の申告をしたものとみなされ（地法72の55①、72の55の2①）、その申告内容を基礎として事業税が賦課されます。そのため、事業廃止年分の所得に係る事業税は、事業を廃止した後に賦課決定されることとなり、事業廃止後に生じた費用として、事業廃止年分又はその前年分の所得税について、必要経費の増加を理由とした更正の請求をする必要が生じます（所法63、152）。

　しかし、事業を廃止した場合の事業税については、その金額を合理的に算定できることもあって、事業廃止年分の所得税の申告において、次により算定した金額の見込控除ができることとされています（所基通37－7）。

> **算式**
>
> $$\frac{(A \pm B) \times 事業税の税率}{1 + 事業税の税率}$$
>
> 　A…事業税の課税見込額を控除する前の当該年分の当該事業に係る所得の金額
>
> 　B…事業税の課税標準の計算上Aの金額に加算し又は減算する金額

　この事業税の見込控除の取扱いや事業廃止後に生じた費用等についての更正の請求は、「事業が廃止された場合」に限り適用できるものですから、事業が承継され継続している場合には、その費用等が生じた時に事業承継者において経費控除することになります。

> **参考**
>
> **事業廃止による事業税の申告**
> (1) 死亡により事業を廃止した場合
>   死亡日から4か月以内(所得税の準確定申告が事業税の申告とみなされる(地法72の55の2)。)
> (2) 死亡以外の事由により事業を廃止した場合
>   事業廃止日から1か月以内(事業廃止年分の所得税申告は事業税の申告とみなされない(地令35の4)。)

2 一身専属の資格に基づく事業の廃止の有無

　一身専属の資格に基づく事業者が死亡し、その親族が同じ資格を有しているとき、その親族が事業を承継したかどうかの判断が必要になります。病院と税理士事務所のケースが裁決事例集に掲げられています。事実関係に基づく判断になりますが、結論を異にしています。

> **医師の死亡により病院事業が廃止されたものとは認められないから、事業を廃止した場合の必要経費の特例の適用はないとされた事例(昭和62年9月21日裁決　裁決事例集34集33頁)**
>
> ○　審判所の判断
> 　請求人らは、医師Bの事業を廃止するために必要な業務、例えば事業廃止に伴う入院患者に対する転院の通告あるいは通院患者に対する事業所閉鎖の通知などを行ったことが認められず、更に、認定された事実を総合して判断すれば、Bの病院事業は、同人から相続により事業を承継した請求人らにおいて、病院事業を廃止しようとする意思は全くみられず、むしろ、旧事業体の病院事業のより拡大・発展を図るためにDを代表理事とする新事業体において経営を行うこととし、請求人らが相続した財産のうち、F病院及びG医院に係る資産を請求人らの合意に基づき新事業体に譲渡したことが認められる。

> 税理士の死亡により事業が廃止されたと認められるとして事業を廃止した場合の必要経費の特例の適用があるとされた事例（平成25年7月5日裁決　裁決事例集92集226頁）
>
> ○　審判所の判断
> 　被相続人の死亡により関与先との間の委任契約が税理士である子に承継されることなく終了していること、被相続人の税理士登録が抹消され、子の税理士名簿に登録された事務所の所在地が被相続人の事務所内であることを表記しないものに変更されたことからすると、子は、被相続人の税理士業務を承継し、被相続人と同一内容の事業を行っていたとは認められず、このような被相続人の死亡後の法律関係及び事実関係を社会通念に照らして判断すれば、被相続人の税理士業は廃業したものと認められ、所得税法63条の規定が適用されることから、事業税等については必要経費に算入されることとなる。

　病院の事例で国税不服審判所（以下「審判所」という。）は、入院患者に対する転院の通告あるいは通院患者に対する事業所閉鎖の通知などを行ってはいないなどとして、事業が継続しているとしています。

　医師との診療契約は、一般に準委任（法律行為でない事務の委託）とされ（内田貴著『民法Ⅱ　第3版　債権各論』289頁・東京大学出版会）、委任に関する民法の各規定が準用されます（民法656）。医師の死亡で患者との間の準委任は終了するとも考えられますが、病院との診療契約の場合、医師である個人事業者が死亡したとしても、病院事業は廃止されていないと考えられます。

　一方、税理士事務所に係る事例で審判所は、関与先との委任契約が親税理士の死亡により終了したことのほか、その委任契約は親税理士の専門知識、経験、技能等及びこれらに対する関与先との個人的な信頼関係を基礎とする点を重視しています。この事案は、その後、訴訟提起されました。課税庁はその控訴審において、相続人である子の税理士（以下

「子税理士」という。）が被相続人である親の税理士（以下「親税理士」という。）の事務所を承継しており、事業が廃止された場合に該当しない旨の主張をしたところ、広島高裁は、次のとおり、親税理士の事業は廃止されてはいないとの判断を示しました。

> 親税理士の死亡により顧客との委任契約が終了したことのみをもって、親税理士の事業廃止を導くことはできないとした事例（広島高裁平成29年1月27日判決）
>
> ○　裁判所の判断
> 　①子税理士は、遺産分割協議書に記載された遺産分割により、親税理士の遺産のうち、事務所が置かれていた土地建物及び事業用財産及び債務を相続したこと、②(ｱ)子税理士は、親税理士の相続人として客観的にも主観的にも事務所の経営を引き継いだものと認められること、(ｲ)各従業員は親税理士死亡の前後を通じて継続して労務を提供しており、子税理士に対して提供する労務の内容は、親税理士に提供していた労務の内容と変わりがないことが認められ、各従業員の労務提供が一旦終了したとか、使用者の変更によって、本件各従業員が提供する労務の内容に変更が生じたものとはいえないこと、(ｳ)子税理士は事務所の使用者たる地位を承継したと判断されることが予見される状況で、「健康保険・厚生年金保険適用事業所名称変更（訂正）届（管轄内）」及び「債権債務引き継ぎ書」を提出するなどしていること、これらを合わせ考えると、親税理士の事業は、相続人である子税理士に承継されたものと認めるのが相当である。
> 　所得税法63条にいう事業が廃止されたか否かは、税理士と顧客との契約の性質に限ることなく、事業形態、事業を支える人的物的基盤等に基づき判断するのが相当である。そして、上記のとおり親税理士の事業が相続人である子税理士に承継されたと認められるのであるから、親税理士の税理士業務が税理士一般のそれと比較し特に一身専属性が極めて高いと判断できる特段の事情を認めるに足りる証拠のない本件においては、委任契約が終了したことのみから事業の廃止を導く控訴人らの主張は採用できない。

このように、広島高裁は、親税理士の税理士業務が、税理士一般のそれと比較して特に一身専属性が極めて高いと判断できる特段の事情がない本件においては、事業が廃止されたか否かは、税理士と顧客との契約の性質に限ることなく、事業形態、事業を支える人的物的基盤等に基づき判断するのが相当としました。

　税理士業の廃止についての事実認定において、審判所は、税理士資格の一身専属性と委任契約の終了（親税理士の専門的知識、経験、技能や関与先との個人的な信頼関係）を重視したのに対し、広島高裁は、税理士事務所の事業形態（税理士業務の内容）や事業を支える人的物的基盤（事務所が置かれていた土地建物、事業用財産や債務の承継、従業員とその労務内容の継続など）を重視したことにより、結論を異にしたといえます。

　子税理士が、親税理士の関与先や従業員（のほとんど）を引き継ぎ、親税理士が関与先に提供していた業務と同じ内容の業務を提供しているのであれば、一般には、親税理士の事業は廃止されたのではなく、子税理士に承継されたとするのが相当と考えます。このことは、親税理士の死亡ではなく、世代交代により子税理士が親の税理士事務所を引き継ぐ場合も同様といえます。

　所得税法に「事業の廃止」についての定義規定はありません。事業が廃止されたか否かは、社会通念に照らして客観的に判断することになるのでしょうが、事業に係るどの事実を重視するかにより結論を異にするなどその判断に困難を伴う場合があります。

ポイント

- 一身専属の資格を有する者の死亡における事業廃止の有無は、事業に係るどの事実を重視するかにより結論を異にする。
- 事業の承継又は廃止の判定は、特に一身専属性が極めて高いと

判断できる場合を除き、事業形態、事業を支える人的物的基盤等に基づき行うとするのが広島高裁の結論である。

◆ Keyword 3 ◆
相続取得した減価償却資産

　限定承認による相続を除き、被相続人から相続により取得した譲渡所得の基因となる資産を譲渡した場合、その相続人が引き続きその資産を所有していたものとみなして譲渡所得等の計算をします（所法60①一）。すなわち、相続人は、被相続人の所有期間のキャピタル・ゲインも含めて譲渡所得の計算を行うことになるのです。

　また、相続により事業や業務を承継した相続人は、相続取得した減価償却資産について、その①取得価額、②未償却残高、③耐用年数、④償却方法を定める必要があります。前述の所得税法60条の規定からして、これら①ないし④の全てを被相続人から引き継ぐようにも思われますが、引き継ぐものと引き継がないものがあります。

　減価償却費の計算方法は、法人も個人も基本的には同じになりますが、相続は個人のみで生じるものです。仕事柄、過去に相続取得した減価償却資産の償却内容を拝見することがありますが、ここで取り上げたような誤った事例を目にすることも多々あります。

　所得税の減価償却は、法人税と異なり強制償却です。事業供用年（相続年）における処理誤りは、その後の償却費の誤りを通じて各年分の申告内容に影響します。そのため、その事業供用年（相続年）の申告の際は、減価償却の基礎となる上記①ないし④について、十分な確認が必要です。

　ここでは、相続取得した減価償却資産の償却方法について確認をしておくため、いくつかの事例を取り上げています。

◆ 相続取得した減価償却資産（取得価額と未償却残高）◆

Q1　相続取得した減価償却資産の取得価額と未償却残高は、いずれも被相続人の相続開始時の金額を引き継ぐことでよいか

////////////////　**税理士事務所ある日のやりとり**　////////////////

事務員　新しく顧問客になられた浅村様ですが、3年前にアパートを相続しています。不動産所得の青色申告決算書を見てみると、建物の取得価額が1,253万円となっていて、規模が大きい割に金額が小さいような気がします。

所　長　事業用資産の買換えの適用を受けているか聞いてみた？

事務員　買換えの適用は受けていないとのことでした……。

所　長　それなら、相続時の処理を確認しなければならないね。被相続人の取得価額と相続発生時の未償却残高はいくらかな？

事務員　えーと、どうかな……。あれっ、相続発生時の被相続人の未償却残高を取得価額にしています。

所　長　ということは、相続人の減価償却費の計上が過少になる場合もあるよ。その場合は、相続年以後の年分について更正の請求が必要になるね。

事務員　未償却残高も相続人の金額を引き継ぐのですかね～。

所　長　被相続人の取得価額を相続人の取得価額とし、将来の譲渡時まで課税時期の繰り延べを行う趣旨からして、未償却残高も被相続人の金額を引き継ぐことになるね。

> **所長の解説**

　減価償却資産を相続した場合、相続人の償却費の計算において、被相続人の取得価額を引き継ぐのか、それとも被相続人の未償却残高を取得価額とするか、という疑問が生じてきます。

1　相続取得した減価償却資産の取得価額

　相続人における減価償却資産の取得価額は、所得税法60条《贈与等により取得した資産の取得費等》の規定が適用され、その減価償却資産を取得した相続人が引き続き所有していたとみなした場合における取得価額、すなわち被相続人の取得価額をそのまま引き継ぐこととされています（所令126②）。

　ただし、限定承認による相続の場合、相続開始時に被相続人において時価による譲渡があったものとみなして課税されます（所法59①一）。この場合、相続人は、その相続開始時における時価で取得したものとみなされ、その時価が相続人の取得価額となります（所法60④）。

◆相続等により取得した減価償却資産の相続人等における取得価額◆

相続等の区分	相続人等の取得価額
下記以外の相続（いわゆる単純承認の相続）（注）	被相続人の取得価額を引き継ぐ。
限定承認による相続	相続開始時の時価（被相続人に対しみなし譲渡課税が行われるため）

（注）　贈与や遺贈（包括遺贈のうち限定承認に係るものを除く。）も含む。

2　相続取得した減価償却資産の未償却残高

　相続取得（限定承認に係るものを除く。以下同じ。）した減価償却資産の未償却残高についても取得価額と同様に被相続人の未償却残高をそのまま引き継ぐことになります。

減価償却資産に係る被相続人所有期間のキャピタル・ゲインを将来の相続人の譲渡の際に一括清算するためには、取得価額と未償却残高はそのまま引き継ぐ必要があるためです。

　ところで、この被相続人の未償却残高については、これまでの被相続人の減価償却費の計算に誤りがあったことにより未償却残高が適正でない場合や、被相続人が非居住者で相続した物件が国外に所在するため我が国への不動産所得の申告もなく、結果として被相続人の未償却残高が不明である場合には、被相続人から引き継ぐ未償却残高をどのようにしたらよいかが問題となります。

　未償却残高は取得価額から減価償却費の累計額を控除した残額であり（所法38②一）、また、所得税における減価償却費は帳簿経理いかんにかかわらず強制償却とされていますから（所法49①）、引き継ぐ未償却残高は、被相続人が我が国の所得税法等の規定に基づき適正に償却したとした場合のその償却費の累計額を控除した残額になります（平成25年3月1日東京国税局文書回答事例「非居住者から相続した国外に所在する賃貸用不動産に係る未償却残高について」参照）。

ポイント

- 相続人の取得価額は、被相続人の相続開始時の取得価額を引き継ぐ。
- 相続人の未償却残高は、被相続人の相続開始時の未償却残高（被相続人が適正に償却したとした場合の未償却残高）を引き継ぐ。
- 限定承認による相続で取得した場合には、相続人が相続開始時の時価で取得したものとみなして減価償却を行う。

◆ 相続取得した減価償却資産（償却方法）◆

Q2 相続取得した減価償却資産の償却方法の決定に当たり、その取得日は、被相続人の取得日か、それとも相続による取得日か

////////////////////////// **税理士事務所ある日のやりとり** //////////////////////////

事務員 所長、先ほどの案件ですが、被相続人は建物を旧定率法で償却しています。

所　長 現在、建物は定額法が法定償却方法だけど、平成10年3月以前に取得したものは、当時の定率法、すなわち旧定率法を選ぶこともできたんだよ。

事務員 相続取得した資産は、相続人が引き続き所有していたものとみなされる。つまり、取得時期は被相続人の取得日になるってことですか？

所　長 それは、譲渡した場合の取扱い。償却方法を決める場合の取得日は、被相続人の取得日ではなく、相続による取得日、すなわち相続開始日になるんだよ。

事務員 譲渡の場合の取得日は被相続人の取得日、償却方法を決める場合の取得日は相続開始日、よく分からないなぁ？

所　長 相続人が引き続き所有していたとするのは譲渡所得を計算する場合の特例と考えれば整理できるだろう。

所長の解説

1 減価償却資産の償却方法

　減価償却資産の種類とその取得時期で、選定できる償却方法が決まります。所得税の法定償却方法は定額法で、定率法を選定するには、選択届出書を提出する必要があります。

　ただし、建物、建物附属設備及び構築物については、次表のとおりその取得日により選定できる償却方法が定められており、現在はいずれも定額法のみとされ、他の償却方法を選定することはできません。

◆建物等の取得日と選定可能な償却方法◆

区　分	取　得　日	選定可能な償却方法
建物	平成10年3月以前	旧定額法・旧定率法
建物	平成10年4月～平成19年3月	旧定額法
建物	平成19年4月以後	定額法
建物附属設備・構築物	平成19年3月以前	旧定額法・旧定率法
建物附属設備・構築物	平成19年4月～平成28年3月	定額法・定率法
建物附属設備・構築物	平成28年4月以後	定額法

（注）　鉱業用減価償却資産（建物、建物附属設備及び構築物に限る。）については、平成28年4月以後は定額法又は生産高比例法を選定できる。

2 相続取得した減価償却資産の償却方法

　減価償却資産の償却方法は、上記のとおりその取得日により選定できる償却方法が定まります。相続（限定承認に係るものを除く。以下同じ。）により取得した減価償却資産を譲渡した場合、被相続人の取得日を引き継ぎますが（所法60①）、償却方法も引き継ぐのか、あるいは、相続開始日を取得日としてその取得日において選定できる償却方法にな

るのかが、問題となります。

この点を争点とするものに次の裁決があります。

相続により取得した減価償却資産の償却方法は、相続開始日を取得日として償却方法を定めるとした事例（平成16年3月8日裁決　裁決事例集67集299頁）

○　審判所の判断

　不動産の取得とは、その所有権の取得にほかならず、民法は、その取得原因（取得方法）として、売買や贈与などの契約及び相続などの承継取得、また、時効取得などの原始取得についても規定していることから、相続についても売買等の契約と同様に取得原因になりうると解される。

　また、所得税法第60条第1項の規定は、単純承認に係る相続による資産の移転について、被相続人がその資産を保有していた期間中に発生した値上がり益をその相続人の所得として課税しようとする趣旨のもので、その相続人の譲渡所得の金額の計算上控除すべき取得費について、被相続人がその資産を取得した時から相続人がその資産を所有していたものと擬制して取得費の計算を行うために設けられたものである。

　そして、減価償却資産の取得価額について規定した所得税法施行令第126条第2項において、相続により取得した減価償却資産の取得価額について、相続人が被相続人の取得価額を引き継ぐ旨規定しているが、その規定は、減価償却資産について、被相続人が選定していた償却の方法を相続人が引き継ぐことまで規定したものではなく、償却の方法については、同法施行令第120条に規定するとおりであるから、請求人の主張にはいずれも理由がない。

　したがって、平成14年1月4日の相続により取得した本件建物の償却の方法については、所得税法施行令第120条第1項第1号ロの平成10年4月1日以後取得した建物に該当するので、本件建物の償却の方法は定額法（現行の旧定額法）となる。

上記裁決に係る事案は、その後、訴訟提起されましたが、結論に変わりはありませんでした（千葉地裁平成17年12月6日判決、東京高裁平成18年4月27日判決）。

　なお、所得税法施行令120条及び120条の2《減価償却資産の償却の方法》は、減価償却資産の取得日とその種類により償却方法を定めていますが、これらの規定における取得については、相続等による取得も含まれることについて、次のとおり所得税基本通達で留意的に明らかにされています。

> **参考通達**
> 　**所得税基本通達49－1　（取得の意義）**
> 　　令第120条第1項及び令第120条の2第1項に規定する取得には、購入や自己の建設によるもののほか、相続、遺贈又は贈与によるものも含まれることに留意する。

ポイント

■　相続取得した減価償却資産の償却方法は、被相続人の償却方法を引き継がない。相続開始日を取得日として、所得税法施行令120条又は120条の2の規定により定めることになる。

参考

青色申告決算書の「減価償却費の計算」欄

　所得税の青色申告決算書の3頁は「減価償却費の計算」欄となっており、減価償却資産ごとにその取得年月、取得価額、償却方法、未償却残高などを記載する欄が設けられています。

○減価償却費の計算

減価償却資産の名称等(繰延資産を含む)	面積又は数量	取得年月	取得価額(償却保証額)	償却の基礎になる金額	償却方法	耐用年数	償却率又は改定償却率	本年中の償却期間	本年分の普通償却費(ⓒ×ⓓ×ⓔ)	割増(特別)償却費	本年分の償却費合計(ⓕ+ⓖ)	貸付割合	本年分の必要経費算入額	未償却残高(期末残高)	摘要
		年　月	円（　　）	円		年		月	円	円	円	%	円	円	
		・	（　　）					12							
		・	（　　）					12							
計															

(注)　平成19年4月1日以後に取得した減価償却資産について定率法を採用する場合にのみⓒ欄のカッコ内に償却保証額を記入します。

　相続（限定承認に係るものを除き、贈与、包括遺贈（限定承認に係るものを除く。）を含む。）により取得した減価償却資産については、取得価額及び未償却残高は被相続人の金額をそれぞれ引き継ぎますが、取得年月は引き継がず相続開始日になります。

　ところで、上記の相続により取得した減価償却資産を将来、譲渡した場合の所有期間は、取得年月欄に記載された相続開始日ではなく、被相続人の取得年月日により定まります。そのようなこともあって、相続取得である旨並びに被相続人の取得年月日を摘要欄に備忘として記載しておくのがよいと考えられます。

◆ 相続取得した減価償却資産（耐用年数）◆

Q3　相続取得した減価償却資産の耐用年数は、被相続人の耐用年数か、それとも相続時に残存年数を見積るのか

////////////////////////// **税理士事務所ある日のやりとり** //////////////////////////

事務員　所長、相続取得した減価償却資産の耐用年数は、新品の年数ですか？　それとも中古資産として見積るのですか？

所　長　たまには自分で調べてみなさいよ。

事務員　一応調べてみたんですよ。耐用年数省令の3条には、使用されていた減価償却資産を取得して業務の用に供した場合は、中古資産の耐用年数を使用できると書かれています。

所　長　文言どおりだとそのようにも思われるけどね…。

事務員　所長、償却方法の規定では、取得には相続による取得が含まれましたよね。耐用年数省令3条の取得にも、同様に相続による取得が含まれるはずです。同じ減価償却に関する規定ですし…。

所　長　確か、そのことを争点とする裁決や判決があったはずだ。調べてみなさい。

事務員　あっ、ありました！　被相続人の耐用年数を引き継ぐようです。

//

👉所長の解説

耐用年数について定める「減価償却資産の耐用年数等に関する省令」

（以下「耐用年数省令」という。）には、個人において使用され、又は法人において事業の用に供された減価償却資産の取得をしてこれを個人の業務の用に供した場合における当該資産の耐用年数は、中古資産の耐用年数を使用できる旨規定しています（耐令3①）。

　取得日による償却方法の定めでは、取得には相続による取得も含まれることとされていますが、耐用年数省令3条《中古資産の耐用年数等》1項に規定する取得には、相続による取得は含まれず、相続人は被相続人の耐用年数をそのまま引き継ぐこととされています。その考え方は、平成24年3月1日裁決で示されています。

　審査請求人は、耐用年数省令3条に規定する取得には相続を除く旨の明文の規定はなく、文言解釈の統一性の要請から、同条における取得に相続による取得が含まれるべきである旨主張しました。しかし審判所は、所得税法施行令126条《減価償却資産の取得価額》2項の規定が設けられた趣旨から、被相続人の耐用年数を引き継ぐのが相当であるとしています。

相続により取得した賃貸用建物については、中古資産としての耐用年数を適用することができないとした事例（平成24年3月1日裁決　裁決事例集86集119頁）

○　審判所の判断
　耐用年数省令第3条第1項は、所得税法施行令第126条《減価償却資産の取得価額》第1項の規定する取得時における当該減価償却資産の当該取得価額をその取得後における効用持続期間において費用化することを前提とする規定である。
　減価償却資産を相続等により取得した場合については、所得税法第60条の規定を受けた所得税法施行令第126条第2項において、相続人等は、当該減価償却資産を被相続人等の前所有者からの取得価額により取得したものとし、相続人等と被相続人等との間でいわゆる取得価額の引継ぎを行うものとして償却費の額の計算をすることとされてい

> るのであるから、取得時における当該減価償却資産の当該取得価額をその取得後における効用持続期間において費用化することを前提とする耐用年数省令第3条第1項の規定を適用して相続等による取得後の当該減価償却資産に係る償却費の額の計算を行うことはできないというべきである。

　この事案は、その後、訴訟提起されましたが結論に変わりはありませんでした（大阪地裁平成26年3月14日判決、大阪高裁平成26年10月30日判決）。

ポイント

- 相続取得した減価償却資産につき、相続人が用いる耐用年数は、取得価額や未償却残高と同様、被相続人の耐用年数を引き継ぐことになる。

参考

◇一括償却資産につき相続等があった場合の取扱い（所基通49－40の2、3、国税庁質疑応答事例）◇

区　分		取　扱　い
相続の場合	原　則	残額を被相続人の死亡した年分の必要経費に算入
	業務承継者がある場合	原則どおり、3年間（死亡年は被相続人）で必要経費に算入可
譲渡、除却、滅失等の場合		原則どおり、3年間で必要経費に算入
法人成りの場合		残額を法人成りの年分の必要経費に算入

（注）　法人成りによる一括償却資産の譲渡収入は、事業所得の付随収入となる。

◆ 相続に伴い支出した費用の取扱い ◆

Q4 相続に伴い減価償却資産に対して支出した費用は、相続した減価償却資産の取得費を構成するのか

////////////////// **税理士事務所ある日のやりとり** //////////////////

事務員 相続したアパートの登録免許税は、不動産所得の必要経費としていいですか？ 相続に必要なものだから取得価額になるような気もしますけど。

所　長 そうだね、かつては家事費だったけど現在は必要経費にできるよ。自宅などの非業務用資産なら取得費になるけどね。

事務員 それなら、遺産分割でかかった弁護士費用も必要経費にできますね。

所　長 うーん、遺産分割でアパートを取得したとしても、遺産分割は不動産貸付業務とは関係ないから、弁護士費用は経費にはできないよ。

事務員 じゃあ非業務用資産の場合も取得価額にはならないんですか。

所　長 うん、弁護士費用は、取得費に含まれない取扱いのようだね。

所長の解説

相続人における取得価額は、限定承認による相続を除き、被相続人の取得価額をそのまま引き継ぐこととされています（所令126②）。そのため、相続人が相続に際し支出した費用は取得価額を構成しないとするのが、かつての取扱いでした。また、業務用資産を相続した際の登記費用なども、それは相続という身分上のものであり、必要経費とはならないとされていました。

しかし、贈与により取得したゴルフ会員権の譲渡所得の計算において、名義書換料がその会員権の取得費に当たるとした判決（最高裁平成17年2月1日判決）がなされたことにより、相続、遺贈、贈与により取得した資産を取得するために通常要する費用に係る取扱いが変わりました。

贈与により取得したゴルフ会員権の名義書換料は、当該会員権の取得費に当たるとされた事例（最高裁平成17年2月1日判決）

○ 裁判所の判断

所得税法60条1項の本旨は、増加益に対する課税の繰延べにあるから、この規定は、受贈者の譲渡所得の金額の計算において、受贈者の資産の保有期間に係る増加益に贈与者の資産の保有期間に係る増加益を合わせたものを超えて所得として把握することを予定していないというべきである。そして、受贈者が贈与者から資産を取得するための付随費用の額は、受贈者の資産の保有期間に係る増加益の計算において、「資産の取得に要した金額」（同法38条1項）として収入金額から控除されるべき性質のものである。そうすると、上記付随費用の額は、同法60条1項に基づいてされる譲渡所得の金額の計算において「資産の取得に要した金額」に当たると解すべきである。

この判決により、相続登記の際の登録免許税など相続に際し通常要する費用は、その資産が業務用資産の場合はその業務の必要経費（ただし、

特許権や鉱業権のように登録により権利が発生するものは取得価額）に、非業務用資産の場合はその資産の取得費に、それぞれ算入することとされました（下記の参考通達参照）。

> **参考通達**
> **所得税基本通達37－5（固定資産税等の必要経費算入）**
> 　業務の用に供される資産に係る固定資産税、登録免許税（登録に要する費用を含み、その資産の取得価額に算入されるものを除く。）、不動産取得税、地価税、特別土地保有税、事業所税、自動車取得税等は、当該業務に係る各種所得の金額の計算上必要経費に算入する。
> （注）1　上記の業務の用に供される資産には、相続、遺贈又は贈与により取得した資産を含むものとする。
> 　　　2　その資産の取得価額に算入される登録免許税については、49－3参照

> **参考通達**
> **所得税基本通達60－2（贈与等の際に支出した費用）**
> 　法第60条第1項第1号に規定する贈与、相続又は遺贈（以下「贈与等」という。）により譲渡所得の基因となる資産を取得した場合において、当該贈与等に係る受贈者等が当該資産を取得するために通常必要と認められる費用を支出しているときには、当該費用のうち当該資産に対応する金額については、37－5及び49－3の定めにより各種所得の金額の計算上必要経費に算入された登録免許税、不動産取得税等を除き、当該資産の取得費に算入できることに留意する。

なお、この取扱いは、相続等の際に支出した費用のうち、通常支出される費用であるとされ、遺産分割の際の訴訟費用・弁護士費用などは、一般には相続人間の紛争を解決するための費用であり、相続等の際に通常支出される費用ではないため、必要経費や取得費を構成するものでは

ないとされています。
　通常支出される費用とは、相続等に際して支出した登録免許税などの登記費用、特定遺贈で取得した場合の不動産取得税などが考えられます。
　相続（限定承認に係るものを除く。）や贈与により取得した自宅建物（非業務用資産）について、名義変更登記に係る登記費用を支払い、その後、その自宅建物を譲渡したときの譲渡所得の金額の計算上控除する取得費は、次の①と②の合計額になります。ただし、取得価額から控除する減価の額は、取得価額の95％が限度です（所基通38－9の2）。
　① 自宅建物の原始取得日における取得価額から譲渡日までの減価の額（所法38②二）を控除した金額
　② 登記費用の額について、その支払日から譲渡日までの減価の額を差し引いた金額
　なお、取得費について概算取得費（譲渡収入の5％）を適用する場合は、この取扱いは適用されません。

> ポイント

■ 相続登記の際の登録免許税など相続に際し通常要する費用は、その資産が業務用資産の場合は必要経費になり、非業務用資産の場合は取得費になる。

◆ Keyword 4 ◆
生計一親族間の取引

　所得税法は、個人単位課税の原則の例外として、所得税法56条の規定《事業から対価を受ける親族がある場合の必要経費の特例》を設けています。この規定、生計を一にする夫婦がそれぞれ別々の事業を行っているときは、夫が妻に仕事を依頼して支払った費用は夫の経費にならないが、それを受け取った妻は収入にしなくてよいとするものです。

　家族ぐるみで商売を行うケースでこの規定が適用されるのは致し方ないとしても、家族がそれぞれ独立した事業を行っているケースにまでこの規定が適用されるのは、憲法14条の「法の下の平等」に反するとする考え方もあるようですが、最高裁は、この規定を合憲と判断しています。

　この所得税法56条の規定が適用される場合、相手方に支払った対価の授受がなかったものとされるほか、授受されていない金額のうち一定のものを相手方の必要経費に計上できる点に注意が必要です。なお、生計一親族間の取引の全てにこの規定が適用されるものではありません。適用の有無については、この規定の内容を十分理解しておくことが必要です。

　ここでは、生計一親族間の取引について、所得税法56条が適用される場面と適用されない場面について取り上げています。

◆ 生計一親族間の対価と費用 ◆

Q1 事業者が生計一親族に支払う対価は経費にならない。では、親族がその対価を得るために要した費用は事業者の経費となるのか

////////////////////// **税理士事務所ある日のやりとり** //////////////////////

事務員　所長！　所得税法56条ですが、夫婦それぞれ独立した事業を営む場合にまで適用されるのはおかしくありませんか？

所　長　ん？　その件なら議論してもいいけど、早く仕事しないとまた残業しなきゃならなくなるぞ？

事務員　いやいや所長、ご主人が自分の従業員の給与計算を社会保険労務士の奥さんに依頼した件ですが、支払った20万円を経費にせず、奥さんは受け取ったその20万円を収入にしないだけでいいんですよね？　簡単なことじゃないですか。

所　長　奥さんがご主人の従業員の給与計算に要した費用はご主人の経費になるけど、ちゃんと計算したのか？

事務員　え？　給与計算に要した費用って、例えばどんなものですか？

所　長　電気代やらコピー代、通信費に事務所家賃、いろいろあるだろうが！

事務員　えーっ！　そんなものどうやって計算するのですか？？？

所　長　ふむ、それから消費税。ご主人が支払った20万円は課税仕入れ、受け取った奥さんは課税売上げにしているんだろうね。

事務員　えーっ！　どういうこと？　消費税法には所得税法56条のような規定はないのか……。早くしないと残業だぁ〜助けて所長！

//

所長の解説

1　生計一親族が事業から受ける対価

　所得税法56条《事業から対価を受ける親族がある場合の必要経費の特例》は、個人単位課税を原則とする所得税において、事業等に係る所得については、事業経営者を中心とする世帯単位で所得計算を行うとするものです。具体的には、生計一親族が事業に従事したことその他の事由により、その事業から生計一親族に対して対価の支払をしてもその対価は事業の必要経費とはならず、他方、対価の支払を受けた生計一親族は収入にしなくてよいとするものです。

　所得税法56条はその規定振りからいわゆる家族ぐるみで事業を営む場合に限り適用されるようにも思われますが、それぞれ独立する事業を営んでいる生計一親族間における対価の授受についても適用される点に注意が必要です。

　なお、青色申告者が営む事業に専ら従事する生計一親族に対する給与の支払であれば、この56条の例外として、一定要件の下、青色事業専従者給与として必要経費算入が認められますが（所法57①、"keyword 5　青色事業専従者給与"参照）、生計一親族がそれぞれ独立して事業を営むケースにおけるその生計一親族間における対価の授受についての例外規定は設けられていません。

2　弁護士・税理士事件

　夫婦でそれぞれ独立した事業を営むケースでこの所得税法56条の適用の可否が争点となったものに、いわゆる弁護士・税理士事件があります。最高裁は独立した事業を営む夫婦間でもこの規定が適用されると判断しました（最高裁平成17年7月5日判決）。

　この事件、実は裁決で更正処分が一部取消し（係争年分3年のうち1年は全部取消し）となっています。夫である弁護士の所得計算において、

税理士である妻が夫からの税理士報酬を得るために要した費用相当額を、課税庁が夫の経費として認容しなかったためです（平成12年5月15日裁決）。下記の参考条文で下線を付した部分がその根拠規定です。

> **参考条文**
> **所得税法第56条（事業から対価を受ける親族がある場合の必要経費の特例）**
> 　居住者と生計を一にする配偶者その他の親族がその居住者の営む事業に従事したことその他の事由により当該事業から対価の支払を受ける場合には、その対価に相当する金額をその居住者の事業所得等の金額の計算上、必要経費に算入しないものとし、他方、その親族のその対価に係る各種所得の金額の計算上必要経費に算入されるべき金額を、その居住者の事業所得等の金額の計算上、必要経費に算入する。

　税理士である妻が、夫から受ける税理士報酬を得るために要した費用の額は、弁護士である夫の必要経費となります。その金額を算定するためには、妻の必要経費のうち、夫から受ける税理士報酬を得るために要した金額を区分しなければなりません。直接対応していることが明らかであるものは別として、実務上、厳密な対応関係を求めることは困難なことが多いと考えられます。

　この点について課税庁は、「請求人がその金額を明らかにしなかった。」として夫の経費として認容していませんでした。しかし、審判所は、妻の必要経費の額に、税理士報酬の合計額に占める夫から受けた報酬額の割合を乗じて算定した金額（次表の④）を、夫である弁護士の必要経費として認容しました。

◇審判所が56条により認容した夫の必要経費額◇ （単位：円）

区　分		平成7年分	平成8年分	平成9年分
妻の必要経費の額	①	3,297,030	7,109,926	6,910,543
妻の税理士収入の合計	②	8,489,590	9,995,070	10,963,030
②のうち、夫からの金額	③	721,000	1,133,000	1,059,500
夫の必要経費認容額 （① × ③ ÷ ②）	④	280,009	805,952	667,856

　生計を一にする親族間での役務提供等に係る金員の授受においては、その金員の受領者は収入とはならず、金員の支払者は経費になりません。ただし、金員の受領者がその金員を得るために要した費用等は、金員受領者の経費ではなく、金員の支払者の経費になる点に注意が必要です。

◇生計を一にする親族間での役務提供等に係る金員の授受◇

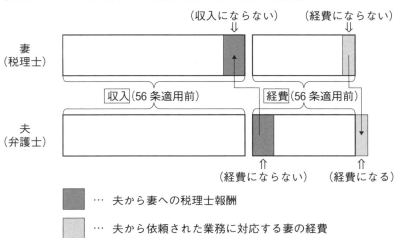

夫（弁護士）が妻（税理士）に支払った税理士報酬の額は必要経費に算入されず、夫の必要経費の額は、妻がその税理士報酬を得るために要した費用の額となると判断された事例（平成12年5月15日裁決　裁決事例集59集75頁）

○　審判所の判断
　所得税法第56条の規定により、請求人が営む弁護士業から請求人と生計を一にする親族である税理士業を営む妻に支払われた税理士報酬の額は請求人の事業所得の計算上必要経費に算入されず、請求人の事業所得の計算上必要経費に算入される金額は、妻が請求人から本件税理士報酬を得るために要した費用の額となる。
　なお、本件の場合、その費用の額が明らかでないが、その金額は、妻の事業所得の必要経費の額に、その総収入金額に対する本件税理士報酬の額の占める割合を乗じて算出した金額を請求人の弁護士業に係る必要経費と認定することが相当である。

　この所得税法56条は、所得税について設けられた規定ですから、消費税など所得税以外の税目における生計一親族間の取引について適用されることはありません。

ポイント

- 所得税法56条適用の場面では、生計一親族のために要した費用は必要経費から除外し、その親族である事業者の必要経費として認容する。
- 所得税法56条は、所得税における特例計算であるから、消費税などの他の税目での適用はない。

◆ 生計一親族間の使用貸借と所得税法56条 ◆

Q2　使用貸借の場合は対価の支払がないが、所得税法56条は適用されるのか

////////////////// **税理士事務所ある日のやりとり** //////////////////

事務員　所長、中島さんですが、奥様が相続した土地にアパートを建てたそうです。地代は支払わないそうですよ。

所　長　ふむ、使用貸借にしておけば借地権の贈与にはならないね。ただし、相続のときは自用地評価になるけどね。

事務員　使用貸借だと自用地評価なんですね。

所　長　ご主人が先に亡くなれば奥様がそのアパートを相続するだろうから、奥様の相続時は貸家建付地評価になるけどね…。

事務員　そうですね。ところで、土地の固定資産税ですが、地代収入があれば経費になります。奥様は地代を受け取らないようですから、家事費ですよね？

所　長　所得税法56条の規定が関係してくるね。

事務員　え、どうしてですか？　56条は親族が営む事業から対価の支払を受ける場合の規定じゃないですか。奥様は対価の支払を受けないのにどうして56条が関係してくるのですか？

所　長　うん、そうだよね。56条は世帯単位課税を考慮して設けられた規定だから、有償無償を問わず適用になるはずだよ。たしか通達があったと思うから、調べてごらん。

//

所長の解説

　所得税法56条は、条文見出しに「事業から対価を受ける親族がある場合の必要経費の特例」とあります。本条は、所得税法37条《必要経費》の特例として位置付けられた規定です。

　見出しと本文のどちらにも、「事業から対価を受ける」と表記されていますから、無償取引の場合には適用がないように思われるところです。

1　生計一親族が所有する資産の無償使用

　「無償」により生計一親族の資産を使用した場合については、基本通達でその取扱いが示されています。

> **参考通達**
> **所得税基本通達56－1（親族の資産を無償で事業の用に供している場合）**
> 　不動産所得、事業所得又は山林所得を生ずべき事業を営む居住者と生計を一にする配偶者その他の親族がその有する資産を無償で当該事業の用に供している場合には、その対価の授受があったものとしたならば法第56条の規定により当該居住者の営む当該事業に係る所得の金額の計算上必要経費に算入されることとなる金額を当該居住者の営む当該事業に係る所得の金額の計算上必要経費に算入するものとする。

　つまり、対価の授受があったものとした場合に、所得税法56条の規定により、事業に係る所得の金額の計算上必要経費に算入されることとなる金額を、当該居住者の営む当該事業に係る所得の金額の計算上必要経費に算入します。所得税法56条は、事業等の所得における世帯単位課税を考慮した規定であることから、取引の有償無償を問わず適用することとされています。

　妻が所有する土地に夫がアパートを建てた場合、夫の不動産所得の計

算において、その土地の固定資産税が必要経費となります。なお、夫の必要経費とされた固定資産税は、妻の所得計算上、なかったものとされます。冒頭の所長と事務員のやりとりに係る事例は、土地の使用貸借ですが、生計一親族所有の建物を無償で借り受け、事業の用に供することもあります。建物の使用貸借の場合、建物の所有者に係る固定資産税、減価償却費、火災保険料、建物の取得のための借入金利子等は、その事業者の必要経費に算入することになるので注意が必要です（"keyword 2　事業の承継と廃止"のＱ１（36頁）参照）。

2　生計一親族の無償による役務提供

　前述の所得税基本通達56－1は、親族の資産を無償で事業等の用に供している場合についての取扱いです。では、生計一親族による無償による役務提供の場合はどうなるのでしょう。例えば、79頁で取り上げた、弁護士、税理士の夫婦の場合において、夫（弁護士）が訴訟代理人を務める課税処分取消訴訟において、妻（税理士）が補佐人として種々の役務提供を行う場合です。

　基本通達では、資産の無償使用についてのみ定めており、無償の役務提供についてあえて記載していないことからすると、「無償」の場合は資産の使用に限られるとも考えられます。しかし、所得税法56条は世帯単位課税を考慮した規定であり、この規定が設けられた趣旨（個人事業が家族ぐるみの協力と家族の財産を共同管理使用して成り立つものであり、それについて個々の対価を支払う慣習もなく、かつ、仮に対価の支払があっても相当する対価の認定も税務執行上難しく所得分割の恣意性を排除する趣旨（『DHC所得税法コンメンタール』4199頁・第一法規））からすると、無償による役務提供であっても、生計一親族が役務提供を行うに当たり要した費用は、その親族の必要経費にならないこともあり、資産の無償使用と同様に事業主の必要経費とするのが相当ではないでしょうか。つまり、税理士の妻が税理士業に要した経費等の合計額のう

ち、補佐人として出廷に要した交通費のほか、過去の税務訴訟の判決例の収集や準備書面作成におけるアドバイス等に要した費用など、夫に係るものを区分し、その区分した金額を妻の必要経費から除くとともに夫の必要経費に算入することになると考えます。

　弁護士・税理士事件に係る平成12年5月15日裁決では、税理士報酬の支払があったため、夫のために要した費用を区分していなくても、一定の算式を用いることにより、夫の必要経費とする金額を計算することができました。無償の場合は、「夫から受けた税理士報酬額」はゼロとなり、この算式により求めることはできません。そのため、交通費など直接要した費用は実額により、事務所の固定費などは従事時間によるあん分等により、合理的に区分することになると考えます。

> ポイント

- 所得税法56条は、事業等に係る生計一親族間の有償取引について規定したものであるが、世帯単位課税を考慮したものであることから、その無償取引についても適用される。

◆ 生計一親族から受ける利息収入 ◆

Q3 生計を一にする配偶者への金銭の貸付けで生じた利息収入について、確定申告は必要か

/////////////////////// **税理士事務所ある日のやりとり** ///////////////////////

事務員 所長、先程お見えになった中田様ですが、奥様から借金されるそうです。利息は年0.5%だそうです。

所　長 ほぉ。最近は夫婦でも貸し借りを明確にする方も多くなってきているね。それでいったいいくら借りるの？

事務員 2,000万円です。先般、奥様がお父様から相続した預金の一部のようです。生計一親族から借りるのだから、利息収入をいちいち申告する必要はないですよね？

所　長 いやちょっと待って。貸付金の利息は雑所得だろう？

事務員 そうですね……。でも、事業から受ける対価であれば所得税法56条の規定が適用されるけど、事業ではないから……、収入は申告するのかなあ？

所　長 56条の規定は事業に限らず業務であっても適用されるけど、そもそもご主人の借入目的は何なの？

事務員 それが、クルーザーを買うそうです。いいなあ～。

所　長 それは趣味の世界だね。であれば、奥様の利息収入は、ご主人の事業や業務から受ける対価ということにはならないから56条は適用されないね。

所長の解説

　所得税法56条《事業から対価を受ける親族がある場合の必要経費の特例》は、生計を一にする親族間取引においてのみ適用されます。しかし、生計一親族間の取引であれば、その全てに適用されるというわけではありません。

1　所得税法56条の「業務」への適用

　所得税法56条が適用される場面について、法文上、生計一親族が居住者の営む「事業」に従事したこと等によりその「事業」から対価の支払を受ける場合と表記されています（下記条文の①）。所得税法は、「事業」と「業務」の使い分けをしていることから（"keyword 1　事業と業務"参照）、事業的規模に該当しない「業務」について、この規定は適用されないようにも思われます。

　昭和27年当時、この規定は、事業（事業所得）についてのみ適用されていたこともあり、それが理由かどうか分かりませんが、法文上は現在も「事業」のままとなっています（昭和32年の税制改正で、不動産所得と山林所得についても適用されることになった。）。しかし、この規定が設けられた趣旨（生計一親族における世帯単位課税）からして、「事業」に限り適用があるとするのは相当でないことから、現行の課税実務では、事業的規模に該当しない「業務」についても適用があると解されています。

　また、「事業から対価の支払を受ける場合」の「対価」とは、一般には給与（青色事業専従者給与を除く。）、地代家賃、借入金利子などが該当します。

> **参考条文**
> 所得税法第56条（事業から対価を受ける親族がある場合の必要経費の特例）
> ① 居住者と生計を一にする親族がその居住者の営む事業に従事したことその他の事由により当該事業から対価の支払を受ける場合には、②その対価に相当する金額をその居住者の事業所得等の金額の計算上、必要経費に算入しないものとし、他方、その親族のその対価に係る各種所得の金額の計算上必要経費に算入されるべき金額を、その居住者の事業所得等の金額の計算上、必要経費に算入する。
> ③ この場合において、その親族が支払を受けた対価の額及びその親族のその対価に係る各種所得の金額の計算上必要経費に算入されるべき金額は、当該各種所得の金額の計算上ないものとみなす。

2 生計一親族間の取引での所得税法56条の適用の有無

　生計を一にする親族が受けた対価(収入)がないものとされるのは、上記の条文の③によります。③の書き出しに「この場合において」とありますから、この規定は①の「生計を一にする親族」が「事業に従事したことその他の事由により当該事業から対価の支払を受ける場合（無償を含む。前記Q2参照）」に限り適用されることになります。

　冒頭の所長と事務員のやりとりに係る事例は、夫が趣味でクルーザーを購入するに当たり、その資金を妻から借り入れて妻に利息を払うものです。妻への利息の支払は夫の事業又は業務から支払う対価ではありません。したがって、条文の③の「この場合において」には該当せず所得税法56条は適用されませんから、利息収入はないものとはされず、妻の雑所得として申告の対象になります。

　仮に、妻が夫の飲食店の開業に当たり開業資金を夫に貸し付け、その利息の支払を受ける場合には、妻が夫から受ける利息は条文の①の要件に該当し、所得税法56条が適用されます。夫が妻に支払う利息は②によ

り必要経費にならない反面、③により妻の収入にもならないことになります。

> ポイント
>
> ■ 所得税法56条は、「事業」と規定されるが、事業的規模に該当しない「業務」についても適用がある。
> ■ 所得税法56条は、事業等（業務を含む。以下同じ。）から親族が対価を受ける場合に適用され、事業等以外から対価を受ける場合には適用されない。

◆ Keyword 5 ◆
青色事業専従者給与

　超過累進税率を採用する所得税では、事業や業務に係る所得について、生計一親族間での所得分散はできないのが原則です（所法56）。その唯一の例外として青色事業専従者給与（白色申告者の場合は事業専従者控除）があります。法人組織であれば、生計一親族であっても役員報酬又は使用人給与の支給による所得分散が可能ですから、個人事業が順調に推移し、所得金額が増加すると、法人成りを検討する方が多くなります。

　青色事業専従者給与の支払に当たっては、その届出書を提出するなどの形式を整えることが必要です。また、青色事業専従者は、原則として、その事業主以外の者のもとで働くことはできません。その事業に専ら従事することが要件とされているからです。

　また、著しく高額な部分の青色事業専従者給与は、必要経費算入を否認されます。従事期間、労務の性質や提供の程度、事業の種類や規模などからみて労務の対価として相当な金額であることが求められるからです。生計一親族に支払う給与でお手盛りとなる傾向がありますから、税務調査の際には、給与額算定の具体的な説明ができるようにしておくことも必要でしょう。

　ここでは、青色事業専従者給与の必要経費算入において争いとなったいくつかの裁決・判決を取り上げています。

◆ 青色事業専従者給与の未払金経理 ◆

Q1 事業を行っていると資金繰りに悩むこともある。青色事業専従者給与の未払経理処理は認められるか

////////////////// **税理士事務所ある日のやりとり** //////////////////

(事務員) 山田様ですが、仕事柄、まとまった収入が入る月と全く入らない月があります。

(所 長) そうか。毎月、決まった収入がないとなると資金繰りが大変だよな。

(事務員) 従業員の給料は何とか支払えていますが、奥様への専従者給与は、資金繰りが改善した時に支払うようにしたいそうです。

(所 長) うーん、青色事業専従者給与は、未払だと認められないよ。

(事務員) そうなんですか？　法人の役員報酬の場合、未払経理はあまり好ましくないとしても、基本的には認められているんじゃないですか？　未払の場合の源泉税の取扱いも定まっているし……。

(所 長) 生計一親族への給与は原則経費として認めないのが所得税の原則。青色事業専従者給与はその例外として特別に認められているものだから、経費算入要件は厳格なんだよ。

所長の解説

　生計一親族に対する支払給与は経費とならないのが所得税の原則です（"keyword 4　生計一親族間の取引"参照）。青色事業専従者給与は、そ

の例外規定であることもあり、必要経費算入の要件が厳格に定められています。

1 青色事業専従者給与の要件

青色事業専従者給与の必要経費算入については、様々な要件が定められています。主な要件は、次のとおりです（所法57①）。

① 不動産所得、事業所得又は山林所得を生ずべき事業を営む青色申告者であること
② 青色事業専従者（青色申告者の営む事業に専ら従事する15歳以上の生計一親族）に対し、「青色事業専従者給与に関する届出書」に記載した方法に従い、その記載した金額の範囲内で給与を支払う（青色事業専従者は給与の支払を受けた）こと
③ その給与額が、労務の従事期間、労務の性質及びその提供の程度、その事業の種類及び規模、類似同業者の給与支給状況などからみて労務の対価として相当であること

なお、必要経費に算入された青色事業専従者給与の金額は、その青色事業専従者の給与所得の収入金額とされます（所法57④）。

(注) 青色事業専従者に該当して給与の支払を受ける者は、同一生計配偶者、控除対象配偶者、源泉控除対象配偶者又は扶養親族とはされない（所法2三十三、三十三の二、三十三の四、三十四）。また、配偶者特別控除の対象にもならない（所法83の2①）。

2 「青色事業専従者給与に関する届出書」の提出

青色事業専従者給与に関する届出書の提出期限は、青色事業専従者給与を支給しようとする年の3月15日（その年の1月16日以後に開業した場合や新たに青色事業専従者を有することとなった場合は、その開業日や有することとなった日から2か月以内）までとされています。この届出書には、青色事業専従者の氏名、職務の内容、給与の金額、支給期のほか一定の事項（下記の 参考 を参照）を記載する必要があります

（所法57②、所規36の4①③）。

なお、給与の額を変更する場合は、遅滞なく変更届を提出しなければなりません（所規36の4②）。

> **参考**
>
> **「青色事業専従者給与に関する届出書」の記載事項**
>
> 令和9年1月以後から、届出書の記載事項（所規36の4①）が簡略化されます。
>
> | 現　行 | 令和9年1月以後 |
> |---|---|
> | ①　事業者の氏名及び住所並びに住所地と納税地とが異なる場合にはその納税地
②　青色事業専従者の事業者との続柄及び年齢
③　青色事業専従者が他の業務に従事し又は就学している場合には、その事実
④　その事業に従事する他の使用人に対して支払う給与の金額並びにその支給の方法及び形態
⑤　昇給の基準その他参考となるべき事項 | （現行と同じ）

④　その事業に従事する他の使用人に対して支払う給与の金額
⑤　その他参考となるべき事項 |

3　青色事業専従者給与の必要経費算入額とその経理処理

青色事業専従者給与の額は、青色事業専従者の労務に従事した期間、労務の性質及びその提供の程度、その事業の種類及び規模、類似同業者が支給する給与の状況等に照らして労務の対価として相当であることが必要ですが、その前提として、上記2の届出書に記載されている方法により実際に支払われ、しかもその記載されている金額の範囲内であることが求められます（所法57①②）。

なお、青色事業専従者が支払うべき金員を事業主が立替払をし、その金額を青色事業専従者給与額と相殺するような経理処理や未払経理処理は認められません。毎月、定められた時期に、定められた金額を確実に支払い、帳簿にも的確に記載する必要があります（下記裁決参照）。

青色事業専従者給与の未払分について必要経費に算入できないとされた事例（平成17年6月10日裁決　札裁（所）平16－18）

○　審判所の判断

　所得税法第57条第1項は、必要経費に算入する青色事業専従者給与の額を青色事業専従者が現実に給与として支払を受けた場合に限っているから、翌年に青色事業専従者給与の未払分の支払が行われたとしても、青色事業専従者給与として支払がされず未払となっている場合や立替金のように青色事業専従者給与の支給とは別に支払がされた場合にまで必要経費に算入することを認めることは、法の趣旨を逸脱していると解される。したがって、青色事業専従者給与の未払分及び固定資産税の立替払分については、所得税法第57条第1項に規定する、「給与の支払を受けた場合」に該当せず、事業所得の金額の計算上必要経費に算入することはできない。

ポイント

- 青色事業専従者給与の未払金経理による経費算入は認められない。
- 青色事業専従者が負担すべき金額を事業主が立替払をして、青色事業専従者給与と相殺をする処理も認められない。

> **参考**
>
> **事業専従者控除額（白色申告者の場合）**
> 　白色申告者が営む不動産所得、事業所得又は山林所得を生ずべき事業に、事業専従者（その事業に専ら従事する15歳以上の生計一親族）がいるときは、その事業専従者1名につき、次の①又は②の金額のうちいずれか低い金額について、事業専従者控除額として必要経費に算入することができます（所法57③）。また、事業専従者控除額は、その事業専従者の給与所得の収入金額とされます（所法57④）。
>
> 　①　86万円（配偶者以外の生計一親族は50万円）
>
> 　②　$\left[\begin{array}{c}\text{事業専従者控除前の不動産所得の金額、}\\ \text{事業所得の金額又は山林所得の金額}\end{array}\right] \div \left[\begin{array}{c}\text{事業専従}\\ \text{者の数}\end{array}+1\right]$
>
> 　この事業専従者控除額については、確定申告書の「事業専従者に関する事項」欄に所定の事項を記載すればよく、事前の届出書の提出は不要です（所法57⑤）。また、青色事業専従者給与とは異なり、事業専従者に対する給与支払の有無は必要経費算入の要件とされていません。

◆ 他に職業を有する者の事業専従者該当性 ◆

Q2 青色事業専従者は事業に専ら従事する必要がある。他に職業を有する場合、専ら従事に当たるか否かはどのように判断すればよいのか

////////////////////////// **税理士事務所ある日のやりとり** //////////////////////////

事務員　友人が勤務する税理士事務所は、ご主人が所長税理士、奥様は青色事業専従者。その奥様は税理士の資格はないけど、超ベテランで税務に詳しく、職員の指導もしているそうです。

所　長　私の妻もそのようにバリバリ働いてくれると助かるんだけどねぇ〜。

事務員　その税理士事務所、最近、会計法人を設立して、その奥様は代表者になったようです。

所　長　それで〜。

事務員　奥様は、今でもご主人の手足となって申告書のチェックや事務所職員の指導に加え、労務管理や給与計算もしているので、会計法人の役員報酬のほか青色事業専従者給与の支払も受けているんですって。

所　長　法人の役員をしていると専従者はダメだろ〜。

事務員　会計法人はその税理士事務所の外注先。会計法人はベテラン従業員が帳簿入力するだけで、実質的に役員としての業務はほとんどないようですから大丈夫じゃないですか。

所　長　昼間は税理士事務所、夜は別の場所にある会計法人のように、時間的空間的に区別されないとだめだよ。会計と税務は切り離せないから、税理士事務所に専ら従事とはいえないよね。

//

所長の解説

生計を一にする親族に対する対価は必要経費とならないのが原則であり（所法56①）、青色事業専従者給与の必要経費算入は、その例外として位置づけられています（所法57①）。そのため、その事業に専ら従事していることが、その必要経費算入の要件の一つとして掲げられています。

1　青色事業専従者の専ら従事する期間

青色事業専従者の場合、専ら事業に従事するといえるには、その専ら従事する期間がその年を通じて原則6か月（開廃業、休業、季節営業の場合や病気等で従事できなかった期間がある場合は、従事可能な期間の2分の1に相当する期間）を超える必要があります（下記の 参考 を参照）。

6か月を超えるとは、専ら従事する期間が6か月を超えることであり、年のうち6か月に相当する時間を事業に従事することではありません。

参考

青色事業専従者又は事業専従者における「専ら従事」の要件

「専ら従事」の要件は、「事業に専ら従事する期間が、その年を通じて6か月を超えること」とされています。ただし、青色事業専従者に限っては、次の①又は②に掲げるような場合には、事業に従事することができると認められる期間を通じてその期間の2分の1を超える期間、専ら従事すればよいとされています（所令165①）。

① 年の中途の開廃業、休業、事業者の死亡、季節営業などの理由により、事業がその年中を通じて営まれなかった場合

② 事業に従事する親族の死亡、長期にわたる病気、婚姻その他の事由により、年を通じて事業に従事できなかった場合

2 専ら従事する期間に含まれない期間

専ら従事する期間に含まれるか否かの判定において、次に該当する者である期間は、上記1の専ら従事する期間に含まれないこととされています（所令165②）。

① 学生又は生徒である者（夜間授業で昼間の事業従事等を除く。）
② 他に職業を有する者（その職業の従事時間が短い者や事業に専ら従事することが妨げられない者を除く。）
③ 老衰その他心身の障害により事業に従事する能力が著しく阻害されている者

3 他に職業を有する者に該当する期間

上記2②の「他に職業を有する者である期間」は、原則、専ら従事する期間に含まれません。他の職業に従事する時間が1日わずかであり、残りの時間を専ら従事できる場合や、夜間営業のため夜は専ら従事し、他方昼は他の職業に従事するような場合は、専ら従事に該当することになります。

他の職業を有する者として、青色事業専従者が法人役員に就任しているケースがあります。法人役員の期間は、一般には他の職業を有する者に該当します。しかし、役員としての職務内容は、その法人の事業内容、規模、従業員の有無などにより一様ではないはずです。非公開裁決ですが、法人役員である者の青色事業専従者該当性について、認められた事例と認められなかった事例があります。

他に法人役員としての職業を有していたものの青色事業専従者給与の必要経費算入が認められた事例（平成16年6月28日裁決　仙裁（所）平15-35）

○ 審判所の判断
　原処分庁は、妻が請求人の営む事業（小児科・内科医）に従事して

> いたとしても、その事業内容及び事務量を総合的に勘案すると、請求人の営む事業に専ら従事しているとは認められない旨主張する。
> しかしながら、当審判所の調査によれば、請求人の妻は、他に職業を有する者ではあるが、その事務量はわずかであり、請求人の営む事業に専ら従事することの妨げにはならないと認められる。そして、請求人の妻は、窓口収入の管理、支払事務及び給与計算事務等に幅広く携わっていたことが、事業に関連して作成・保管された資料及び従業員の答述等から明らかであり、専ら従事したものと認められるから、所得税法第57条第1項の青色事業専従者であると判断するのが相当である。

　上記の裁決で審判所は、法人役員としての業務について、マンション2室の家賃は振込入金であり、管理料、役員報酬はファームバンキングで処理するため、勤務時間は月1時間程度であるとの認定に基づき、他に会社役員として職業を有する者であるが、「その職業に従事する時間が短い者その他当該事業に専ら従事することが妨げられないと認められる者（所令165②二かっこ書）」に該当すると判断しました。

　冒頭の所長と事務員のやりとりにもありましたが、従前、税理士事務所の青色事業専従者であった者が、会計法人の役員となることもあるようです。一般に、会計法人の所在地は税理士事務所と同じことが多く、会計業務（会計帳簿の記帳代行など）は、税理士業務に付随して行うものですから（税理士法2②）、両業務は時間的空間的に区分することはできないため、その役員は青色事業専従者には該当しないことになると考えられます。
　次に掲げる裁決は、税理士業等を行う請求人の妻である青色事業専従者が、関連法人（不動産管理業、経営コンサルタント業、建築コンサルタント業など）3社の役員を兼務するケースについて、青色事業専従者該当性を争点としたものです。

税理士事務所の業務と関連法人の業務を同時並行して随時行っていることから、関連法人の役員である期間は、税理士事務所の業務に専ら従事する期間には当たらないとされた事例（平成26年2月4日裁決 関裁（所）平25－29）

○　審判所の判断
　請求人は、請求人の妻は、請求人の営む税理士業（本件事業）に従事するほか、自らが役員を務める関連法人（本件各関連法人）の業務にも従事しているが、本件事業に7ないし8時間従事し、一方、本件各関連法人の業務は、従事時間も短く、業務内容はいずれも軽微なものであるから、青色事業専従者に該当する旨主張する。
　しかしながら、請求人の妻は、時間的空間的に区別することなく、本件事業の業務と本件各関連法人の業務を同時並行で随時行い、本件各関連法人の取締役として職務を常に遂行し得る状態にあったと認められるから、本件各関連法人の具体的な業務をしていない時間があったとしても、それによって、所得税法施行令第165条《親族が事業に専ら従事するかどうかの判定》第2項第2号かっこ書に規定する「その職業に従事する時間が短い者その他当該事業に専ら従事することが妨げられないと認められる者」に当たらず、請求人の妻が本件各関連法人の役員である期間は、当該事業に専ら従事する期間（事業専従期間）に含むことができない。

　上記裁決に係る事案は、その後、訴訟提起されましたが結論に変わりはありませんでした（東京地裁平成28年9月30日判決、東京高裁平成29年4月13日判決）。

4　法人役員の青色事業専従者該当性

　上記3で取り上げた2つの裁決は、青色事業専従者が法人の代表取締役の地位にある点は同じですが、直接的な役務提供の内容には大きな差異があるように見受けられます。
　法人役員としての業務ですが、前者（平成16年6月28日裁決）は、マ

ンション2室の賃貸管理のみのように窺われ（従業員はいない可能性大）、月1時間程度と認定されており、一方、後者（平成26年2月4日裁決）は、法人3社の役員でいずれも日々、各社の従業員とのやり取り（指示・報告）が行われ、指揮監督が行われていたと認定されています。

　役員のみの法人でその業務がマンション2室の賃貸業（いわゆる資産所得）であれば、実質的には月1時間程度の業務で済むことから、その法人の役員は「その職業の従事時間が短い者その他その事業に専ら従事することが妨げられないと認められる者」に該当すると判断されました。

　他方、従業員がおり、日々業務が行われていれば、役員としての種々の責務（指揮監督ほか）を負うことになるため、原則として、その役員は青色事業専従者には該当しないと考えられます。

ポイント

- 他に職業を有する期間は、原則、事業に専ら従事する期間には当たらない。
- 法人役員である期間は、一般には、他の職業を有する者である期間に該当すると考えられる。
- 他の職業の従事時間が短い者や事業に専ら従事することを妨げられないと認められる者は、事業に専ら従事する者に該当する場合がある。

◆ 著しく高額な青色事業専従者給与 ◆

Q3 青色事業専従者給与のうち著しく高額な部分は、税務調査において必要経費算入を否認される。何をもって著しく高額と判断されるか

////////////////////// **税理士事務所ある日のやりとり** //////////////////////

（事務員）伊藤様、来年1月から奥様の青色事業専従者給与の引上げを検討されています。

（所　長）そうか、ご主人の事業も順調で所得も増加していることもあるしね。

（事務員）青色事業専従者給与が労務の対価として相当なものは経費になるという理屈は分かりますが、何をもって相当なのか、判断のしようがないですよね。

（所　長）そうだね、裁決や判決では、従業員の給与額との比較や類似同業者の青色専従者の給与額との比較で判断しているよ。

（事務員）類似同業者のデータなんて税務署以外は分からないですよ！

（所　長）まずは、従業員と奥様の勤務時間と職務内容を調べよう。

（事務員）従業員は、超過勤務分の給与の支払があるので勤務時間を管理していますけど、奥様の勤務時間の記録はないと思いますよ。

（所　長）来年まであと3か月半。10月からでもいいから、奥様の勤務時間と職務内容を記録しておくように依頼したらどうかな。

（事務員）伊藤さんに相談してみます。

> **所長の解説**

　青色事業専従者給与は、生計一親族に対する支払であり、所得分散の意味合いもあってお手盛りとなる傾向があるようです。労務の対価としての適正額を超える部分は、必要経費に算入されない点に注意が必要です。

1　青色事業専従者の労務の対価として相当な額

　青色事業専従者給与の労務対価の相当性の判定基準として、次の項目が掲げられています（所令164①）。

① 　青色事業専従者の労務に従事した期間、労務の性質及びその提供の程度
② 　その事業に従事する他の使用人が支払を受ける給与の状況及びその事業と同種の事業でその規模が類似するものに従事する者が支払を受ける給与の状況
③ 　その事業の種類及び規模並びにその収益の状況

　これは、給与が従事時間や職務内容等で異なることを前提として、それらが類似する他の者の給与との比較、事業主の所得金額（青色事業専従者給与支払後）との比較などにより、相当な給与額を判断しようとするものです。

2　青色事業専従者の適正給与額の算定方法

　最近の裁決や判決では、上記1の規定に基づき、次の(1)又は(2)による適正給与額の検討が行われ、その金額を超えた部分の金額の必要経費算入が否認されています。

(1) 使用人給与比準方式

　　青色事業専従者の労務の性質とその提供の程度が類似する使用人の給与額を基準として適正給与額を求める方式です（時給や勤務時間を

加味する。)。

これによれば、その事業者が収益の状況に照らして決定した使用人の給与の金額を勘案したものといえます。

ところで、一般に、使用人については、労務管理が必要となるため勤務時間の把握は行われますが、青色事業専従者については、身内（生計一親族）であることから、その管理が十分行われていないのが実情かもしれません。また、職務内容としては、青色事業専従者は、事業経営や人事管理について事業主から相談を受ける場合もあるなど、共同経営者的な要素を含む場合もあります。勤務時間の比較ができない場合や職務内容が使用人と異なる場合は、使用人の給与との比較は合理的ではないため、単純にこの方式を適用することはできません。

(2) 類似同業専従者給与比準方式

業種、事業的規模等の類似する同業者における労務の性質や程度が類似する青色事業専従者の給与額の平均額を適正給与額とする方式です。

この場合の同規模同業者は、個々の事案ごとに抽出基準は異なることになりますが、一般的な抽出基準としては、次の項目が考えられます。

---

① 一定の範囲内（例えば、○○国税局管内など）で同業種を営む個人事業者であること。
② 青色申告者であること。
③ 年間の売上金額が対象者の売上金額の2分の1以上、2倍以下であること。
④ 青色事業専従者の資格（例えば、歯科衛生士など）の有無や青色事業専従者の数が、対象者の状況と同じであること。
⑤ 課税処分等による争訟が提起中でないこと。
⑥ その他、その事案独自の項目など。

なお、同規模同業者のデータは税務当局しか持ち得ないものですから、納税者側としてこの方式を適用することはできません。

この方式により適正に抽出された同規模同業者の青色事業専従者給与額の平均値は、一般には、個別事情が捨象されると考えられており、合理的とされています。

3 高額の青色事業専従者給与の否認事例

裁決や判決で示された高額の青色事業専従者給与額の否認事例における適正な給与額の算定方法は次のとおりです。

(1) 税理士事務所の青色事業専従者給与

① 平成25年5月29日公表裁決

「使用人給与比準方式による金額」と「類似同業専従者給与比準方式による金額」のいずれか高い方を適正給与額としています。

② 鳥取地裁平成27年12月18日判決（原告控訴）

「類似同業専従者給与比準方式による金額」の一部修正額を適正給与額としています。

③ 広島高裁松江支部平成29年3月27日判決（②の控訴審）

「類似同業専従者給与比準方式による金額」を適正給与額としています。

上記のとおり、訴訟の段階は、「使用人給与比準方式による金額」は採用されていません。その理由は、青色事業専従者に関して労務の程度を図る客観的な証拠がないこと、青色事業専従者は、労務管理、備品管理、給与・賞与査定など、使用人の労務と異なる側面があるとの認定がされたことによります。

(2) 歯科医院の青色事業専従者給与

① 令和元年9月6日公表裁決

「類似同業専従者給与比準方式による金額」を適正給与額としています（下記の裁決内容を参照）。

労務の対価として相当と認められる金額は、類似同業者の青色事業専従者給与額の平均額であるとされた事例（令和元年9月6日裁決　裁決事例集116集61頁）

○　審判所の判断
　請求人は、青色事業専従者である配偶者（本件配偶者）に対して支払った給与の金額（本件青色専従者給与額）が、本件配偶者の労務の性質及びその提供の程度からすれば、労務の対価として相当と認められるもの（適正給与相当額）である旨主張する。
　しかしながら、本件配偶者の適正給与相当額は、本件配偶者の労務の性質が、請求人の事業に従事する本件配偶者以外の使用人（本件使用人）とは異なる上、本件配偶者の労務の提供の程度が明らかでないことから、本件使用人の給与の金額と比較してその該当性を検討することは相当でなく、また、本件青色事業専従者給与額は、類似同業者の青色事業専従者（本件類似青色事業専従者）の給与の額の平均額と比較すると、適正給与相当額とは認められず、本件の適正給与相当額は本件類似青色事業専従者の給与の額の平均額と認められるから、本件青色専従者給与額のうち本件類似青色事業専従者の給与の額の平均額を上回る部分は、事業所得の金額の計算上必要経費に算入することはできない。

4　税務調査での青色事業専従者給与額算定根拠の説明

　士業や医院に対する税務調査では、青色事業専従者給与額が著しく高額であるとの指摘を受けることがあります。そのため、調査担当者に対して、青色事業専従者給与額の具体的な算定根拠を説明できるようにしておくことが必要です。
　納税者側からしますと、青色事業専従者と職務内容が類似する使用人がいれば、上記の使用人給与比準方式により説明することが考えられます。まずは、青色事業専従者についても勤務時間を記録しておくのがよ

いでしょう。

　なお、青色事業専従者の職務内容に経営管理的な要素もあるなど使用人の給与との単純比較ができない場合であっても、青色事業専従者についても勤務時間を記録した上で、職務内容の違いによる給与差の算定根拠を示すこと等により、青色事業専従者給与額が合理的に算出されていることを説明できるよう準備しておく必要があります（算定根拠が合理的でないとされると、類似同業専従者給与比準方式による金額による修正申告の勧奨が行われる。）。

> ポイント
>
> ■ 青色事業専従者給与額が著しく高額とされると、一般には、類似同業専従者給与比準方式により高額部分が否認される。
> ■ 税務調査の際は、青色事業専従者の勤務時間、職務内容、経験年数等を明らかにし、給与額が合理的に算出された根拠の説明が必要になる。

◆ Keyword 6 ◆
同族会社取引と行為計算否認

　資本金1億円未満の法人が全法人の約99％を占め、その約97％が同族会社といわれています。税務の世界では、親族と同族会社はその納税者と実質一体で、利益調整や税負担調整が思うがままにできると考えられていることもあって、その防御策としてのいくつかの特例規定が設けられています。

　その一つに所得税法157条《同族会社等の行為又は計算の否認等》の規定があります。同族会社のオーナー個人とその同族会社との取引に関して、オーナー個人の「所得税の負担を不当に減少させる結果となるとき」に発動されます。私法上の契約や取引は有効でも、その結果、その個人の所得税の負担を不当に減少させていると税務署長が認めると、税務署長にその取引の計算をする権限を与えているのです。そのため、本来は、税務署長（税務署）の更正処分等による是正が原則と考えられますが、税務執行上、その計算額で修正申告の勧奨が行われているようです。

　不当とは、違法ではないものの、道理にはずれたことをいいます。納税の義務（憲法30）を負う国民にとって、道理にはずれた税逃れを防ぐための規定といえます。実務家としては、課税庁にとって伝家の宝刀であるこの規定が適用されることのないよう、これまでの裁判例や裁決例の要点を理解しておくことが必要でしょう。

　なお、同族会社との取引としては、個人が同族会社から利益の供与を受ける場面と個人が同族会社に利益を供与する場面があります。前者は、主に給与等に係る源泉所得税の範疇で、後者は事業所得、不動産所得等に係る申告所得税の範疇といえます。ここでは、個人オーナーと同族会社との取引に係る申告所得税の場面について取り上げています。

◆ 同族会社への運転資金等の貸付け ◆

Q1　同族会社への利率年１％での運転資金の貸付け。貸付利息を無利息に変更すると問題は生じるか。また、将来、貸倒れとなったときはどのような処理となるか

////////////////　**税理士事務所ある日のやりとり**　////////////////

事務員　先日、顧問契約を締結したＡ社のオーナー松田様の件ですが、Ａ社に対する運転資金の貸付利息を毎年雑所得で申告なさっていました。でも、７年前からＡ社の経営状況が悪化して未収が続いています。

所　長　貸付残高と貸付利率はどうなっているの？

事務員　えーと、貸付残高が5,200万円、利率は年１％です。元本返済も７年前から滞ってますね。

所　長　年１％というと１年間で50万円だね。７年なら350万円か。

事務員　未収利息ですけど、実際に利息を受け取ったときに申告するのではダメなんですか？

所　長　利息は日々発生するものだよね。貸付先が債務超過で未収が継続した場合に、法人税には通達があるけど所得税にはないんだよね。

事務員　えっ、通達がないってことは未収で申告しないと更正されるんですかね……。

所　長　まずはＡ社の経営状況を確認するといいよ。改善が見込まれないようなら貸付利率を無利息に変更しよう。７年間の未収利息については、将来の貸倒れに備えて更正の請求をする準備が必要だね。

| 事務員 | 同族会社の行為計算否認規定で利息が認定されないですか？
| 所　長 | うん、無利息としたことに合理的な理由があれば大丈夫だよ。
| 事務員 | そういえば、更正の請求は7年間のうち直近の5年間しかできないですよね？
| 所　長 | 雑所得の未収利息の貸倒れだよ。元本は貸倒れの事実が生じた時の損失だけど、未収利息については、証明できれば何年でも遡れるんだよ。

所長の解説

1　同族会社への無利息貸付け

個人が無利息貸付けを行った場合、収入すべき金額（所法36①）が生じませんから、原則として、利息相当額を認識して申告する必要はありません。無利息を有利息と認定されるのは、税務署長が同族会社の行為計算否認規定（所法157）を適用する場合に限られます。この規定は「所得税の負担を不当に減少させる結果となると認められるものがあるとき」に発動されます。この規定により無利息貸付けを否認し、利息収入を認定した判決としては、いわゆるパチンコ平和事件があります（最高裁平成16年7月20日判決）。貸付金額も3,455億円と多額で、相続税対策的な観点で行われたこともあり、この規定の適用が適法とされました。

一般に、同族会社のオーナーがその経営責任を果たすために無利息貸付けを行うなど、相当な事情があるのであれば、この規定が適用されることはありません。

なお、同族会社側は、無利息借入れによる受贈益と支払利息が相殺されますから、所得金額に異動はありません。

> 個人の同族会社に対する無利息貸付けにつきこれを否認し、利息相当額の収入を認定した課税処分が相当とされた事例(最高裁平成16年7月20日判決)
>
> ○ 裁判所の判断
>   同族会社の行為計算否認規定は、同族会社において、これを支配する株主又は社員の所得税の負担を不当に減少させるような行為又は計算が行われやすいことにかんがみ、税負担の公平を維持するため、株主又は社員の所得税の負担を不当に減少させる結果となると認められる行為又は計算が行われた場合に、これを正常な行為又は計算に引き直して当該株主又は社員に係る所得税の更正又は決定を行う権限を税務署長に認めたものである。
>   このような規定の趣旨、内容からすれば、株主又は社員から同族会社に対する金銭の無利息貸付けに本件規定の適用があるかどうかについては、当該貸付けの目的、金額、期間等の融資条件、無利息としたことの理由等を踏まえた個別、具体的な事案に即した検討を要するものというべきである。そして、前記事実関係等によれば、本件貸付けは、3,455億円を超える多額の金員を無利息、無期限、無担保で貸し付けるものであり、被上告人がその経営責任を果たすためにこれを実行したなどの事情も認め難いのであるから、不合理、不自然な経済的活動であるというほかはない(省略)。

消費貸借契約(民法587)に基づく貸金債権についての利息は、特約がなければ請求できず、利息に係る特約がある場合に限り請求できることとされています(民法589)。ただし、商人間における金銭消費貸借については、利息の合意がなかったとしても、貸主は法定利息を請求できることとされています(商法513①)。金銭消費貸借契約を締結する場合、通常、利息についての定めを設けますから、無利息とするときは、その旨を記載しておくのがよいと考えられます。無利息とした場合であっても、所得税の負担が不当に減少したといえるような状況でなければ、同

族会社の行為計算否認規定は発動されません。一般には、不当に減少させた税額が多額かどうかで判断されますから、無利息であることのみにより認定利息による更正処分が行われることはありません。

2　未収利息の収入計上

　所得税の場合、貸付利息の計上は、原則として、その年の末日（契約内容に応じて支払日等）とされています（所基通36－8(7)、36－14(2)）。有利息での金銭消費貸借契約を締結したものの、貸付先である同族会社の経営悪化などにより元本の返済や利息の支払が滞る場合があります。利息は日々発生するものですから、前述の通達にあるように、年末には未収利息の計上（雑所得としての申告）が必要になります。

　この点について法人税では、債務者が債務超過に陥っていること等により、その支払を督促したにもかかわらず、当該貸付金から生ずる利子の額のうち事業年度終了の日以前6か月以内にその支払期日が到来したものの全額が事業年度終了時で未収であり、かつ、直近6か月等以内に最近発生利子以外の利子について支払を受けた金額が全くないなどの場合は、益金に算入しないことができるとする取扱いがあります（法基通2－1－25）。しかし、所得税ではそのような取扱いは示されていませんし、これまでの判決等でも未収利息を計上しないでよいとした事例も見当たらないように思われます。そのようなこともあって、同族会社に対する未収利息について、毎年、雑所得として申告が行われていることが多いようです。将来、経営状況が改善し、未収利息の支払や貸付金元本の返済が行われるのであれば問題はありません。しかし、そうでない場合は、金銭消費貸借契約の利率を無利息に変更し（オーナーの経営責任を果たすため無利息とするのであれば利息の認定がなされることはない。）、まずは、今後の利息収入を発生させないようにすることが必要でしょう。

3 未収利息、貸付金元本の貸倒れの処理

　会社オーナーの同族会社への貸付けは、その貸付先が限られることから貸付金額の多寡に限らず、事業ではなく業務とされます。そのため、利息収入は業務に係る雑所得（所基通35－2(6)）となり、貸付金元本は「雑所得の基因となる資産」（所法51④）に該当します。

(1) 貸倒れの事実

　貸倒れの判断は、実務上、基本通達（所基通51－11～13）に基づき行います。会社オーナーのその同族会社に対する貸付金の場合には、一般には、所得税基本通達51－11(4)の適用が考えられます。すなわち、①債務者の債務超過の状態が相当期間継続し、②その貸金等の弁済を受けることができないと認められる場合に、③その債務者に対し債務免除額を書面により通知することです。貸倒れとなるのは、書面で通知した額ですから、一部貸倒れとなるケースもあります。この取扱いは、①の債務超過が継続しただけでは適用できません。②の弁済を受けることができないといえる事実が必要です。すなわち、債務超過が継続していることに加え、事業が衰微して再建の見通しが立たず、早晩事業を廃止せざるを得ないなど、将来的にも未収金債権を回収することが全く望めないといえる状況が必要です（継続的な収入があり事業が継続している場合や換価可能な資産を有している場合などは該当しない。）。

(2) 未収利息の貸倒れ

　雑所得に係る未収利息の貸倒れについては、その収入を計上した各年分につき、その未収利息がなかったものとして所得計算を行うことになります（所法64①）。そのため、その未収利息を申告した各年分について更正の請求を行います（所法152）。

　更正の請求期限については、該当する年分の法定申告期限から5年と貸倒れの事実が生じた日の翌日から2か月のいずれか遅い日までと解されています（所得税法152条《各種所得の金額に異動を生じた場

合の更正の請求の特例》における更正の請求期限の考え方については、"keyword 2　事業の承継と廃止"のＱ２（40頁）参照）。

　この未収利息の貸倒れに係る更正の請求は遡及年数に制限がありません。立証責任は納税者が負いますので、未収利息を申告した事実を明らかにする確定申告書の控え（電子申告の送付済データ）などは確実に保管しておく必要があります。更正の請求に当たっては、未収利息を回収することができなくなった経緯などを記載した書面を添付（８年前以前の年分であれば、確定申告書の控えの写しも添付）することになります。

(3)　貸付金元本の貸倒れ

　雑所得の基因となる貸付金元本の貸倒れは、その貸倒れの生じた日の属する年分の雑所得の金額を限度として必要経費になります（所法51④）。公的年金に係る雑所得や他の雑所得があれば、雑所得内通算はできますが、通算しきれない部分の貸倒損失は必要経費になりません。

◆具体例《貸付金元本500万円の貸倒れによる必要経費算入額》◆

区　分	①総収入金額	②必要経費等	③所得（①－②）
貸付金利息	0円	500万円（貸倒損失）	△500万円
原稿料	80万円	20万円	60万円
公的年金（注）	250万円	110万円	140万円

（注）　年齢65歳以上かつ公的年金を除く合計所得金額1,000万円以下の場合

　　(a)　貸倒損失控除前の雑所得の金額
　　　　　　　総収入金額　　　　　　　必要経費等
　　　　（80万円＋250万円）－（20万円＋110万円）＝　200万円

(b)　貸倒損失に係る必要経費算入額
　　　　200万円(a) ＜ 500万円（貸倒損失）　∴　200万円（所法51④）
　(c)　雑所得の金額＝(a)－(b)＝0円

ポイント

- 同族会社に対する無利息貸付けは、オーナーが経営責任を果たすために行われたものであれば、同族会社の行為計算否認規定は適用されない。
- 未収利息や貸付金元本の貸倒処理は、債務超過が継続したことのみで債権放棄をしても認められず、事業が衰微して再建の見通しが立たないといえるような状況が必要となる。
- 未収利息の貸倒れは、その未収利息を計上した年分につき更正の請求を行う。
- 貸付金元本の貸倒れは、貸倒れの事実が生じた日の属する年分の雑所得の金額を限度として必要経費に算入する。

参考

貸付金元本と未収利息の貸倒れに係る事実認定

　知人や同族会社に対する有利息による金銭の貸付けは業務としての貸付けになり（無利息貸付けは業務にならない。）、受取利息（未収利息を含む。）を雑所得として申告することになります。
　利息の支払を受け、貸付金元本の返済も行われていればよいのですが、利息や元本返済を受けることができない状況になることもあります。
　この未収利息や貸付金元本の貸倒れについては、その事実認定（いつ、どのような理由で貸倒れとなったか）が重要になり、その立証責任は納税者側が負います。
　ところで、所得税基本通達51－11《貸金等の全部又は一部の切捨てをした場合の貸倒れ》には、次のとおり、貸倒れとすることができる事実と貸倒額が掲げられています。

> (1) 更生計画認可の決定又は再生計画認可の決定があったこと。
>   …これらの決定により切り捨てられることとなった部分の金額
> (2) 特別清算に係る協定の認可の決定があったこと。
>   …この決定により切り捨てられることとなった部分の金額
> (3) 法令の規定による整理手続によらない関係者の協議決定で、次に掲げるものにより切り捨てられたこと。
>   …その切り捨てられることとなった部分の金額
>   ① 債権者集会の協議決定で合理的な基準により債務者の負債整理を定めているもの
>   ② 行政機関又は金融機関その他の第三者のあっせんによる当事者間の協議により締結された契約でその内容が①に準ずるもの
> (4) 債務者の債務超過の状態が相当期間継続し、その貸金等の弁済を受けることができないと認められる場合において、その債務者に対し債務免除額を書面により通知したこと。
>   …その通知した債務免除額

　上記の(1)～(3)は客観的な事実でその内容は書面等で確認できますが、実務上は(4)による貸倒れ処理を行うことが多くあります。この場合、「債務者の債務超過の状態が相当期間継続し、その貸金等の弁済を受けることができない」事実の立証が必要になります。

　貸付先が法人の場合、「債務超過の状態が相当期間継続していること」はその法人の貸借対照表等により証明できますが、「貸金等の弁済を受けることができないと認められる場合」とは、事業が衰微して再建の見通しが立たず、早晩事業を廃止せざるを得ない状況とされ、継続的な収入があり事業が継続しているようなときは、一般には、これには該当しないこととされています。

　一方、知人等の個人に対する貸付けの場合は、その個人が破産宣告を受けている場合を除き、「債務超過の状態が相当期間継続していること」自体の立証も困難なことが多いのが実情です（例えば、自宅や自動車を所有していれば債務超過とはならないことが多い）。

◆ 同族会社への土地等の貸付け ◆

Q2　同族会社へ土地等を賃貸する場合、賃貸料の設定について個人オーナーはどのような点に注意が必要か

////////////////////////// **税理士事務所ある日のやりとり** //////////////////////////

事務員　西野様ですが、駐車場として利用している土地に賃貸建物を建てる計画のようです。ご自分の所有にすると賃料収入で相続財産が増えてしまうので、お子様の名義にするらしいです。

所　長　土地は賃貸借にすると借地権の贈与になるから使用貸借だよね。でも、使用貸借だと相続時に自用地評価になるから、法人名義での建築も検討したらどうかな？　お子様が役員になれば役員報酬も受けられるし。

事務員　法人で賃貸建物を建てれば、お子様名義のときと同じで借地権の贈与にならないんですか？

所　長　法人が関わると無償返還制度が使えるんだよ。税務署に書面で届け出なきゃいけないけど、賃貸借であれば相続時に土地は80％評価になるから個人への使用貸借より有利だね。まあ、法人は税務申告が複雑になるのがネックかな。

事務員　なるほど、親族間の土地の貸借では、同族会社を活用した方が有利なんですね。土地の賃貸料はいくらぐらいにするといいのですか？

所　長　そうだなあ。固定資産税の２倍から３倍程度なら使用貸借にはならないからいいんじゃないかな。

//

所長の解説

1 同族会社への土地の賃貸と無償返還制度

建物の所有を目的とする土地の賃貸借契約を締結すると、借地権が設定されたことになります。この場合、通常、権利金を収受する慣行がある地域にもかかわらず権利金を収受しないと借地権の贈与とされ、借地人が個人であれば贈与税が、法人であれば法人税が、それぞれ課税されます。個人間の場合、使用貸借で土地を使用させればこの借地権課税の問題は生じませんが、土地所有者の相続時にその土地は自用地評価となります。

土地の使用に関し、当事者として法人が関与する場合には、土地の無償返還制度が利用できます。土地賃貸借契約書に将来借地人がその土地を無償で返還する旨を定め、貸主と借主の連名で「土地の無償返還に関する届出書」を税務署長に提出することで、借地権の認定課税を受けることなく法人（同族会社）に土地を賃貸できます（法基通13－1－7）。使用貸借と賃貸借のいずれかの選択となりますが、賃貸借とすれば地代は固定資産税等の2～3倍程度とし、賃貸人である個人は不動産所得として申告するケースが多いようです。相続時には借地権割合20％の貸宅地となり、更地価額の80％評価になります（昭和60年6月5日課資2－58（例規）の8）。賃借人である法人（同族会社）にとっては相当の地代（更地価額の6％相当額）に満たない地代の支払になりますが、その差額については、支払地代（借方）と受贈益（貸方）の相殺により課税関係は生じません。

2 同族会社が個人オーナーから賃借した土地を転貸する場合

個人オーナーが所有する土地を同族会社に賃貸し、その同族会社がその土地を転貸する場合があります。このような場合、同族会社の転貸料と個人オーナーの賃貸料の差額の実質は、同族会社における土地の管理

料と考えられます。そのため、その差額が通常の管理料相場を超えるような場合には、同族会社の行為計算否認規定により、個人オーナーの賃貸料を相場賃貸料相当額に増額する更正処分が行われる場合がある点に注意が必要です。

浦和地裁平成13年2月19日判決は、個人オーナー甲が所有する土地を同族会社A社に賃貸し、A社がモータープール用地（完成自動車置場）としてB社に転貸した事案です。

転貸に当たり土地のアスファルト舗装費用はA社が負担し、その費用を上乗せして転貸料の額が定められていたようです。付加価値を付けての転貸とはなるものの、賃貸料の転貸料に占める割合が30〜32％程度と非常に低く、所得税負担を不当に減少させているとして、同族会社の行為計算否認規定が適用されました。A社が甲に支払う賃貸料の年額1,520万円に対して、次表のとおりその2倍以上の金額（年3,131万円〜3,263万円）が認定されています。

◆事案の概要（浦和地裁平成13年2月19日判決）◆

区 分	賃貸料 （A社⇒甲）	転貸料 （B社⇒A社）	認定賃貸料 （A社⇒甲）	追加 所得税額
平成3年	年1,520万円	年4,679万円	年3,131万円	741万円
平成4年		年4,943万円	年3,263万円	796万円
平成5年		年4,943万円	年3,184万円	784万円

（注） 土地整備費用はB社が負担し、アスファルト舗装費用はA社が負担した。

同族会社への土地の賃貸料につき同族会社の行為計算否認規定が適用された事例（浦和地裁平成13年2月19日判決）

○ 裁判所の判断

平成3年ないし同5年の間、甲が本件土地を同族会社であるA社に対し賃貸したことにより得た本件賃料は、被告（課税庁）において本件土地と立地条件や使用状況等が類似している貸付地であって、本件土地の適正賃料額を算出するための比準地として適切な土地であると判断した前記土地の貸付賃料の平均値（同業者平均単価）と比較して半値以下であること、そして、同期間において、甲の賃借人であるA社が、本件土地を含む本件転貸地をB社に対して転貸したことにより得た賃料（本件転借賃料）は、アスファルト舗装費用の分担分を控除した実質転貸賃料額をみても、前記同業者平均単価を上回っていることが明らかである。（中略）

そうすると、本件賃貸借契約の賃貸料の設定は、純経済人の行為として不合理・不自然な行為というほかなく、通常の経済人としての合理性を欠いていると認めるのが相当であるから、本件賃料の計算は、法157条1項所定の「所得税の負担を不当に減少させる結果となると認められる」場合に当たるというべきである。

同族会社に土地を賃貸し、その同族会社が賃貸建物を建てる場合には、同族会社が受けるのは建物の賃貸料です。一方、上記判決例のようにモータープール用地の場合には、アスファルトを含めた土地の賃貸料になります。建物の賃貸料であれば、一般には個人オーナーの土地の賃貸料と比較されることはありませんが、駐車場用地でアスファルト舗装程度の負担では、その実質は土地の転貸であり、同族会社の行為計算否認規定の適用が考えられますから注意が必要です。

なお、同族会社の行為計算否認ではありませんが、駐車場としていた土地を長男及び長女（以下「子ら」という。）に使用貸借により貸し付け、その土地上のアスファルト舗装等を子らに贈与することにより駐車

場収入を子らに移転した事案について、大阪高裁は、「アスファルト舗装は、路盤にアスファルト混合物を敷き均して、転圧機械により所定の密度が得られるまで締固め、所定の形状に平坦に仕上げるものであり、アスファルト舗装された地面のうち、アスファルト混合物が含まれる表層及び基層部は、土地の構成部分となり、独立の所有権が成立する余地はない。」とした上で、駐車場収入は、実質所得者課税の原則（所法12）により土地所有者に帰属するとしています（大阪高裁令和4年7月20日判決）。

　土地にアスファルト舗装をした程度の青空駐車場において、土地の所有者以外の者（同族会社や親族）へ駐車場収入を帰属させることは、税務上のリスクを伴うように思われます。

ポイント

- 建物の所有を目的として同族会社に土地を賃貸する場合、土地の無償返還制度を活用すれば、同族会社が借地権の認定課税を受けることはない。
- 駐車場用地等として同族会社に土地を賃貸する場合には、土地の賃貸料と駐車場用地としての転貸料の金額差が大きく、所得税の負担を不当に減少させていると判断されると、同族会社の行為計算否認規定が適用される。

> **参考**
>
> **同族会社の行為計算否認規定の適用と対応的調整規定**
>
> 　個人の所得税において同族会社の行為計算否認規定が適用された場合のその同族会社の法人税の取扱いは、仄聞したところでは、その同族会社がその是正に係る金員等を個人へ返還した場合に限り、その返還した日の属する事業年度において損金算入を認める課税実務が行われているようです。
>
> 　ところで、平成18年度の税制改正において、同族会社の行為計算否認について、いわゆる対応的調整規定が設けられました（所法157③、法法132③、相法64②ほか）。この対応的調整規定は、例えば、所得税において同族会社の行為計算否認規定が適用された更正等があった場合に、税務署長は、法人税についてもこの制度の適用により課税標準等を計算できることが明確化された（『平成18年版改正税法のすべて』374頁・大蔵財務協会）とされていることから、法人税において義務的に減額更正が行われるものではないと考えられますが、この規定がどのようなケースで適用されるかについては、明らかにされていないように思われます。

◆ 同族会社への建物等の貸付け ◆

Q3 同族会社への事務所建物の貸付け。相場賃料で賃貸していたが、同族会社の経営悪化のため賃料を引き下げた。相場賃料を受領しないことで問題が生じるか

////////////////// **税理士事務所ある日のやりとり** //////////////////

（事務員）オーナーの松田様が同族会社のA社に貸している事務所建物の家賃ですが、ここ数年、徐々に引き下げ、現在は月50万円になりました。賃料相場の半額程度ですね。

（所　長）そうか、A社の業績が著しく悪化しているから仕方ないよね。

（事務員）どうせなら貸付利息を無利息にしたように賃料もゼロ円にしたらどうでしょうか？

（所　長）固定資産税にも満たないので使用貸借になってしまうよ。

（事務員）使用貸借だと建物の固定資産税や火災保険料も経費にならないということですかね。

（所　長）借主が生計一親族の事業者なら所得税法56条が適用され、固定資産税や火災保険料は生計一親族の経費になるけどね。

（事務員）なるほど、この点は法人の方が不利なんですね。松田様に相談してみます。

所長の解説

1　同族会社から受ける建物賃料の引下げ

　不動産所得とは、不動産等の貸付けによる所得をいい（所法26①）、当事者の一方が相手方へ不動産等を使用収益させて、その対価を得ることを目的とする行為から生ずる所得と解されています。使用貸借はもとより、借主からの金員の交付等があっても、その不動産の維持管理費用にも満たない金額の場合には、維持管理費用の一部を負担したにすぎないと評価され、不動産所得（不動産等の貸付けによる所得）には該当しないと解されています。この場合、その貸付資産に係る固定資産税、借入金利子、減価償却費等は、不動産所得の必要経費になりません。

　したがって、建物等の賃料が不動産所得とされるためには、通常の維持管理費用を超える対価での貸付けとする必要があります。

> **請求人が代表取締役を務める同族会社に対する建物の貸付けは、使用貸借であると認められ、建物の貸付けによる所得には該当しないとして、建物に係る必要経費は認められないとされた事例（平成14年1月17日裁決　裁決事例集63集141頁）**
>
> ○　審判所の判断
> 　請求人は、自らが代表取締役を務める同族法人に対して本件建物を零円で貸し付けていることについて、原処分庁が使用貸借と認定した上で、不動産所得の金額の計算上、本件建物に係る租税公課及び減価償却費を否認した更正処分は、従来の経理慣行に反するものであり、実際に法人が店舗を使用しているのであるから、違法である旨主張する。
> 　しかしながら、本件建物の貸付けについては、①賃料を零円にすることについて双方の合意が有り、平成6年7月以降、請求人は賃料を受け取っていないこと、②請求人は、各年分の確定申告において、賃料を不動産所得の総収入金額に計上していないこと、③当該同族法人

> は、平成7年6月期以後、賃料の支払がなく、未払金の計上も行って
> いないことから、各年分における本件建物の貸付けが無償で行われて
> いることは明らかであり、使用貸借の状態にあったと認めるのが相当
> であるので、不動産の貸付けによる所得に該当しないため、本件建物
> に係る租税公課及び減価償却費を否認した更正処分は適法である。

2　建物賃料の引下げと同族会社の行為計算否認

　個人オーナー所有の建物等を同族会社に利用させる場合、使用貸借又は賃料相場に満たない賃料での賃貸借とすると、個人オーナーの所得税の負担は減少します。このような場合、同族会社の行為計算否認規定（所法157）が適用され、相場賃料による不動産収入を認定する更正処分が行われるのでしょうか。

　ところで、町中にある商店（同族会社で経営）がオーナー所有の自宅建物の一部を店舗としているような場合で、個人オーナーがその同族会社から家賃を受け取っていないようなこともあるかと思います。無償使用させることのみでこの同族会社の行為計算否認規定で相場賃料が認定されることはありません。同族会社の経営状況が好ましくなく、オーナーがその経営責任を果たすために無償又は相場賃料より低い賃料での貸付けを行うこともあるでしょうし、明らかに多額の税負担を免れているといえる特殊な事情でもない限り、この規定が適用されることはないと考えます。

3　高額賃料の支払と同族会社の行為計算否認

　同族会社との取引としては、同族会社が所有する建物等をそのオーナーの個人事業の事業所等として賃料相場より高額な賃料で賃借するケースも考えられます。オーナーの必要経費とされる賃借料が増加し、所得税の負担が減少することになりますが、その負担を不当に減少させているといえるような場合には、同族会社の行為計算否認規定が適用さ

れることになるため、注意が必要です。

佐賀地裁平成28年11月29日判決は、内科医Ｘが同族会社（代表者はＸの配偶者）に支払った診療所建物及び駐車場の賃借料について、適正賃借料（診療所賃料は類似建物の１㎡当たり平均月額賃借料により算定した金額、駐車場は類似駐車場の１台当たり平均月額料金により算定した金額）を超える部分の必要経費算入が否認された事案です（次表参照）。

◆事案の概要（佐賀地裁平成28年11月29日判決）◆

区　分	①賃借料	②適正賃借料（注）	差額（①－②）
平成20年	12,400,000円	2,734,440円（診療所2,327,304、駐車場407,136円）	9,665,560円
平成21年	12,600,000円	2,745,408円（診療所2,338,272、駐車場407,136円）	9,854,592円
平成22年	12,600,000円	2,819,736円（診療所2,412,600、駐車場407,136円）	9,780,264円

（注）　更正処分における金額

佐賀地裁は、両者を比較すれば、内科医であるＸが同族会社に支払った賃借料（表の①）が著しく高額であることは明らかであって、Ｘの行為は、通常の経済人の行為として極めて不合理であり、Ｘが同族会社の株主であるという特殊の関係にあったからこそなしえた同族会社の行為であるといわざるを得ず、そのような行為を許した場合には、Ｘの所得税の負担を不当に減少させる結果となることは明らかであるとして、同族会社の行為計算否認規定を適用し、賃借料のうち適正賃借料（表の②）を超える部分の金額（①－②）について必要経費算入を否認した更正処分等を適法としています。

> **ポイント**
>
> ■ 無償又は通常の維持管理費用に満たない対価で行う不動産の貸付けは、使用貸借とされ、固定資産税等は経費とはならない。
>
> ■ 同族会社へ支払う賃借料を賃料相場より高額とし、所得税の負担を不当に減少させると、同族会社の行為計算否認規定が適用される。

◆ 同族会社への不動産管理料の支払 ◆

Q4 同族会社である不動産管理会社に対する管理料の支払い。不動産管理会社を活用する場合にどのような点を注意すべきか

////////////////////////// **税理士事務所ある日のやりとり** //////////////////////////

事務員　柳田様、不動管理会社を設立し、ご所有の賃貸マンションの管理を委託されるそうです。賃貸人の募集などは今後も外部の管理会社に継続して依頼されるそうです。

所　長　それなら、外部の管理会社の管理業務と重複するものがないかどうか、契約内容を確認しておきなさい。

事務員　管理料割合は賃料収入の20％にするようです。世間相場より高いような気もしますが、不当に高いとまではいえないと思いますので大丈夫かと……。

所　長　えっ不当に高い？　同族会社の行為計算否認規定のことを言ってるのかな？　管理料割合の高低もあるけど、相場より高い管理料を支払って所得税の負担が不当に減少したかどうかで判断するんだよ。管理料割合が20％未満でも更正を受けた事案があるぞ。

事務員　そうなんですか？　判決を調べてみます……。

所長の解説

1　管理委託方式とサブリース方式

　賃貸建物の管理（入居者の募集、賃料の管理、賃貸建物の維持管理など）を不動産管理会社（以下「管理会社」という。）に委託する場合があります。管理会社に支払う管理料は不動産所得の必要経費となります（管理委託方式）。一方、賃貸建物を管理会社に一括賃貸し、同社が入居者に転貸する場合もあります（サブリース方式）。このサブリース方式の場合、一般には転貸料と賃貸料の差額が、実質、管理委託方式における管理料と同様の性格と考えられています。不動産賃貸における管理会社を同族会社とすることで、管理料を世間相場より高くして（サブリース方式の一括賃貸料を低くして）、利益を同族会社に移転することにより、賃貸人である同族会社のオーナー個人の所得税の負担を軽減させることが可能となります。

　以下において、同族会社である管理会社を活用する場合の注意事項について取り上げます。

2　管理委託方式における管理料の経費該当性

　賃貸建物の管理を同族会社である管理会社のみでなく外部の管理会社にも委託する場合があります。この場合、異なる管理業務をそれぞれの管理会社に委託することになりますが、管理内容に重複があるような場合、一般にはその管理業務は外部の管理会社が行っていますから、その重複する業務については同族会社である管理会社に委託する必要がないことになります。

　また、このような場合で、具体的な管理業務は外部の管理会社が全て行っており、同族会社である管理会社が何ら管理事務を行っていないと判断されると、同族会社の行為計算否認以前の話となり、支払う管理料自体が不動産所得の必要経費（所法37①）に該当しない（同族会社に対

する寄附金）として否認される点に注意が必要です（下記裁決参照）。

> 同族会社への不動産管理料について、同族会社の行為計算否認規定（所法157）を適用せず、同族会社は管理行為を行っていないとして、その全額の必要経費算入を認めなかった事例（平成18年6月13日裁決 裁決事例集71集205頁）
>
> ○ 審判所の判断
> 　賃貸不動産については、①本件不動産管理会社の管理業務とされる定期的な清掃業務等は、別途、M社等の不動産管理会社に委託している管理業務と同一のものであり、M社等において本来の業務として行われているから、その管理業務を本件不動産管理会社に委託する客観的必要性は認められないこと、②賃貸不動産の敷地内の看板には、M社等の社名が明示されており、本件不動産管理会社が賃借人及び第三者の窓口等となっている事実は認められないこと、③本件不動産管理会社においては、管理業務を実施した記録がなく、同社が管理業務を実施したことを客観的に認めるに足る証拠は認められないことなどから、同社が賃貸不動産に係る管理業務を行ったことを認めることはできない。
> 　したがって、請求人が本件不動産管理会社に委託した業務は、いずれも請求人の不動産所得を生ずべき業務遂行上の必要性が認められず、また、本件不動産管理会社が管理委託契約に基づく業務について履行したことを客観的に認めるに足る証拠も認められないことから、本件管理料は、所得税法第37条第1項の規定を適用して零円とするのが相当である。

　外部の管理会社にも管理を委託する場合には、それぞれの管理会社に委託する管理業務に重複がないようにし、かつ、同族会社である管理会社が実際に管理業務を行い、その内容を確認できる記録を作成しておく必要があります。

3 管理委託方式における同族会社の行為計算否認事例

　不動産管理会社に対する管理料について同族会社の行為計算否認規定が適用され初めて訴訟となった事案の管理料割合は50％（賃貸料収入の50％）でした（東京地裁平成元年4月17日判決）。通常の管理料割合は5％～7％程度が多いようですから、異常に高い割合であるといえます。管理料割合を高くすれば（サブリース方式による一括賃貸料を低くすれば）、必要経費に算入する管理料の額が増加（不動産賃貸収入が減少）しますが、同族会社の行為計算否認規定が適用されるのは、標準となる管理料割合との差や賃料金額との差の大小により一律に判断されるのではなく、納付税額の比較（所得税の負担を不当に減少させたか否か）で判断される点に注意が必要です。

　札幌地裁平成16年10月28日判決は、管理委託方式に係る事案です。同族会社である管理会社に対する実質的な管理料割合は賃貸料収入の12.78％～14.83％（建物の警備、エレベータと自動ドアの保守などの外部業者へ実費弁償的な管理料を含めた管理料率は19.19％～19.83％）でしたが、同族会社の行為計算否認規定が適用され、類似同業者の管理料割合（4.66％～5.28％）が相当とされました（次表参照）。

◇管理料割合（札幌地裁平成16年10月28日判決）◇

区　分		平成10年分		平成11年分		平成12年分	
不動産賃貸収入		20,325,000円		49,904,000円		47,709,000円	
同族会社への管理料	当初申告額	3,014,745円	14.83％	6,358,523円	13.27％	6,096,792円	12.78％
	157条による認定額	1,073,160円	5.28％	2,332,925円	4.87％	2,223,239円	4.66％

（注）　同族会社への管理料は、同族会社が外部業者へ支払うための実費弁償として支払った金額を除く。

減少した税額は、年当たり125万円程度でしたが、裁判所は、外部の管理会社に管理委託した後に、顧問税理士が主導して節税対策の観点から実態の伴わない部分を含めて管理料を定めた点などもあるとして、同族会社の行為計算否認規定を適用した更正処分を相当としました。

　このような判決があることを踏まえると、同族会社である管理会社を節税対策として用いる手法は、税務調査で否認される危険を伴うといえます。そのため、最近は、賃貸建物自体を同族会社へ譲渡し（土地の貸借については無償返還制度を活用）、法人所有とすることが多いように思われます。

> **ポイント**
>
> ■ 同族会社である不動産管理会社への管理料については、その委託業務内容、作業内容を確認できるような書面を作成しておくことが必要である。
>
> ■ 同族会社の行為計算否認規定は、所得税負担を不当に減少させたか否かでその適用の可否が判断される。

◆ Keyword 7 ◆
不動産貸付けをめぐる税務

　不動産所得の金額は、事業所得や雑所得と同様に総収入金額から必要経費を控除して算定します。かつては、利子所得、配当所得とともに資産所得として一定の親族の所得を合算して課税する資産所得の合算課税制度の対象とされていましたが、この制度は平成元年に廃止されています。そのため、法文技術上は「不動産所得」の分類を設けておく必要はなくなったともいわれていますが、事業所得等の他の所得に統合するまでもないとして、そのまま存置されているようです（『六訂版　注解所得税法』425頁・大蔵財務協会）。資産から生ずる所得で役務提供の度合いが低く、必要経費の範囲もある程度限られていることもあり、税務執行上は、事業所得等と区分しておく意義があると考えているのかもしれません。

　不動産所得は、「不動産等の貸付けによる所得」と規定されていることもあり、貸付けの周辺から生じる金員の所得区分で争いが生じており、不動産所得の範囲は必ずしも明確にされているとはいえません。

　申告実務においては、権利金などある程度まとまった収入が生じた場合には、臨時所得の平均課税制度の適用対象か否かの検討が必要になります。また、最近は不動産賃貸業も競争が激しく、空室リスクを避けるためリフォームやリノベーションが盛んに行われますから、取壊費用や除却損の処理、資本的支出と修繕費の区分の問題も生じます。

　ここでは、不動産所得の範囲と不動産貸付けから生じる事象に係る税務処理について取り上げています。

◆ 不動産所得の範囲と不動産所得に係る金員の臨時所得該当性 ◆

Q1 不動産賃貸に関連して生じる金員の所得区分はどのように考えるか。また、不動産所得となる金員の臨時所得該当性はどのように判断されるか

////////////////////// **税理士事務所ある日のやりとり** //////////////////////

事務員　菅野様が建設協力金で建てたショールーム、業者が撤退することになりました。契約期間はあと8年残っているんですが……。預った敷金と建設協力金の残額は返還しなくてよいことになったようです。これは賃料収入とはいえないから一時所得ということでよいのでしょうか？

所　長　単なる贈与なら一時所得だけどね。解約に至った経緯や解約条項を確認してみたらどうかなぁ。ところで、返還しないことになった金額はいくらかな？

事務員　はい、敷金が500万円で建設協力金の残額が1,450万円、合計1,950万円です。

所　長　収益補償的な要素があれば不動産所得になるけど、臨時所得の平均課税が適用できるかもしれないねぇ。

事務員　そうなると残りの8年間分ですから、3年以上ですね。

所　長　いやいや、残りの期間でなく、解約時の賃料の3年分以上かどうかで判断するんだよ。

//

所長の解説

1 不動産所得の範囲

不動産所得では、貸付業務に付随して生ずる収入の所得区分で争いが生じます。事業所得は「事業から生ずる所得」と規定され（所法27①）、事業活動から生ずる付随収入も事業所得に含めます。一方、不動産所得は「貸付けによる所得」と規定されているため（所法26①）、賃借人以外から受けた金員の取扱いで問題が生じます。

これまでの審判所の考え方は、不動産賃貸で本来企画した収入でなくても、不動産の貸付けに関連して受けた経済的利益は、利子所得など明らかに他の所得区分とされるものを除き、不動産所得に含めるとする見解を示しています。具体的には、次の金員を不動産所得としています。

① 不動産の貸付けに基づく（原因とする）所得（所法26①）
② 不動産貸付業務の収益補償又は経費補償として受ける金員（所令94①二）
③ 賃貸不動産取得のための借入金債務に係る債務免除益（廃業後に生じたものを除く。）
④ 不動産貸付業務の遂行に付随して生じる所得（事業所得の付随収入と同じ考え方）

なお、訴訟に持ち込まれると、③及び④については、賃借人以外から受けた利益で一時的、偶発的なものであるとして一時所得とする判断が示される場合があります（下記2(2)及び(3)参照）。

2 不動産の貸付けに関連して受けた経済的利益の所得区分

(1) 建設協力金等の債務免除益（賃借人から受けた利益）

事業者から受ける建設協力金等で建物を建築し、その事業者にその建物を貸し付けることを前提とする賃貸借契約は、一定期間、その契約の解約ができないとされるものが多いようです。この場合、事業者

の都合により契約を解約する場合は、事業者は預け入れた敷金や建設協力金の残額を放棄するという内容で合意するものが見受けられます。賃貸人からみれば賃貸借契約は解除になりますが、預り敷金や建設協力金などの債務の免除を受けることになります。この債務免除益は、一般には、収益補償金（所令94①二）として不動産所得に該当することとされています。

> **建物賃貸借契約の合意解約により賃貸人が受けた保証金返還債務免除益が不動産所得に該当するとされた事例（東京地裁平成21年7月24日判決）**
>
> ○　裁判所の判断
>   原告は、賃貸借契約の合意解約により賃料収入を失うこととなった一方で、保証金の残金及び敷金の返還債務の免除を受け利益を得たものである。賃貸借契約については、賃借人からの解約権の行使は制限されており、賃貸人が当該契約の継続を希望したことから、賃借人が、当該契約の解約の条件として保証金等の返還債務の免除を提示したものである。したがって、本件利益は、賃借人の一方的な事情によって契約を解約し、これにより失われる原告の将来の賃料収入の補償（所令94①二）としての性質を有するものというべきである。

(2)　借入金債務に係る債務免除益（賃借人以外から受けた利益）

　農協からの借入金により賃貸不動産を取得したところ、その借入金債務の免除を受けた際の経済的利益の所得区分について、東京地裁と福岡高裁で異なる判断が示されています。いずれも、農協（福岡高裁判決は、農協から債権譲渡を受けた債権回収会社）の不良債権整理で生じた債務免除益です。所得区分判断のポイントは、要旨、次表のとおりです。

◆賃貸不動産取得のための借入金に係る債務免除益の所得区分◆

東京地裁平成30年4月19日判決 （結論…不動産所得）	福岡高裁平成30年11月27日判決 （結論…一時所得）
農協からの借入金のうち3,600万円は、共同住宅の建築資金に充てる目的での借入れと認めることができる。そうすると、この借入金については、不動産貸付業務の用に供される建物の建築資金として同業務の遂行のために借り入れられた運転資金的性質を有しているものであり、その借換えに係る借入金のうち上記の借入金債務の返済に充てられた部分に係る債務免除益は、不動産貸付業務の遂行による収入ということができ、不動産所得に該当する。	債権回収会社としては、利害得失を考慮し、弁済合意をする旨の経営上の判断をしたものであるから、債務免除益（2名の合計約3.88億円）は不動産貸付業において当然に発生が予定されていたものではなく、債権回収会社の経営判断により、一時的、偶発的に発生したものと認めるのが相当である。そうすると、この債務免除益は、営利を目的とする継続的行為から生じた所得以外の一時の所得で、労務その他の役務又は資産の譲渡の対価としての性質を有しないものとして一時所得に該当する。

　東京地裁の結論は、借入時の使途を踏まえたものであり、これまでの課税庁や審判所の考え方に親和的です。一方、福岡高裁の結論は、債権回収会社の経営判断により債務免除が行われた点を重視したものであり、一連の航空機リース事件における結論（債務免除益は、不動産（航空機）の使用収益の対価ではなく、債権者である金融機関の判断により一時的、偶発的に生じたものとして一時所得に該当する（東京高裁平成28年2月17日判決ほか）。）と同様といえます。

(3)　賃貸借契約とは別個の合意に基づく利益

　土地の賃貸借契約の合意解除に当たり、賃借人（法人）所有の建物を土地賃貸人が無償で取得した利益について、一時所得とした判決があります（名古屋高裁平成17年9月8日判決）。

　名古屋高裁は、建物の無償取得に係る利益は、当初の土地の賃貸借契約により通常予定できる経済的利益ではなく、当初の賃貸借契約とは別個の合意に基づく利益（賃借人であった法人からの贈与）と判断しました。賃貸人が賃借人であった者から受ける利益であっても、賃貸借契約の内容から通常予定できるものか否かで不動産所得該当性が

左右されるというのが名古屋高裁の考え方です。

前述のとおり、所得税法26条が「貸付けによる所得」と規定していることもあって、不動産所得者が受ける利益の所得区分については、主に一時所得との区分で争いが生じています。現状における不動産所得の規定（所得区分）を今後も継続するのであれば、不動産所得の範囲についての明確化が望まれるところです。

3　不動産所得に係る金員等の臨時所得該当性

所得税は総合課税による超過累進税率を採用していますから、一定の所得について、累進税率を緩和する平均課税制度が設けられています（所法90）。この制度は、不動産所得、事業所得及び雑所得以外の所得についての適用はありません。

(1) 不動産所得で臨時所得に該当するもの

不動産所得に係る金員で臨時所得に該当するものとして、法令、通達では、次のものが掲げられています。ただし、譲渡所得とされるものは除かれます（所令8、所基通2-37）。

① 3年以上の期間に係る契約で受ける権利金、頭金、名義書換料、承諾料等で年間賃料の2倍以上のもの

② 不動産貸付業務の休止、転換、廃止等による3年以上の期間の収益補償金、不動産等に係る損害賠償金等でその計算期間が3年以上のもの

③ 賃貸物件につき災害等より被害を受けた者が、3年以上の期間の収益補償として受けるもの

④ 3年間以上の期間に係る賃料の一括受領

なお、平均課税制度は、臨時所得の金額と変動所得の金額の合計額が総所得金額の20％以上の場合に適用できます（所法90①）。

(2) 債務免除益で臨時所得となるもの

上記2(1)に記載のとおり、敷金、保証金、建設協力金などの放棄による賃借人から受けた債務免除益は、一般には収益補償金と解されるものが多く、それが3年以上の期間に係るものであれば臨時所得とされています。3年以上の期間に係るものか否かは、契約解除時等における賃貸借契約の残年数で判定するのではなく、債務免除益の金額が、契約解除時等における賃料の3年分以上か否かで判定します（平成19年3月12日裁決）。

(3)　賃貸建物取得のための借入金に係る利子補給金

　東京都では、優良民間賃貸住宅としての住宅を建設し、都民住宅として貸し付ける場合に、一定の要件の下、建築資金に係る借入金について30年間にわたり利子補給を行う制度がありました（平成16年度で終了）。この利子補給金は、必要経費となる借入金利子に係る利子補給であるため、不動産所得の収入金額に算入することになります。

　ところで、東京都では、建設当時の比較的高い金利で融資を受けたこと等により賃貸住宅の経営に苦慮している者に対する負担を軽減させるため、借入金の借換えのために利子補給金の未交付部分の金員を一括交付する制度を設け、希望者に対して、その一括交付金を交付することとしました。この一括交付金については、交付を受けた時の不動産所得の収入金額とする旨の取扱いが示されています（平成22年3月9日東京国税局文書回答事例「都民住宅経営安定化促進助成制度に基づき、利子補給金の未交付部分を一括で受領した場合の所得税の取扱いについて」参照）。

　この利子補給金の17年間分（年間約541万円、17年間分約9,200万円）を一括で交付を受けた場合について、その一括交付金が臨時所得に該当するか否かを争点とする裁決があります。

　この点について審判所は、所得税法施行令8条2号の規定振りから、利子補給金の一括交付金が資産を使用させることを約することにより受ける「対価」等でないことを理由として、臨時所得に該当しないと

しました。いわば、不動産所得における臨時所得該当性は、不動産を使用させることを約することにより受ける対価、又は対価の性質を有するものに限るとしています（下記裁決参照）。

県民住宅経営安定化促進助成制度に基づいて一括交付を受けた金員は、所得税法施行令第8条第2号に掲げる所得に類する所得に当たらず、臨時所得には該当しないとした事例（平成25年4月25日裁決　裁決事例集91集149頁）

○　審判所の判断

　請求人は、県民住宅経営安定化促進助成制度に基づいて一括交付を受けた金員（本件金員）は、不動産所得の必要経費（支払利息）を補塡するために県優良民間賃貸住宅等利子補給制度に基づき交付を受けていた利子補給金の17年間分を一括で受けたものであるから、本件金員に係る所得は臨時所得に該当する旨主張する。

　しかしながら、本件金員は、賃借人である入居者に請求人の所有不動産を使用させることを約することにより受ける対価ではないところ、所得税法施行令第8条第2号に規定する資産を使用させることを約することにより受ける「対価」そのものではなく、また、当該「対価」としての性質を有するものでもないから、本件金員に係る所得は、同号に掲げる所得に類する所得に当たらない。

◆不動産所得とされる金員とその臨時所得該当性（平成25年4月25日裁決）◆

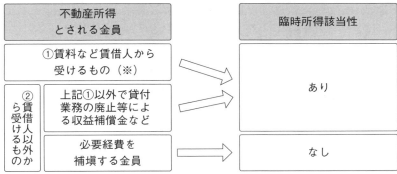

※　賃貸借契約の内容から通常予定できないものを除く。

　超過累進税率を採用する所得税においては、不動産所得の総収入金額とされる金員であれば、それが賃料に相当するものか否かにかかわらず、平均課税制度が設けられた趣旨を踏まえ、平均課税の対象とするのが相当のように思われます。

ポイント

- 賃貸不動産の取得のための借入金に係る債務免除益については、審判所までの段階では、不動産貸付業務から生じた所得として不動産所得としているものの、訴訟になると、不動産所得の規定の文理解釈を前提として、金融機関等の経営判断により、一時的、臨時的に生じたものとして一時所得とするものが多い。
- 不動産所得とされる補償金等の債務免除益等は、一般には、その金額が賃料の3年間分以上となれば臨時所得となる。
- 不動産所得に係る金員で臨時所得となるのは、資産を使用させることを約することにより受ける対価又は対価としての性質を有するものに限られる。

◆ 賃貸建物等のリフォーム処理 ◆

Q2 賃貸マンションの一室の一括リフォームを行った。ユニットバス、システムキッチン、トイレの各設備を交換し、壁紙の張替えと床の補修を行った。資本的支出と修繕費の区分、旧設備の除却費用はどのように処理するのか

////////////////////// **税理士事務所ある日のやりとり** //////////////////////

事務員 うーん、賃貸経営は空室のリスクがあるし、築20年を超えるとリフォームやら修繕やらで出費もかさむし、不動産賃貸業も結構面倒な商売ですね。

所　長 おいおい、面倒なのは資本的支出と修繕費の区分なんじゃないの？

事務員 よくお分かりで…。戸郷様、ご所有の賃貸マンションの201号室の一括リフォームをされました。新築時からの入居者が22年間も利用していたこともあって、ユニットバス、システムキッチン、トイレの各設備を交換し、壁紙の張替えと床の補修などを行っています。設備の交換は、さすがに修繕費じゃまずいですよね？

所　長 壁紙の張替えと床の補修は修繕費でいいとしても、設備交換は機能アップもあるしね…。考え方はいくつかあるけど、旧設備の未償却残高を除却損にして、新設備を資本的支出にするのが一般的かな。除却損の計算は、建築時の資料の確認が必要になるね。

| 事務員 | 資料の保存があるか確認してみます。それから旧設備の解体・撤去費用は、新設備の取得価額ですよね。新設備を設置するために必要ですから…。
| 所　長 | おいおい…。まずは、減価償却資産の取得価額に含めるものと含めないものを自分で調べてみなさい。
| 事務員 | …。

（3日後）

| 事務員 | 所長、戸郷様ですが、建築時の資料の保存はないとのことでした。となると除却損の計上は無理ですね…。
| 所　長 | いや、取り壊している事実はあるんだから、除却損として計上できる金額はあるはずだ。よ〜く検討してみなさい。

所長の解説

　ユニットバスやシステムキッチンは建物、トイレ（便器やその附属品）は建物附属設備（衛生設備）とされています。建築時からリフォーム時までの年数が、建物や建物附属設備の耐用年数未満であれば、設備交換時の未償却残高が資産損失（除却損）として経費計上になります。また、資本的支出と修繕費の区分については、一般には、所得税基本通達の取扱いに基づき行います。

1　資本的支出と修繕費

　固定資産の修理や改良等のための支出については、資本的支出になるもの（所基通37－10）、修繕費になるもの（同37－11、37－12）、いずれか明らかでないもの（同37－13、37－14）に区分され、それぞれの取扱いが示されています。

　ユニットバスやシステムキッチンなどの内部造作は、建物と物理的・

機能的に一体となって、建物のそれぞれの用途における使用のために客観的な便益を与えるものですから建物として減価償却します。そのため、それらの交換は、建物の一部分の交換になることから、全く同じものと交換した場合の金額を修繕費、それを超える部分の金額を資本的支出とする考え方もありますが、一般には、旧設備の未償却残高を資産損失（所法51①④）として経費計上し、新設備を資本的支出として建物の耐用年数で減価償却します。なお、トイレ（便器やその附属品）は衛生設備で耐用年数は15年となるため、築15年を経過していれば未償却残高は1円と考えられます。また、エアコンなどの空調設備については、器具備品又は建物附属設備（空調設備）のいずれかの区分になりますが、その交換についての考え方は同じです。

壁紙の張替えについては、特に高品質の材質のものに替える場合や用途変更（住宅用から事務所用など）で行うものを除き、現状維持（いわゆる通常の維持管理）のために行われるものとして修繕費処理でよいとされています。

2　建築時の資料がない場合の資産損失

システムキッチン、ユニットバス等の設備の交換に当たり、建築時の資料の保存がない場合には、直接的には旧設備の未償却残高相当額を算定することが困難となります。しかし、現に取壊しの事実が生じていますから、合理的な方法による未償却残高相当額を算定し、資産損失（除却損）を計上することが考えられます。

平成26年4月21日裁決では、建物の取得価額と総床面積を基に1㎡当たりの建築単価を求め、それに取壊部分の床面積を乗じた金額をその取壊部分に係る取得価額相当額とし、その取得価額相当額に基づき除却損の額を算定しています。

建物の1㎡当たりの取得価額に取壊し部分の床面積を乗じた金額をその取壊し部分の取得価額相当額として除却損の額を算定した事例（平成26年4月21日裁決　裁決事例集95集156頁）

○　審判所の判断
　本件建物の当初の取得価額に含まれる当該各部分に係る工事費用については、請求人から本件建物内部の建築費用の内訳が分かる資料の提出はなく、本件建物の購入先及び建築業者においても資料の保存がない。（…省略…）
　そうすると、上記事情が存する本件においては、本件建物の取得価額（建築費用）及び総床面積を基に1㎡当たりの建築単価を算出し、これに住宅ごとの台所部分及び浴室部分の床面積を乗じて算定した金額を取り壊した当該各部分に対応する取得価額相当額とし、これを基に住宅ごとの取壊し直前の台所部分及び浴室部分の未償却残額相当額を算定するのが、採り得る合理的な算定方法として相当というべきである。
　以上のとおりであるから、本件建物の当初の取得価額（1,888,927,744円）を総床面積（8,570.84㎡）で除して1㎡当たりの建築単価を220,390円と算定し、これに各住宅の台所部分及び浴室部分の床面積を乗じて取り壊した台所部分及び浴室部分の各取得価額相当額を算出する。そして、この各取得価額相当額を基に取壊し直前の未償却残額相当額を算定すると平成21年分は1,991,034円、平成22年分は2,417,728円となり、当該金額が除却損の額となる。

　取壊部分である台所部分及び浴室部分の1㎡当たりの建築単価は、一般には建物の全体の1㎡当たりの建築単価以上と考えられますから、除却損の過大計上になることはないと考えられます。鉄筋コンクリート造や金属造（骨格材の肉厚3ミリ超）のものなど、建物本体の耐用年数が比較的長いものにおける設備交換の際は、旧設備の除却損計上の検討が必要といえます。

3　設備の交換に伴い生ずる支出の税務処理

　システムキッチンなどの設備を新しいものに交換する場合、①既存の設備に係る解体・撤去工事、②新設備を取り付けるための下地工事、③新設備の設置工事、④その新設備を使用するための給排水管、ガス管及び電気配線との接続をする工事などが必要となります。

　この場合、解体・撤去工事は、新設備の取付けのために必要なものですが、それらの費用の支出が新設備の価値を高めるものではないことから、その全額が必要経費とされています。業務用資産の解体・撤去費用（取壊費用）は、原則として必要経費になります。その例外は、土地等を利用するために建物付の土地等を取得した場合の建物の取壊費用が土地や借地権の取得価額になる場合（所基通38－1）、土地を譲渡するためにその土地上の建物を取り壊した場合のその取壊費用が譲渡費用になる場合（所基通33－7(2)）です。

◆賃貸建物の設備の交換に伴う支出の区分◆

工事内容	税務処理
①旧設備の解体・撤去費用	必要経費（修繕費又は取壊費用）
②新設備を取り付けるための下地工事費用	資本的支出（新設備の取得価額）
③新設備の購入代金及び設置費用	
④既存の給排水管、ガス管との接続工事費用	

ポイント

■　建物に含まれる各設備の交換にともなう旧設備の除却損は、建築当時の資料等に基づき算定する。

- ■ 建築時の資料の保存がないなど算定が困難な場合には、取壊部分の１㎡当たり建築単価等による取得価額相当額など合理的な方法に基づき算定することも検討する。
- ■ 設備の交換の際の旧設備の解体・撤去費用は必要経費になる。

◆ 固定資産の資産損失における原状回復費用の取扱い ◆

Q3 賃貸建物の塀の当て逃げ事故による破損。火災保険の特約で受け取った保険金と原状回復のための支出についての課税関係はどのようになるか

////////////////////// **税理士事務所ある日のやりとり** //////////////////////

事務員 今永様、賃貸アパートの塀の修理で85万円の支払があります。保険金が93万円おりたそうなので、保険金は不動産所得の雑収入、修理費用は経費処理します。

所　長 ？？　ところで塀が壊れた原因は？

事務員 トラックによる当て逃げです。塀の3割くらいが壊れてしまったそうです。外部からの物体の衝突でも保険の対象になる特約に入られていたとのことです。

所　長 塀が壊れたんだから資産損失で経費算入だぞ。保険金は資産損失額の計算上、差し引くことになる。資産損失額は直前簿価から直後時価を差し引いた金額だけどね。

事務員 えっ～と、直前の塀の簿価は、…200万円。7割が無傷で残ったので直後時価は140万円くらいですかね。そうであるとすると資産損失は60万円。損失額より保険金の方が大きいので利益が生じますね。

所　長 利益になってもそれは非課税。ところで、保険金は全て損害保険金かな？

事務員 支払明細によりますと…、損害保険金が90万円、残存物取片づけ費用保険金が3万円となっています。

所　長 資産損失の計算で差し引くのは損害保険金のみ。残存物取片

づけ費用保険金は不動産所得の経費補填分として雑収入計上だよ。

事務員 保険金でも、内容によって処理が変わるんですね。修理費用の85万円は、原状回復しただけだから、全て修繕費でいいですよね？

所　長 85万円の内訳は？

事務員 修繕など原状回復のための金額が80万円、廃棄物の処理代が5万円になっています。

所　長 原状回復のための支出であっても資本的支出になる部分があるはずだ。よ〜く調べてみなさい。

//

所長の解説

1　資産に受けた損害に基因して受ける保険金等

　損害保険契約に基づく保険金等で資産の損害に基因して支払を受けるもの、不法行為その他突発的な事故により資産に加えられた損害につき支払を受ける損害賠償金は、「事業所得の収入金額とされる保険金等」に該当するものを除き非課税とされています（所法9①十八、所令30①二）。非課税から除かれる「事業所得の収入金額とされる保険金等」とは、棚卸資産、工業所有権等の権利、特別の技術による生産方式等又は著作権につき損失を受けたことにより取得する保険金等とされています（所令94①一）。

　また、支払を受ける保険金、損害賠償金等の金額のうちに、損害を受けた者の各種所得の金額の計算上「必要経費に算入される金額を補填するための金額」が含まれている場合には、その補填する部分の金額は課税対象となり、当該金額を控除した金額部分が非課税になります（所令30①）。

この場合の「必要経費に算入される金額を補塡するための金額」とは、例えば、心身又は資産の損害に基因して休業する場合にその休業期間中における使用人の給料、店舗の賃借料その他通常の維持管理に要する費用を補塡するものとして計算された金額のようなもの、すなわち、保険金等による補塡の有無に関係なく必要経費として別建てで計算されるようなものをいい、資産損失の必要経費算入の規定（所法51①④）による損失の金額の計算上控除される保険金、損害賠償金その他これらに類するものは、これに含まれないこととされています（所基通9－19、今井慶一郎ほか共編『令和6年版所得税基本通達逐条解説』80頁・大蔵財務協会）。

◇業務用資産の損害に基因して支払を受ける保険金等の課税関係◇

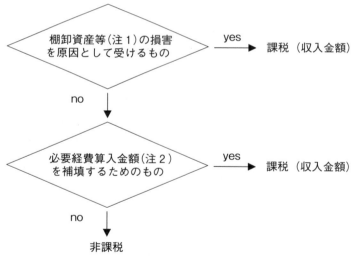

(注) 1　棚卸資産のほか工業所有権等の権利、特別の技術による生産方式等又は著作権を含む。
　　 2　保険金等による補塡の有無に関係なく必要経費として別建てで計算されるようなものであり、資産損失（所法51①④）による損失の計算上控除される保険金等を除く。

2　業務用資産の資産損失の必要経費算入

　所得税法は、第37条において必要経費について規定していますが、その別段の定めとして、第51条に「資産損失の必要経費算入」の規定を設けています。

　資産損失とは、事業又は業務の用に供される固定資産について生じた損失の金額をいいますが、保険金、損害賠償金等により補塡される部分の金額や資産の譲渡により又はこれに関連して生じたものは除きます。

　事業（不動産所得の場合は事業的規模）の場合はその損失額の全額が、業務（雑所得又は事業的規模以外の不動産所得）の場合は、その所得金額を限度として、必要経費に算入することとされています（所法51①④）。

　必要経費算入額は、損失発生日の簿価（直前簿価）を基礎として計算することとされており（所令142）、また、保険金、損害賠償金等の額が資産損失の金額を超える場合のそのに超える部分の金額は、上記1により非課税になります（所法30①十八、所令30）。

> **算式**
>
> 必要経費とされる資産損失額 ＝〔損失額（直前簿価 － 直後時価（※））〕－〔保険金、損害賠償金等〕
>
> ※　直後時価には、発生資材の金額を含む（所基通51－2）。

　なお、資産損失の金額とは、資産そのものについて生じた損失の金額ですから（所基通51－2）、損失が生じたことに伴い支出する関連費用（損壊した資産の取壊し費用や後片付け費用など）は含まれず、これら関連費用は業務に要した費用として必要経費になります（所法37①）。

　冒頭の所長と事務員のやりとりの事例では、次のとおり、資産損失額は0円になります。

①資産損失の金額　＝　200万円（直前簿価）－　140（直後時価）
　　　　　　　　　＝　60万円
②損害保険金　＝　90万円
③残存物取片づけ費用保険金　＝　3万円

- ✓　①＜②につき、資産損失の額は0円
- ✓　資産損失の金額を超える部分の損害保険金30万円（②－①）は、非課税
- ✓　残存物取片づけ費用保険金3万円は、不動産所得の「必要経費（廃棄物の処理代5万円）を補填するするための金額」に該当し、不動産所得の雑収入に計上

3　資産損失が生じた場合の原状回復費用の処理

　業務（事業）用資産につき資産損失が生じた場合の原状回復費用については、直前簿価までの部分の金額は資本的支出として、直前簿価を超える部分の金額は修繕費として処理することとされています（所基通51－3）。本来、原状回復費用は修繕費であり、その場合、本体の簿価に影響を与えませんが、資産損失として簿価の全部又は一部を経費としているため、原状回復費用のうち直前簿価までの部分の金額を資本的支出としているものと考えられます。

　冒頭の所長と事務員のやりとりに係る事例では、修繕など原状回復のための支出の80万円は、直前簿価までの部分の60万円（200万円－140万円）が資本的支出、それを超える部分の20万円が修繕費になります（下図参照）。なお、この取扱いにおいて、損失を補填する保険金等と発生資材の有無は一切影響しません。また、廃棄物の処理代5万円は必要経費になります。

◆資産損失における原状回復費用の取扱い◆

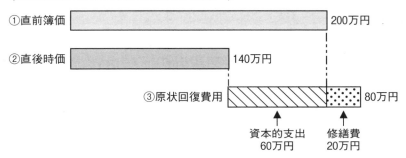

　以上から、賃貸アパートの塀の修理に要した費用85万円については、資本的支出60万円、必要経費25万円（修繕費20万円と廃棄物の処理代5万円の合計）になります。

ポイント

- 業務（事業）用資産の損失を原因として支払われる保険金等で、資産損失の金額を補塡するものは、その損失額を超える部分の金額であっても非課税となる。
- 上記の資産損失の金額を補塡するもの以外の保険金等で、棚卸資産等の損失を原因とするものや必要経費に算入される金額を補塡するものは、課税対象になる。
- 資産損失が生じたことによる原状回復費用については、直前簿価までの部分は資本的支出、それを超える部分が修繕費になる。

◆ 中古マンションの取得価額の土地と建物等の区分 ◆

Q4 賃貸用の中古マンションを購入した。土地、建物、建物附属設備の区分はどのようにしたらよいか

/////////////////// **税理士事務所ある日のやりとり** ///////////////////

事務員 則本様、中古マンションを購入して3月から賃貸しています。個人から購入したこともあり、売買契約書の購入金額は土地と建物の合計額が記載されていて内訳が不明です。

所 長 まずは、土地と建物の区分だな。

事務員 土地の相続税評価額を算定してそれを0.8で割り戻して土地の価額とし、差額を建物の価額にしようと思いますが、どうでしょうか？

所 長 うーん、マンションの取引価額は、土地の時価や建物の建築価額では説明がつかないこともあるから、それぞれの固定資産税評価額であん分するのが合理的とするものが多いんだよね。それから、建物は、建物本体と附属設備に分けるのが原則だぞ。

事務員 えっ、建物の固定資産税評価額は、建物本体と附属設備に区分されていないですよ。

所 長 木造であれば区分しなくてもよいけど、築浅の鉄筋コンクリートや鉄骨鉄筋コンクリートのマンションの場合は区分が必要になる。

事務員 …。

所 長 建築時の資料があればいいけどね。物件所在地を管轄する固定資産税課に固定資産税評価額を決めたときのデータの保存

があるはずだ。建物の部分別の評点数を用いて区分する方法もあるよ。検討してみたらどうかな。

//

📢所長の解説

1 取得価額の土地と建物の区分

　土地及び建物を一括購入した場合で、売買契約書等により土地及び建物の購入代価等が明らかな場合を除き、購入代価等の総額を合理的な方法により土地及び建物に区分する必要があります。一般に用いられるものとしては、土地の価額を公示価格や路線価等を用いて算定し、差額を建物の価額とする方法（差引法）と、土地と建物の価額の比を用いて両者を区分する方法（あん分法）があります。

　区分所有マンションは、土地と建物が不可分一体として取引され、通常の価額よりも高額又は低額で取引された場合、差引法ですと一方の価額が実態から著しくかけ離れた価額となる危険性があります。一方、あん分法は、通常の価額よりも高額又は低額で取引された場合であっても、その差額は土地及び建物の双方の価額に反映されるため合理的と考えられています。そして、両者の価額の比としては、一般には、同一の機関が定めている固定資産税評価額が合理的であると判断しているケースが裁決事例等で多く見受けられます。

2 建物等の取得価額の建物本体と建物附属設備の区分

　耐用年数省令別表第1の減価償却資産の種類には、建物及び建物附属設備が区分して掲げられています。ただし、木造の場合は、建物と建物附属設備の耐用年数の差が著しくないこともあり、区分せず建物本体として償却することが認められています（下記の参考通達参照）。この取扱いは、木造の建物等に限ったものですから、鉄筋コンクリート造や鉄

筋鉄骨コンクリート造のマンションなどの場合には、両者を区分して減価償却費の計算を行うのが原則です。

> **参考通達**
> **耐用年数の適用等に関する取扱通達2－2－1（木造建物の特例）**
> 　建物の附属設備は、原則として建物本体と区分して耐用年数を適用するのであるが、木造、合成樹脂造り又は木骨モルタル造りの建物の附属設備については、建物と一括して建物の耐用年数を適用することができる。

　建物本体と建物附属設備の区分については、工事請負契約書等から建物本体及び建物付属設備のそれぞれの工事の割合を算定して区分します。新築の分譲マンションや中古マンションを購入した場合ですが、裁決では、一般に、建築会社又は分譲会社が作成した譲渡原価証明書等のその建物本体及び建物附属設備の価額の割合や固定資産税評価額の再建築費評点数算出表における構造別の再建築費評点数の割合で区分するのが合理的であるとされています。後者の固定資産税の構造別の再建築費評点数は、建物の所有者であれば、物件の所在地を管轄する市役所等（東京23区は都税事務所）の固定資産税課で閲覧できます。

　次頁の表は、一例として、再建築費評点数による工事費割合により、建物本体と建物附属設備の区分（建物本体77.11％、建物附属設備22.89％）を求めたものです。

◇建物本体と建物附属設備の再建築費評点数による工事費割合◇

部分別 及び 評点項目		再建築費評点数	割合
建物本体	主要構造物	112,715,662	
	基礎	6,920,493	
	杭	18,913,500	
	間仕切骨組	5,587,775	
	外部仕上	30,076,220	
	内部仕上	29,049,054	
	床仕上	18,783,670	
	天井仕上	7,391,492	
	屋根仕上	2,386,932	
	明確建具	37,823,094	
	小 計（①）	269,647,892	77.11%
建物附属設備	電気設備	15,195,121	
	衛生設備	49,538,915	
	空調設備	3,870,720	
	防災設備	5,072,460	
	運搬設備	6,385,050	
	小 計（②）	80,062,266	22.89%
合 計（③=①+②）		349,710,158	100.00%
その他工事	仮設工事	11,070,742	
	その他工事	6,190,092	
	小 計（④）	17,260,834	－
総 合 計（③+④）		366,970,992	

7 不動産貸付けをめぐる税務

3　土地・建物本体・建物附属設備の区分事例

築7年1か月の中古マンションを6,000万円で購入した場合についてみていきます。中古マンションに係るデータは次表のとおりとします。ここでは、土地と建物等の区分を固定資産税評価額によるあん分法を用いています。

◆具体例《中古マンションの取得状況と土地・建物等の取得価額》◆

新築年月日	取得年月日	取得価額	取得時の固定資産税評価額	
平29.4.1	令6.5.1	6,000万円	土地	1,200万円
経過年月7年1か月 ⇒ 85か月			建物等	1,300万円

取得価額の6,000万円を取得時の土地と建物等の固定資産税評価額（土地1,200万円、建物等1,300万円）を用いて区分すると、次のとおり土地は2,880万円、建物等は3,120万円になります。

$$6{,}000万円 \times \frac{1{,}200万円}{(1{,}200万円 + 1{,}300万円)} ≒ 2{,}880万円（土地）$$

$$6{,}000万円 － 2{,}880万円（土地） = 3{,}120万円（建物等）$$

なお、固定資産税の評価替えが行われた年度（以下「基準年度」という。）以外の年度に取得した物件については、基準年度からその取得した年までの価格変動等について、固定資産税評価額を補正する必要があります。

次に、建物等を建物本体と建物附属設備に区分します。新築時の建物本体と建物附属設備の工事費の割合を用いて区分しますが、建物の耐用年数（47年）と建物附属設備の耐用年数（15年）が異なるため一定の補正が必要になります。まず、建物本体と建物附属設備につき、それぞれ新築時から中古取得時までの経過年数による未償却残額割合を求めます。

そして、上記2に掲げた方法などにより合理的に区分した建物本体と建物附属設備の新築時における工事費割合にその未償却残額割合を乗じて中古取得時の工事費割合を求め、その構成比割合で建物本体と建物附属設備の取得価額を算定します。この事例では、新築時の建物本体の工事費割合は69.6％、建物附属設備の工事費割合は30.4％としています。

●具体例《建物等の建物本体と建物附属設備の区分》●

区分	①新築時の工事費割合	②未償却残額の割合	③①の補正（①×②）	④③の構成比	⑤取得価額3,120万円×④
建物本体	69.6%	84.42%（※1）	58.76%	78.63%	2,453万円
建物附属設備	30.4%	52.54%（※2）	15.97%	21.37%	667万円
合計	100%		74.73%	100%	3,120万円

※1　建物本体
　　1－1×0.022［47年の定額法償却率］×（85か月［注］÷12か月）≒84.42％
　　（注）85か月は新築時から中古取得時までの経過月数である。
※2　建物付属設備
　　1－1×0.067［15年の定額法償却率］×（85か月÷12か月）≒52.54％

(注) 1　この事例は、平成12年12月28日裁決　裁決事例集60集157頁を参考にしている。
　　 2　ここでは建物附属設備の耐用年数を15年としているが、上記1の裁決では、構造又は用途ごとに区分されていないため、建物附属設備における「前掲のもの以外のもの及び前掲の区分によらないもの」の「主として金属製のもの」の18年を用いている。
　　 3　新築時から購入時までの経過年数が、建物附属設備の耐用年数以上である場合は、全て建物として償却することになる（平成27年11月4日裁決　裁決事例集101集129頁）。

ポイント

■　中古マンションの土地と建物等の取得価額は、それぞれの時価によりあん分するが、裁決事例等では固定資産税評価額による

あん分法が用いられることが多い。
- 建物本体と建物附属設備は、工事請負契約書等、建築会社又は分譲会社が作成した譲渡原価証明書等、固定資産税評価額の再建築費評点数算出表などを用いて区分する。
- 建物本体と建物附属設備は耐用年数が異なることから、中古マンションの場合、新築時から取得時までの期間に応じた未償却残額割合を用いて工事費の割合を調整する必要がある。

◆ 賃貸建物の取壊しをめぐる取扱い ◆

Q5 賃貸建物の建替えのための取壊し。資産損失（除却損）と取壊し費用の必要経費計上については、どのような点に注意したらよいのか

////////////////////// **税理士事務所ある日のやりとり** //////////////////////

事務員　黒田様のアパートの建替えの件ですけど、入居者6家族のうち5家族が立ち退き、最後の1家族を残すのみとなりました。立退料を20万円増額すれば11月末には立ち退くといっているようです。

所　長　立退交渉も大変だね。

事務員　その賃借人は、これまで賃料の引下げ要求が多かったこともあって、黒田様は2～3か月立退きが遅延してもいいので妥協しない口ぶりでした。

所　長　黒田様は、他に賃貸物件を所有していらしたかな？

事務員　今度建て替える1棟だけですよ。

所　長　それで、除却損の額と今年の不動産所得の見込みは？

事務員　未償却残高は250万円ですね。立退きがあるので所得は減少しますが除却損の控除前で300万円くらいだと思います。

所　長　だったら立退料を20万円追加して、すぐに立ち退いてもらうように助言しなさい。来年になると除却損の大部分は控除できなくなる可能性があるよ。

事務員　えっ～、そうなんですか。では早速、お伝えします。

（1か月後）

事務員　残り1家族の立退きは、結局、12月20日になってしまいまし

| 事務員 | た。取壊工事は12月22日に始まりますけど、年内完了は難しいようです。
| 所　長 | 年内に取壊しが始まるんだろう。よかったね。
| 事務員 | よくないですよ。取壊しの完了は1月10日の予定です。年内に完了しないので除却損は今年の経費にならないですよ。
| 所　長 | 除却損の250万円は今年の経費だろう。
| 事務員 | だって所長、取壊しの完了は来年ですよ。
| 所　長 | 除却損は、どの段階で経費に計上できるのか調べてごらん。

///

所長の解説

　賃貸建物を取り壊した場合、未償却残額相当の資産損失（以下「除却損」という。）と取壊し費用の取扱いが問題となります。

1　賃貸建物の除却損の取扱い

　除却損については、必要経費（所法37）の別段の定めとして、所得税法51条《資産損失》に取扱いが定められています。

　不動産貸付けが事業的規模で行われている場合には、除却損の全額が必要経費となります（所法51①）。しかし、事業的規模以外（業務）の場合は、不動産所得の金額を限度として必要経費になります（所法51④）。例えば、次のようなケースでは、除却損の全てを必要経費とできないことになります。

◆具体例《事業的規模以外（業務）の場合》◆

　①　除却損を控除する前の不動産所得の金額　200万円
　②　建物の除却損の額　350万円
　③　不動産所得の金額　200万円（①）－200万円（注）＝0円

(注)　200万円（①）＜350万円（②）　∴200万円

　不動産の貸付けが事業的規模以外の場合には、除却損控除前の不動産所得の金額が必要経費算入の限度額になります。建物等の未償却残額にもよりますが、取壊しは、一般には年初よりも年末に行った方が不動産所得の増加により除却損の経費算入限度額が多くなり、その経費算入において有利になることが多いといえます。

◆具体例《事業的規模以外の場合の除却損の経費算入限度額》◆

取壊時期	除却損控除前の不動産所得の金額		
	①1か月当たりの額	②貸付月数(注2)	③除却損の経費算入限度額(①×②)
2月上旬	30万円(注1)	1	30万円
7月上旬		6	180万円
12月上旬		11	330万円

(注)　1　1か月当たりの不動産所得の金額の平均値と仮定する。
　　　2　取壊日の前月末日まで賃料収入（期間対応）があったと仮定する。

2　除却損の経費計上時期

　必要経費の計上時期は、通常の費用であればいわゆる債務確定基準によることとされています（所基通37-2）。しかし、除却損については、建物の使用をやめ、今後、賃貸の用に供する可能性がない（家事用として使用することもない）と認められる場合には、その使用をやめた段階で必要経費に計上することができることとされています（下記の参考通達参照）。

> **参考通達**
> **所得税基本通達51－2の2（有姿除却）**
>   次に掲げるような固定資産については、たとえ当該資産につき解撤、破砕、廃棄等をしていない場合であっても、当該資産の未償却残額からその処分見込価額を控除した金額を必要経費に算入することができるものとする。
> (1) その使用を廃止し、今後通常の方法により事業の用に供する可能性がないと認められる固定資産
> (2) （省略）

 賃貸の用などに供する可能性がないと認められる場合に該当するか否かは事実認定の問題となりますが、取壊しに着手していれば、その着手の段階で除却損（廃材等の処分見込み額を控除）を計上することに問題はないと解されます。

◇賃貸建物の取壊しにおける除却損の計上時期◇

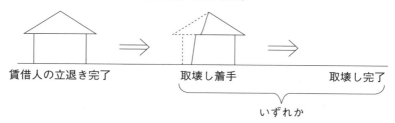

 なお、上記の通達は、「必要経費に算入することができる」としていますから、取壊しの全てが完了した段階で除却損を計上するのでもよいことになります。

3　賃貸建物の取壊し費用の取扱い

 賃貸建物の取壊し費用については、その取壊しが、不動産所得を生ず

べき業務（事業を含む。）について行われたといえるのであれば、その取壊し費用は不動産所得の必要経費に算入されることになります（所法37①）。その場合の必要経費算入時期は、取壊しが完了した時点になります（所基通37−2）。

　取壊し費用の必要経費該当性については、賃貸建物の建替えのための取壊しに限られることなく、例えば、自宅を建築するための取壊しであっても、賃貸終了後、速やかにその取壊しが行われているのであれば、貸付け業務の残務処理的な行為に該当し、必要経費算入が認められます（下記裁決参照）。ただし、賃貸建物の敷地を譲渡するために取り壊す場合は、取壊し費用と賃貸建物の未償却残高は、必要経費ではなく、譲渡費用になります（所基通33−7(2)、33−8）。

> **賃貸借契約終了後速やかに行われた賃貸建物の取壊しは、貸付業務の残務処理的な行為であるとして、その取壊費用の経費算入を認めた事例（平成26年12月9日裁決（名裁（所）平26−10）**
>
> ○　審判所の判断
> 　建物賃貸業においては、建物の取得、賃借人の募集、賃借人への貸付け及び建物の取壊し・廃棄までが事業の一連の通常の流れであって、建物の取壊費用は、建物賃貸業を行う上で通常発生する費用であるといえることに加え、賃貸借契約期間中に事業用資産である建物の取壊し・廃棄を行うことは不可能であることからすると、当該建物が家事用に転用されたなどの事情がない限り、賃貸借契約終了後の建物の取壊し・廃棄は、いわば建物に係る貸付業務の残務処理的な行為であるというべきである。
> 　そうすると、本件賃貸借契約終了後速やかに行われた本件建物の取壊しは、本件建物に係る貸付業務の残務処理的な行為であるというべきであって、本件取壊費用は、本件建物に係る貸付業務と直接関係し、かつ、当該業務の遂行上必要なものであるということができる。

　一般に、賃貸業務は、①賃貸建物を建築し、②完成後に賃貸を開始し、

③賃貸が終了した段階（賃借人の立退きの完了）で建物を取り壊します。この全期間を通じた不動産所得の金額は、全期間の賃貸収入の合計額から、全期間に生じた費用を差し引いて算定することになります。そうであれば、賃貸建物の取壊費用は、その取壊しが賃貸終了後速やかに行われている限り（賃貸建物が家事用に転用されたといえる事実がない限り）、必要経費に算入するのが相当といえます。

ポイント

- 不動産貸付けが事業的規模以外の場合、賃貸建物の除却損はその控除前の不動産所得の金額（黒字）を限度として必要経費となる。
- 賃貸建物の取壊しによる除却損の計上時期は、取壊し着手時と取壊し完了時のいずれかとすることができる。
- 賃貸建物の取壊し費用は、その取壊しが賃貸借契約終了後速やかに行われたものであれば業務遂行上なされたものといえ、その土地のその後の利用目的（ただし、土地を譲渡する場合を除く。）にかかわらず不動産所得の必要経費になる。

◆ Keyword 8 ◆
立退料の所得区分

　賃貸人の都合により賃借人に対し立退きを求める場合、立退料の授受が行われるケースがほとんどです。建物の賃借人が受領する立退料は、その性質に応じて所得区分が定まります（譲渡所得、業務に係る所得、一時所得）。

　立退料の金額の合意に際し、具体的な計算根拠に基づき金額が定まれば、その合意内容に応じて所得区分が定まるのが原則としても、賃貸人と賃借人との間のいわば力関係等により金額が決定する場合も多いように見受けられます。そのような場合、具体的な計算根拠といえるものがないこともあり、賃借人が受領した立退料について合意に至った経緯やその使途等により、その性質を判断せざるを得ない場合もあります。

　住居として使用しているアパート等の立退料は、一般には一時所得とされますが、業務の用に供されている事務所や店舗の立退料は、それを業務に係る所得とするか、それとも一時所得とするかに関し争いが生じることがあります。同じ金員に対する評価ですが、再調査決定（旧異議決定）、裁決、判決（地裁・高裁）で結論が異なるものもあるなど、所得区分の判定に困難を伴うものが多いといえます。

　ここでは、裁判例や裁決例を題材として、賃借している建物の立退料の所得区分について取り上げています。

◆ 賃借している自宅建物の立退料 ◆

Q1 自宅として使用している賃借建物の立退料として受領した金員の所得区分。一時所得となる場合、その収入を得るために支出した金額をどのように考えるか

////////////////////// **税理士事務所ある日のやりとり** //////////////////////

(事務員) 川端様、お住まいの借家から立ち退くそうです。家主さんが建替えを進めるそうで、立退料は、結局300万円で決着したようです。

(所　長) その所得区分はどうしたの？ 契約書はどうなっている？

(事務員) 契約書はなく立退きの合意書があるだけなので、たいしたことは書かれていません。自宅として使用していたので収益補償ではないですね。そうすると、借家権の譲渡に該当すれば総合課税の譲渡所得、そうでなければ一時所得になりますけど…。どちらかなぁ。

(所　長) 建物の賃貸借契約に、賃借権の譲渡や転貸ができる旨の定めはないと思うし、居住用だから借家権の譲渡としての取引慣行もないはずだから、一般には一時所得になるね。

(事務員) そうですよね。立退料の300万円から特別控除額50万円を差し引いて、それを2分の1すると課税対象は125万円ですね。

(所　長) おいおい、引越費用も控除できるだろう。

(事務員) 所長、一時所得の収入から差し引くのは、「その収入を得るために支出した金額」です。川端様は家主さんとの交渉はご自分でなされたので、300万円を得るために支出した金額はありません。

所　長　いやいや、立ち退くために直接要した金額であれば控除できるんだよ。

//

💡所長の解説

　賃借建物からの立退きを求められた際には、一般には、賃貸人と賃借人との間で立退料の授受がなされます。賃貸人が支払う立退料はその賃貸建物やその敷地を譲渡する場合を除き、不動産所得の必要経費になりますが（所基通37－23）、賃借人が受ける立退料の所得区分の判定においては、その金員が支払われた趣旨を確認する必要があります。

1　借家人が受ける立退料の所得区分

　個人である借家人が、賃借建物の明渡しに際し立退料を受け取った場合のその所得区分は、立退料の性格によりおおむね次の3つに区分されます。

① 　借家権の消滅の対価相当額は譲渡所得の収入金額（所基通33－6）

② 　いわゆる立退料（①及び③に該当するものを除く。）は一時所得の収入金額（所基通34－1(7)）

③ 　その建物で行っていた業務等の休業又は廃業による営業上の収益の補償のための金額は、その業務等の収入金額（所令94①）

2　借家権の譲渡とされる場合

　上記1の借家人が受ける立退料の所得区分の①では、「借家権の消滅の対価」の場合が掲げられていますが、この場合は、建物の賃借人が借家権としての譲渡性のある権利を有していることが前提になります。

　賃借建物の明渡しに伴う代替資産の取得に係る所得を一時所得とした

東京地裁平成17年5月20日判決は、借家権の譲渡に該当する場合について、下記のとおり判示しています。

> **借家権の譲渡に該当する場合について（東京地裁平成17年5月20日判決）**
>
> ○ 裁判所の判示（要旨）
> 　借家権は、一般的には賃貸人と賃借人との人的信頼関係を基礎とした権利であって、賃貸人の承諾なしには譲渡、転貸が許されず（民法612）、転々流通が予定されているような財産であるということはできない。
> 　したがって、借家権が譲渡性のある財産であるといえるためには、契約や慣行などによって譲渡性が認められているといえるような特段の事情が存する必要があるものというべきであり、このような特段の事情の有無を判断するに当たっては、当該借家契約において譲渡、転貸を許容する旨の定めが置かれているかどうか、権利金などの支払の有無や、賃料額、当該借家契約の目的（商業用か居住用か）、周辺地域において、借家権の譲渡を許容するような慣行が存するかどうかなどといった事情を総合的に考慮する必要があるものというべきである。

なお、受領した立退料が借家権の譲渡となる場合であっても、建物の譲渡ではないので、居住用財産の3,000万円特別控除（措法35）の適用はありません。総合課税の譲渡所得となるため最高50万円の特別控除が適用され、借家期間が5年超であれば長期譲渡として2分の1課税になる点は一時所得の場合と同様です。

3　一時所得における「その収入を得るために支出した金額」

　一時所得の金額は、一時所得に係る総収入金額から「その収入を得るために支出した金額」の合計額を控除し、その残額から一時所得の特別控除額（最高50万円）を控除します。そして、総所得金額を計算する際

に、総合課税の長期譲渡所得と同様に、一時所得の金額の2分の1相当額が総所得金額に含められます（所法22②）。

収入金額から控除される「その収入を得るために支出した金額」とは、その収入を生じた行為をするため、又はその収入を生じた原因の発生に伴い直接要した金額に限ることとされています（所法34②）。

引越費用等の立退費用は、一般には立退料を受領してから支払うため、「その収入を得るために支出した金額」とはいえません。

しかし、ネット・インカムの算出上、立退費用を控除することは条理上当然と考えられるため、実務上もその控除が認められています（『DHC所得税法コンメンタール』2653頁・第一法規）。

> ポイント

- 借家権が譲渡性のある財産であるといえるためには、借家契約における譲渡、転貸を許容する旨の定めや周辺地域において借家権の譲渡を許容するような慣行があるなど、譲渡性が認められているといえる特段の事情が必要である。
- 立退料が一時所得となる場合、引越費用等は立退料の受領後に支払うものであったとしても「その収入を得るために支出した金額」として控除できる。

◆ 賃借している事務所の立退料 ◆

Q2　事業所得者が受ける事務所の立退料のうち、収益補償相当額は事業所得の収入金額となる。その収益補償該当性はどのように考えるのか

////////////////////// **税理士事務所ある日のやりとり** //////////////////////

(事務員) 建築士の澤村様、新しい事務所をオープンされました。内装も立派で相当な出費だったようです。事務所家具に事務用品の購入、内装工事やLAN配線工事など、諸々2,500万円もかかったようです。

(所　長) たしか、旧事務所からの移転は、家主からの立退き要求だったよね？　すると当然、立退料を受け取っているんだろう。いくらだった？

(事務員) 3,500万円です。所長、これ、一時所得でいいですか？　立退料の合意書に収益補償とは書かれていないですし……。

(所　長) 書面の文言だけではなく、実質的な内容を踏まえて判断するんだよ。ところで、引越費用など旧事務所の明渡しにいくらかかった？

(事務員) えぇっと、引越費用が300万円、旧事務所の電話工事費用が30万円ですから、明渡しに要した費用は合計330万円になります。

(所　長) なるほど、収益補償分や経費補償分をどのように考えるかだね。

(事務員) 引越しは金曜から日曜の間で行ったので、実質的な休業は金曜の1日だけです。収益補償はほとんどないと考えていいで

すね？

所長　事業所得者が受けた立退料の所得区分を争点とする事例があるだろうから、たまにはじっくり考えてみなさい。

//

所長の解説

　事業所得者が事務所等の立退きに際し受領した立退料のうち、収益補償として受領したものは、事業所得の収入金額となります。では、経費補償として受領した金員はどのように考えるのでしょうか。

1　収益補償又は経費補償として取得する金員

　業務の全部又は一部の休止、転換又は廃止その他の事由により当該業務の収益の補償として取得する補償金その他これに類するものは、その業務に係る所得の収入金額とする旨規定されています（所令94①二）。これは、収益の補償について規定されたものですが、経費の補償もこの収益の補償に含まれるとしてよいのでしょうか。

> **参考条文**
> **所得税法施行令94条（事業所得の収入金額とされる保険金等）**
> 　不動産所得、事業所得、山林所得又は雑所得を生ずべき業務を行なう居住者が受ける次に掲げるもので、その業務の遂行により生ずべきこれらの所得に係る収入金額に代わる性質を有するものは、これらの所得に係る収入金額とする。
> 一　（省略）
> 二　当該業務の全部又は一部の休止、転換又は廃止その他の事由により当該業務の収益の補償として取得する補償金その他これに類するもの

これまでの審判所の裁決では、必要経費については、それに対する費用補填の有無にかかわらず必要経費として控除できることから、その必要経費の補填金の支払を受けた場合は、その金額を収入金額に算入しなければ担税力に応じた公平な課税が実現できないとし、経費補填金は収入金額に算入するのが相当とする解釈を行っており、訴訟においても同様です。

　なお、所得税基本通達では、業務休止期間中の経費補填については一時所得から除かれる旨を定めた上、注書きにおいてその経費補填額はその業務の収入金額とする旨の取扱いを示しています（下記の参考通達参照）。

> **参考通達**
> **所得税基本通達34－1（一時所得の例示）**
> ⑺　借家人が賃貸借の目的とされている家屋の立退きに際し受けるいわゆる立退料（その立退きに伴う業務の休止等により減少することとなる借家人の収入金額又は業務の休止期間中に使用人に支払う給与等借家人の各種所得の金額の計算上必要経費に算入される金額を補填するための金額及び令第95条《譲渡所得の収入金額とされる補償金等》に規定する譲渡所得に係る収入金額に該当する部分の金額を除く。）
> (注)1　収入金額又は必要経費に算入される金額を補填するための金額は、その業務に係る各種所得の金額の計算上総収入金額に算入される。

2　事業所得者が受ける立退料の所得区分を争点とする事件

　事業所得者（弁護士）が家主から立退きを求められ、立退きに際して受領した金員の所得区分を争点とする事件として、東京高裁平成26年2月12日判決があります（最高裁は不受理決定）。

　立退きを巡って受領した金員は、旧事務所の明渡移転料3,000万円と

新事務所との賃料差額についての３年間分の差額賃料補塡費用3,000万円（各年1,000万円ずつ）です。明渡しに係る契約、金員の受領等については、要旨、次のとおりです。

(1) 平成18年１月31日付による「明渡合意書」の内容（要旨）
① 旧事務所等の賃貸借契約を平成18年１月31日に合意解除する（明渡期限同年10月末日）。
② 明渡しの見通しがつき次第、速やかに明渡し期日を特定する（旧事務所の原状回復義務を免除）。
③ 旧事務所の明渡移転費用3,000万円と平成18年の賃料差額補塡金1,000万円を、明渡合意時に3,000万円、退去時に1,000万円支払う。
④ 差額賃料補塡費用として、平成19年１月１日現在で新事務所の賃貸借契約の継続を条件に1,000万円、平成20年１月１日現在で新事務所の賃貸借契約の継続を条件に1,000万円をそれぞれ支払う。
⑤ 上記④について、新事務所の賃貸借契約を解消した場合は、賃料差額補てん分相当額（月額833,333円×その月数）を返還する。

(2) 新事務所における営業開始等
① 平成18年３月７日に新事務所の賃貸借契約締結（賃料月額2,607,400円、契約期間は平成18年４月１日から平成20年３月31日まで）
② 平成18年５月８日に新事務所で営業開始。旧事務所の明渡移転費用（引越費用及び旧事務所の電話工事費用の合計1,610,542円）及び新事務所での営業開始のための各費用（仲介手数料、設備工事、什器備品ほか合計11,228,246円）の支出

(3) 明渡移転料及び差額賃料補てん費用の受領

① 平成18年1月27日　3,000万円（明渡移転料）
② 平成18年4月7日　1,000万円（差額賃料補塡費用）
③ 平成19年1月12日　1,000万円（差額賃料補塡費用）
④ 平成20年1月8日　1,000万円（差額賃料補塡費用）

　所得区分についての納税者の主張は、受領した金員の全てを一時所得とするものですが、税務署による更正処分、税務署による異議決定（現在の再調査決定）、審判所の裁決（平成23年7月21日裁決）、東京地裁の判決（平成25年1月25日）、東京高裁の判決（平成26年2月12日）における結論は、次表のとおりになります。

　なお、事務所の明渡移転料は、①新事務所開設費用補塡分、②旧事務所明渡移転費用（引越費用及び旧事務所電話工事費用）補塡分、③その他（①及び②以外）の3区分として検討が行われており、また、差額賃料補塡費用については、税務署の異議決定のみ2区分とされています。

◆明渡し合意で受領した金員の所得区分（更正処分から高裁判決まで）◆

（単位：円）

年分	本件金員		受領金額	所得区分検討における区分金額（単位：円）			納税者主張	税務署更正処分	税務署異議決定	審判所裁決	東京地裁判決	東京高裁判決
平成18年	明渡移転料	①	30,000,000	下記以外 (a)		17,162,212	一時	一時	一時	一時	事業	一時
				移転関係費用	新事務所開設費用 (b)	11,289,246	一時	事業	事業	事業	事業	事業
					旧事務所明渡移転費用 (c)	1,610,542	一時	事業	事業	事業	事業	一時
	差額賃料補塡費用	②	10,000,000	賃料差額 (d)		6,350,596	一時	事業	事業	事業	事業	事業
				上記以外 (e)		3,649,404	一時	事業	一時	事業	事業	事業
平成19年	差額賃料補塡費用	③	10,000,000	賃料差額 (d)		9,419,400	一時	事業	事業	事業	事業	事業
				上記以外 (e)		580,600	一時	事業	一時	事業	事業	事業
平成20年	差額賃料補塡費用	④	10,000,000	賃料差額 (d)		9,419,400	一時	事業	事業	事業	事業	事業
				上記以外 (e)		580,600	一時	事業	一時	事業	事業	事業

　東京高裁判決に至るまで、税務署における2回の検討（原処分・異議

決定）が行われ、更に、審判所と東京地裁で検討が加えられていますが、全てにおいて一致した結論はないことからして、事業所得者が支払を受ける事務所等に係る立退料の所得区分の判断は、困難が伴うことが窺えます。

3 明渡移転料の所得区分

(1) 旧事務所の明渡移転費用に相当する金員

旧事務所の明渡移転費用（引越費用及び旧事務所電話工事費用）に相当する金員（表の①の(c)）について、審判所は、事業所得に係る必要経費を補てんするために支払われたものと認められるとして事業所得としたのに対し、東京高裁は、事業所得の収入と対応しているわけではなく、また、取得した新資産のように将来にわたって必要経費となるようなものでもなく、事業所得の必要経費になるとはいえないとして、一時所得としています。

明渡移転費用に相当する金額については、東京高裁のみが一時所得としていますが、事業所得者における事務所や店舗の移転に要する費用は、それが立退き要求によるものか否かにかかわらず、家事上の経費や家事関連費（所法45）に該当することはなく、事業所得の必要経費といえますから、税務署から東京地裁までの判断のとおり、事業所得とするのが相当と考えます。

(2) 新事務所の開設費用に相当する金員

次に、新事務所の開設費用に相当する金員（表の①の(b)）について、審判所は、金員の算定根拠としたことが具体的に明らかでないとして一時所得としたのに対し、東京地裁及び東京高裁は、新事務所への移転で増加する必要経費の金額を補塡する趣旨のものとしてその授受の合意がされ、その趣旨に沿って取得されたと認定して事業所得としています。これは、新事務所開設に要する費用を補塡する趣旨と金額の合意に至る過程における事実認定の違いによるものといえます。

本件においては、明渡合意書の内容からして、新事務所で弁護士業を継続することが明らかであり、かつ、明渡合意日の1週間ほど前に新事務所への入居の申込書が行われていること等から経費補填の趣旨によるものとして事業所得とするのが相当と考えます。

(3) 上記(1)及び(2)以外の金員

上記(1)及び(2)以外の金員（表の①の(a)）については、東京地裁だけが事業所得としています（訴訟における主張自体は、異議決定や裁決の内容に拘束されることはないこともあって、訴訟において課税庁は事業所得として主張し、東京地裁はその主張を認めたものと考えられる。）。

本来の事業活動に付随して生じる収入は、事業付随収入として広く事業所得に含めるのが相当とされていますが、家主からの立退き要求という事業とは直接関係のない事象においては、移転に伴い生じる費用等を補填するものを除き、いわゆる承諾料（ハンコ代）として、一時所得とするのが相当と考えます。

4　旧事務所との差額賃料補填費用の所得区分

差額賃料補填費用（表の②～④）として支払われた金員の各1,000万円については、異議決定では、実際の差額賃料相当額部分(d)を事業所得とし、それを超える部分(e)を一時所得としています。異議決定書における判断内容は明らかではありませんが、実際の差額賃料の補填部分のみが経費補填に当たると判断したものと考えられます。明渡移転料において、旧事務所からの撤去に要した費用と新事務所の開設に要した費用に相当する金員（いずれも実額）を事業所得とし、それを超える部分の金額を一時所得としたことと同様になります。

一方、審判所は、当該金員を受領するための条件は新事務所の賃貸借契約を継続していることのみであり、また、賃料差額を超えた余剰金額の返還義務を負う旨などの合意はないことから、その実態は、新事務所

の賃料等の一部、すなわち事業所得に係る必要経費を補塡する趣旨で支払われたものと認定し、全額を事業所得としている点で異なります。

　実際の差額賃料を超える部分については、家主からすれば立退きの承諾料的なものとも考えられます。しかし、所得区分は受領者からみたその金員の性質により判断するものであり、新事務所の賃貸継続という立退きとは直接関係のないことを要件としていることから、審判所の判断にあるように事業所得者の経費補塡をする趣旨で支払われたものとして全てを事業所得とすることでよいと考えます。

> ポイント

- 事業所得者が受ける事務所等の立退料は、それが借家権の譲渡とされるものを除き、一時所得又は事業所得に区分される。
- 事業所得とされるものは、収益補償とされるもののほか、立退きに際して生じる一連の費用（経費等）を補塡するものとして受領する金員であり、経費等の補塡であるか否かは、立退きの合意に至った経緯や金員の受領方法を含めて判断する。

◆ 転貸建物に係る立退料 ◆

Q3　賃借した建物を他に転貸している場合、賃借人が受ける立退料と転借人に支払う立退料の取扱いはどのようになるのか

////////////////////// **税理士事務所ある日のやりとり** //////////////////////

事務員　所長、山崎様は、賃借した店舗建物を同族会社に転貸していますが、家主が土地を売却するため、立ち退いてほしいといわれたそうです。

所　長　山崎様は立退料を受け取っても、転借人である同族会社にそのまま立退料を払うことになるのかな？

事務員　同族会社はそこで飲食店を経営しているので、どこか別の場所に移転するようです。賃貸借契約、内装工事、移転費用などに必要な金額として1億2,000万円ほど必要になるので、山崎様は、立退料として家主に1億3,500万円を要求したようです。すると驚くことに、すぐにOKとなったんだそうです。

所　長　家主は、敷地をすみやかに売却したい事情でもあるんだろう。

事務員　ところで、山崎様が同族会社に支払う立退料は不動産所得の経費だから、家主から受け取る立退料も、不動産所得の収入にしないといけないですよね？

所　長　山崎様からみれば、頼まれて立ち退くのに不動産所得が発生するのは合理的でないようにも思うし、一方、転貸して転貸料と賃借料の差額を得ているのだから、立退料の差額も不動産所得とする考え方もあるようにも思う。裁決事例があったから見てみなさい。

///

所長の解説

立退料に係る税務は、合意に至った経緯や内容で、税務処理が変わることが考えられます。本事例のような経緯の場合、立退料の税務処理についてどのように考えるのでしょうか。

1 賃貸建物に係る立退料の支払

賃貸建物の賃借人を立ち退かせる際に支払う立退料は、その建物を譲渡する場合や建物を取り壊してその敷地を譲渡する場合を除き、不動産所得の必要経費となります（下記の参考通達参照）。

賃借人に支払う立退料の性格については、過去の賃貸料収入の修正と考える余地があることから、必要経費とすることとされています（今井慶一郎ほか共編『令和6年版　所得税基本通達逐条解説』434頁・大蔵財務協会）。

> **参考通達**
> **所得税基本通達37－23　（不動産所得の基因となっていた建物の賃借人に支払った立退料）**
>
> 　不動産所得の基因となっていた建物の賃借人を立ち退かすために支払う立退料は、当該建物の譲渡に際し支出するもの又は当該建物を取壊してその敷地となっていた土地等を譲渡するために支出するものを除き、その支出した日の属する年分の不動産所得の金額の計算上必要経費に算入する。

この取扱いにより、賃貸建物の転貸人が転借人に支払う立退料は、転貸人の不動産所得の必要経費に算入することになります。

2 転貸をする賃借人が受ける立退料

賃借する建物を転貸する賃借人（転貸人）が、賃貸人から受ける立退

料については、どのように考えるのでしょうか。

```
┌─────┐  立退料      ┌─────┐  立退料      ┌─────┐
│賃貸人│ ────────→  │賃借人│ ────────→  │転借人│
│     │ 1億3,500万円 │(転貸人)│ 1億2,000万円 │     │
└─────┘              └─────┘              └─────┘
```

　賃借人(転貸人)が受ける立退料は、その内容に応じて①借家権の消滅の対価、②不動産所得の収益補償、③その他に区分されます。冒頭の所長と事務員のやりとりに係る事例のように受領金員の具体的内容が明らかでない場合には、必要経費の補填とされた部分については、その必要経費に係る業務の収入金額とするのが相当です。この事例では、受領した１億3,500万円のうち１億2,000万円は、転借人に対し立退料（必要経費）として支払いますから、その支払額に相当する部分の金額は、経費補填として不動産所得の収入金額に算入することになります。

　問題となるのは、差額の1,500万円（１億3,500万円－１億2,000万円）の所得区分です。転貸をしている建物の明渡しに際して建物所有者から受領した金員の所得区分を争点とした裁決があります（下記裁決参照）。

> 賃借した建物の明渡しに際して建物所有者から補償金として受領した金員は、その性質及び使途等について特定されていない金員であると認められることから、一時所得の収入金額に該当するとした事例（平成24年３月21日裁決　裁決事例集86集150頁）
>
> ○　審判所の判断
> 　受領した立退料のうち転借人に支払った金員は、請求人の不動産所得の必要経費を補填する金員であるから、不動産所得の収入金額となる。他方、受領した立退料と転借人の支払った金員との差額は、請求人の不動産所得に係る業務の収益若しくは他の必要経費の補償等ではなく、その性質及び使途等について特定されていない金員であると認められ、営利を目的とする継続的行為から生じた所得以外の一時の所

> 得であり、労務その他の役務又は資産の譲渡の対価としての性質を有しないものに該当し、一時所得の収入金額に該当する。

　転貸料と賃借料の差額を不動産所得として得ている場合には、その立退きにより、今後はその差額相当額の収入を得られなくなります。残りの契約期間中、転貸を継続して差額相当額を受領し続けた場合に得られたであろう金額を収益補償金として請求した上で合意されたのであれば、立退料の差額1,500万円も不動産所得になると考えます。しかし、そのような具体的な事実が認定されないのであれば、審判所の結論にあるように、性質、使途等について特定されない金員として一時所得とするのが相当でしょう。

ポイント

- 転貸人（賃借人）が転借人に支払う立退料は、不動産所得の必要経費になる。
- 転貸人（賃借人）が受領した立退料のうち転借人に支払う立退料相当額は、いわば経費補塡であり、不動産所得の収入金額になる。

◆ Keyword 9 ◆
生活に通常必要でない資産

　「生活に通常必要でない資産」としては、別荘、高価な貴金属、書画、骨とうなどがイメージされますが、レジャー用の自動車もこの区分に含まれます。また、平成26年度の税制改正において、新たにゴルフ会員権等が生活に通常必要でない資産に加えられました。これにより、ゴルフ会員権の譲渡損を給与所得などと損益通算することができなくなりました。

　生活に通常必要でない資産から利益が生じれば課税対象となることは致し方ないとしても、反対に損失が生じた場合には税負担の面で何の手当もされないようなイメージがあります。

　一般にその損失は、譲渡所得で生じるものが多いですが、不動産所得や雑所得で生じる場合もあります。損失自体が生じなかったことになる訳ではありませんから、同じ所得区分内での利益との通算はできますし、ごく一部ですが他の所得との通算ができるものもあります。

　また、災害により生活に通常必要でない資産に生じた損失は、その年又はその翌年の総合課税の譲渡所得の金額と通算できます。

　ここでは、生活に通常必要でない資産について生じた利益や損失に係る事例を取り上げています。

◆ 生活に必要でない資産の譲渡損失 ◆

Q1 生活に通常必要でない資産の譲渡損失が生じなかったものとみなされるのは、個々の譲渡所得の段階か、それとも損益通算の段階か

////////////////////////// **税理士事務所ある日のやりとり** //////////////////////////

事務員 所長、先ほど藤浪様がお見えになりました。ドイツの高級車で！ 昨年末に購入されたそうです。

所　長 景気がいいねえ。ところで、相談の内容はなんだったの？

事務員 今度、投資用のタワーマンションを購入されるそうです。令和6年から評価方法が変わりましたが、まだまだ圧縮効果があるから相続税対策ですかね？ 購入資金は、定期預金の解約金と金の売却代金を充てるようで、今日は金の売却に係る税金のご相談でした。

所　長 金の売却価額は？

事務員 所長、ご存知でしたか？ ここ20年間で、金の価額は5倍にもなっているんです！ 藤浪様も、当初600万円で購入したものが3,000万円で売れたそうです。譲渡益は2,400万円にもなります。総合課税の長期譲渡なので50万円控除して2分の1だから……、譲渡所得は1,175万円です！

所　長 藤浪様、たしかバブル時に購入したゴルフ会員権をもっていたよね。腰を悪くしたような話をされていたし、ゴルフ会員権を売れば損失になるんじゃない？

事務員 あ！ たしかに！ でも、ゴルフ会員権は生活に通常必要でない資産ですから、譲渡損は「生じなかったもの」とみなさ

所　長	れるのではないですか？
	それは、他に総合課税の譲渡がない場合だろう。総合課税の譲渡益との通算はOKだよ。所得内通算と損益通算、同じ通算でも取扱いは異なるんだ。しっかり把握しておかないと‼
事務員	そうなんですね……。では、ゴルフ会員権の売却の件、お話してみます。

///

所長の解説

1　生活に通常必要でない資産

　生活に通常必要でない資産とは、①競走馬（事業用を除く。以下同じ。）、②別荘、ゴルフ会員権やリゾート会員権など趣味、娯楽、保養又は鑑賞の目的で所有する資産、③一個又は一組の価額が30万円を超える生活用動産（書画、骨董、貴金属など）をいいます（所令178①）。

◆生活に通常必要でない資産◆

競走馬（事業用を除く。）その他射こう的行為の手段となる動産			生活に通常必要でない資産
主として趣味、娯楽、保養又は観賞の目的で所有する次のもの	別荘などの不動産		
	ゴルフ会員権、リゾート会員権等		
生活用動産	生活に通常必要でない資産		
	生活に通常必要な動産	1個又は1組の価額が30万円を超える貴石、半貴石、貴金属、真珠及びこれらの製品、べっこう製品、さんご製品、こはく製品、象げ製品、七宝製品、書画、骨とう、美術工芸品	
		上記以外	

2 生活に通常必要でない資産から生じた損失の取扱い

生活に通常必要でない資産に係る所得計算上生じた損失のうち、競走馬の譲渡による譲渡所得の金額の計算上生じた損失については、競走馬の保有に係る雑所得の金額を限度として控除できますが、競走馬の譲渡損以外の損失は、生じなかったものとされます（所法69②、所令200）。

この規定は、損益通算（他の所得区分に係る所得との通算）に係るものですから、同じ所得区分内での通算（いわゆる所得内通算）に影響を与えるものではありません。たとえば、ゴルフ会員権の譲渡損については、同一年に総合課税の譲渡益（金地金の譲渡益、レジャー用自動車の譲渡益など）があれば、その譲渡所得内で通算することができます。ただし、通算しきれない損失は生じなかったものとみなされます。

なお、金地金は貴金属のため、一個又は一組の価額が30万円を超えるものは、生活に通常必要でない資産に該当します（平成10年12月21日裁決（東裁（所）平10－80ほか））。

別荘は土地建物等に該当し、その譲渡損は他の土地建物等の譲渡益との通算はできますが、金地金やゴルフ会員権などの総合課税の譲渡益との通算はできません（その逆も同様）。

3 自動車の譲渡による所得の取扱い

個人所有の自動車は、それが生活用（通勤用など）や事業用を除き、一般には、生活に通常必要でない資産とされています（最高裁平成2年3月23日判決）。

生活用、事業用、これら以外（レジャー用など）のいずれに該当するかは、使用割合（走行距離）や居住地の交通の便などを総合勘案して判断されます（下記裁決参照）。

所有する自動車が「生活に通常必要でない資産」に該当するとされた事例（平成18年1月5日裁決（東裁（所）平17－90））

○　審判所の判断
　請求人は、平成15年当時、A町に居住し、そこからB町またはC町に所在する勤務先に電車（地下鉄を含む。）を利用して通勤していたこと、本件車両を、1か月の走行距離のうち、大学への通学に約25パーセントを、日用品等の購入等に約8パーセントを充てているにすぎないこと、D町に所在する大学には勤務先からも電車を利用して20分程度の乗車時間で通学できること、日用品等の購入等に本件車両を必要とする特別の事情があるとは認められないことなどを総合的に考慮すると、本件車両は、請求人の「生活に通常必要でない資産」に該当するというべきである。

　通勤用など生活に通常必要な自動車の譲渡益は非課税で、譲渡損はないものとみなされます（所法9①九、②一）。事業用の自動車とレジャー用の自動車の譲渡益は総合課税の譲渡所得として課税され（所法33）、譲渡損については、事業用は損益通算の対象ですが、レジャー用は生活に通常必要でない資産であるため、総合課税の譲渡益との通算はできますが、通算しきれない損失は生じなかったものとみなされます（所法69②）。

ポイント

- 総合譲渡所得として譲渡益が生じるものの代表は金地金。ゴルフ会員権やレジャー用自動車などの生活に通常必要でない資産の譲渡損と譲渡所得内通算をすることができる。
- 競走馬以外の生活に通常必要でない資産の譲渡損は、同じ所得区分内における他の譲渡益があれば通算し、通算しきれない損失は生じなかったものとみなされる。

◆ 生活に通常必要でない資産の災害損失 ◆

Q2 生活に通常必要でない資産の災害による損失の控除の取扱いはどのようになっているのか

////////////////////// **税理士事務所ある日のやりとり** //////////////////////

(事務員) 所長、藤浪様の件ですが、残念ながらゴルフ会員権は昨年売却していて1,200万円の損失でした。同じ年に金も売却していれば金の売却益と通算できたことをお話したら、「えーっ！なんで教えてくれなかったの!?」と言われてしまいました……。

(所長) 法人との顧問契約だし、社長個人のプライベートのことまで管理できないよな〜。

(事務員) そうですよね……。ところで、藤浪様、腰を悪くするわ、集中豪雨で愛車が流されるわで、昨年はついてない年だったようですね。

(所長) ああ、新車を購入したのは集中豪雨の被害にあったからか。

(事務員) 旅行先で被害にあわれたようです。お気の毒に……。

(所長) ん、待てよ？ ということは、金の譲渡益と通算できるかもしれないぞ？ 保険金がおりていれば控除する必要があるけどね。

(事務員) え？ 譲渡ではないですよ、災害でポンコツになったんですよ。それも年が違うし……。

(所長) でも自動車が生活に通常必要でない資産に該当すれば、その災害による損失になる。災害の年か、その翌年の総合課税譲

渡所得から控除できるんだよ。

所長の解説

　集中豪雨による土砂崩れなどで建物が壊れたり自動車が流されたりすることがあります。自宅や家財の災害による損失は、雑損控除又は災害減免の対象となりますが、生活に通常必要でない資産の場合は、これらの制度の対象にはなりません。

1　生活に通常必要でない資産の災害損失

　災害又は盗難若しくは横領により、生活に通常必要でない資産について受けた損失の金額（保険金、損害賠償金等で補てんされる部分の金額を除く。）は、その損失を受けた年分又はその翌年分の譲渡所得の金額の計算上控除すべき金額とみなすこととされています（所法62①）。

　この場合の損失の金額の計算の基礎となる金額は、その生活に通常必要でない資産の簿価となります。業務の用に供されていた期間については減価償却費を、非業務用の期間については減価の額を、それぞれ取得価額から控除した価額です（所令178③）。

　レジャー用の自動車が災害で使用できなくなった場合の損失額は、その災害時に譲渡したと仮定した場合の未償却残高相当額（保険金、損害賠償金等を控除）となります。

　取得価額1,000万円のレジャー用自動車の災害による損失額（保険金なしの場合）は、次の事例では700.3万円となり、この損失額は、その災害のあった年又はその翌年の総合課税の譲渡所得の金額の計算上、控除することができます。

◆具体例《レジャー用自動車の災害による損失額》◆
・耐用年数6年
　　非業務用につき9年（6年×1.5倍）の旧定額法による償却率（0.111）
・令和4年3月取得、令和6年12月災害
　　使用期間　2年10か月⇒3年（6か月以上は切上げ）

　　　取得価額　　　　　　　減価の額　　　　　　　　　損失額
　　1,000万円 −（1,000万円×0.9×0.111×3年）＝　700.3万円

2　生活に通常必要でない資産の災害損失の控除の順序

控除の順序は次のとおりとなります（所令178②）。

① 災害による損失年分の譲渡所得から控除
② ①により控除しきれない損失は、その翌年の譲渡所得から控除（控除しきれない損失は切捨て）

①及び②の譲渡所得のうちに短期保有分と長期保有分がある場合は、まず、短期保有分から控除します。

なお、平成16年度改正前は、まず、土地建物等の譲渡所得から控除することとされていましたが、土地建物等の譲渡損の他の所得との損益通算が廃止されたことから、土地建物等の譲渡益から控除することはできないことになりました。

3　別荘の災害損失の取扱い

別荘（保養目的）は、生活に通常必要でない資産ですから、別荘の災害による損失は、土地建物等の譲渡所得の金額から控除できるようにも思われます。しかし、平成16年度改正により、読替え規定（旧措令20④）が廃止されたため、土地建物等である別荘の災害による損失は、土地建物等の譲渡所得の金額から控除することはできず、総合課税の譲渡所得の金額からの控除となっています。

> ポイント

- 生活に通常必要でない資産の災害による損失は、その災害のあった年又はその翌年の総合課税の譲渡所得の金額から控除できる。
- 別荘の災害による損失は、総合課税の譲渡所得からの控除となる。

◆ 保養目的の不動産の貸付けによる損失 ◆

Q3 不動産所得の損失は損益通算の対象となるのが原則であるが、その対象とならないものもある

////////////////////// **税理士事務所ある日のやりとり** //////////////////////

事務員 畠山様、所有されている賃貸物件を全て売却する予定だそうです。ハワイのコンドミニアムだけは売らずに残しておかれるみたいですけど……。

所　長 一棟建ての賃貸マンションも売却してしまうのか？

事務員 どうやら、賃貸経営が億劫になってしまわれたようです。キャッシュにすれば3億円は手許に残るのだそうで、それを資金に、あとは悠々自適な生活を送られたいそうです。

所　長 コンドミニアムはご自分で利用するのかな？

事務員 ええ、今後もハワイには行かれるので、売却しないそうです。ご自身で利用されない期間は賃貸にできるシステムとのことです。

所　長 ところで、コンドミニアムの賃貸経営は黒字になっているの？

事務員 赤字ですよ。もともと別荘として利用するつもりで、利益を得ることが目的ではないそうです。

所　長 でもそれじゃあ、不動産所得が損失になっても年金などと損益通算できないぞ。そのように畠山様に伝えておきなさい。

事務員 ？？？　どうして損益通算できないんですか？

所長の解説

　生活に通常必要でない資産に係る損失とは、譲渡した場合の譲渡損に限られません。別荘などの保養目的で所有する物件となると、その賃貸による損失は不動産所得の損失ですが、他の所得と損益通算できないことになります。

1　リゾートホテルの一室の賃貸

　著名なリゾート地に所在し、別荘などと同様に保養目的で所有し、自己が使用しない期間はホテルの客室等として賃貸することができる物件があります。その賃貸収入は、不動産の貸付けによる所得として不動産所得になります。しかし、その物件が、生活に通常必要でない資産に該当すると、その賃貸による損失は、他の不動産所得との所得内通算はできますが、通算しきれない損失が残るとその損失は生じなかったものとされ、他の各種所得の金額と損益通算できないことになります（所法69②）。

①　他の賃貸に係る所得との通算

　　賃貸アパートの貸付けに係る所得　　　　300万円（①）

　　保養目的の不動産の貸付けに係る所得　△100万円（②）

　　不動産所得の金額＝①＋②＝200万円

②　上記①において賃貸アパートを売却

　　不動産所得の金額＝△100万円

　　この不動産所得の損失100万円は、「生活に通常必要でない資産」に係る所得の計算上生じたものとなり、他の所得と損益通算できない。

2　生活に通常必要でない資産の該当性

　上記1に記載したような物件が、生活に必要でない資産に該当するか否かは、その物件の主たる所有目的が保養目的かどうかで判断されます。具体的には、①不動産の性質及び状況、②その不動産を取得するに至っ

た経緯、③その不動産により受けることができた利益及び④所有者がその不動産の所有のために負担した支出ないし負担の性質、内容、程度等などの事情を総合的に勘案した上で、その客観的な所有目的を判断することになります。

> **所有する建物は「生活に通常必要でない資産」に該当し、その資産から生ずる損失の金額が損益通算の対象とはならないとされた事例（平成13年5月30日裁決　裁決事例集61集268頁）**
>
> ○　審判所の判断
> 　①本件建物は、著名なリゾート地に所在し、請求人が別荘等と同様に保養等の用に供し得る性質のものであること、②本件分譲案内書によれば、賃貸料収入が得られるほか、ホテルの利用上のメリットや節税対策になることがうたわれていること、③請求人は、実質的に一般客に優先して利用することができること及び④本件賃貸料の額は、請求人が負担した必要経費の額の2割程度であり、管理費の額にも達しておらず、経済的にみて不合理であること等の事実が認められる。
> 　そうすると、本件建物を賃貸しているのは、単に、本件建物の管理費等の負担を軽減するために過ぎないものであり、また、本件建物の性質及び状況等の諸般の事情を総合的に勘案し、これを客観的にみれば、本件建物は主として保養等の目的で所有していたものと認めるのが相当であり、生活に通常必要でない資産に該当するから、本件損失金額は損益通算が認められない。

ポイント

- 賃貸物件であってもその主たる所有目的が保養等のためのものは生活に通常必要でない資産に該当する。
- 生活に通常必要でない資産の貸付けによる損失は、他の不動産所得との所得内通算はできても損益通算の対象にはならない。

◆ Keyword 10 ◆
上場株式等の所得に係る課税方式選択

　上場株式等に係る所得（利子・配当・譲渡等）で源泉徴収の対象とされるものは、申告又は申告不要の選択ができます（ただし、大口株主等が受ける配当等は、原則として申告が必要）。

　一般には、譲渡損失との通算や利子配当との損益通算を行う場合や上場株式等の配当について総合課税選択をする場合など、税負担の軽減を図るために申告を選択する場面が考えられます。しかし、それにより所得金額が増加すると、所得金額による制限規定への抵触や医療保険料負担の増加という懸念も生じます。申告するか否かは確定申告時における「選択」ですから、その選択ミスについては、更正の請求の対象にはならない点に十分注意する必要があります。

　上場株式等の譲渡損失で金融商品取引業者への売委託により生じたものなど一定のものは、上場株式等の利子配当（申告分離課税選択分）と損益通算ができ、通算しきれない譲渡損失は、翌年以後3年間にわたり繰り越し、上場株式等の譲渡益や上場株式等の利子配当から控除することができます（繰越控除）。この繰越控除の適用については、控除年までの各年において、確定申告書付表等を添付した申告書の連続した提出が要件とされており、この手続を誤ると繰越控除ができないことにもなりかねません。

　ここでは、上場株式等の利子配当や譲渡等に係る課税方式の選択と申告手続に関する事例を取り上げています。

◆ 上場株式等に係る課税方式の選択（源泉徴収選択口座と所得制限）◆

Q1 源泉徴収選択口座の譲渡益と他の口座の譲渡損失とを通算すると税負担が軽減される。しかし、通算後の所得が増えると医療保険料が増加する場合がある

////////////////////// **税理士事務所ある日のやりとり** //////////////////////

(事務員) 所長、岡本様のご主人とご長男の確定申告書できました。ご主人は、特定口座が2口座あります。いずれも源泉ありです。

(所　長) どれどれ…。ご主人はＡ証券が300万円の譲渡益で、Ｂ証券が200万円の譲渡損失か。

(事務員) 譲渡損益の通算でＡ証券の特定口座で徴収された税額のうち40万円ほどが還付になります。所得税と住民税の合計税率は約20％ですから…。

(所　長) 通算後の差引所得が100万円増えるので、後期高齢者医療保険料が10万円位増える旨をお伝えしなさい。それから、ご長男の方はどうかな…。

(事務員) 前年の上場株式の譲渡損失の繰越しがあります。ご長男も源泉ありの特定口座で、今回は譲渡益ですから繰越控除としたいところですけど、申告を選択すると合計所得が2,000万円を超えるので住宅ローン控除の所得制限に引っ掛かるため申告不要にしました。

(所　長) そうかそうか。所得制限の確認も必要だな…。でも、上場株式の譲渡損失の繰越しの付表の添付がないぞ。

(事務員) 上場株式の所得は源泉ありの特定口座だけで、それも申告不要ですから…。

所　長　今回は申告不要でも、繰り越されてくる前年の譲渡損失を来年に繰り越すには、繰越用の付表の添付が必要だよ。

//

👉所長の解説

　特定口座で源泉徴収ありを選択したもの（以下「源泉徴収選択口座」という。）の所得について申告を選択すると、所得金額が増加する場合があります。申告を選択する場合は、医療保険料への影響や合計所得金額による制限規定の検討が必要になります。また、譲渡損失の繰越控除は、適用要件を満たす申告手続が必要です。

1　源泉徴収選択口座の取扱い

　源泉徴収選択口座で行う上場株式等の譲渡等については、その口座を開設している金融商品取引業者が、譲渡対価の支払等の際に源泉徴収選択口座内調整所得金額に対し、所得税等（税率15.315％）及び株式等譲渡所得割（税率5％）の源泉（特別）徴収を行うため（措法37の11の4①、地法71の51）、確定申告に当たり所得金額から除外できます（以下「申告不要の選択」という。）（措法37の11の5①、地法32⑭、313⑭）。複数の源泉徴収選択口座を有する場合の申告不要の選択は、口座ごとに行います。

　譲渡等につき譲渡益が生じており、他の上場株式等の譲渡損失と通算をする場合や、譲渡損失が生じており、上場株式等の配当所得等の金額（申告分離課税選択）との損益通算や譲渡損失の繰越控除を行う場合は、確定申告により行います（源泉徴収選択口座に利子配当の受入れを行っている場合の譲渡損失と利子配当との損益通算は、その口座内で自動的に行われる。）。

2　医療保険料への影響

　冒頭の所長と事務員のやりとりにもありましたが、源泉徴収選択口座の譲渡益を他の口座の上場株式等の譲渡損失の金額とを通算する申告をしますと、源泉徴収選択口座で徴収された所得税・住民税が還付（控除）され、税負担の軽減を図ることができます。しかし、譲渡益＞譲渡損失の場合は、所得金額が増加するため、次に述べるように、医療保険料（会社員等の健康保険の保険料を除く。）が増加することが考えられます。

　申告者が、国民健康保険の加入者（75歳未満の自営業者等）や後期高齢者医療保険の加入者（75歳以上の全ての者）の場合、所得金額が増加するとその増加額に対して、前者は11～16％程度、後者は8～12％程度の保険料が増加します。ただし、これらの保険料には最高限度額が設けられていますから、既にその最高限度額に達する所得金額（前者は900万円程度、後者は700万円程度）を有する場合は、源泉徴収選択口座の申告により所得金額が増加しても保険料への影響はありません（保険料の料率や所得金額の限度額は、前者は市区町村により、後者は都道府県により、それぞれ異なる。）。

　そのため、保険料が最高限度額に達していない者は、下記算式により、源泉徴収選択口座の譲渡益について、譲渡損失との通算をするために申告を選択することによる税額の減少額と保険料の増加額を比べ、有利選択する必要があります。

> 算式
>
> ①　税額（所得税・住民税）の減少額　＝　通算される譲渡損失の金額　×　20.315％
>
> ②　保険料の増加額　＝　譲渡損益の通算で増加する所得金額　×　保険料の料率（各自治体で確認）

　以上は、所得金額（譲渡損失の繰越控除がある場合は繰越控除後の金

額）の増加による医療保険料への影響でしたが、所得税や住民税における合計所得金額（その年分の所得のみによる合計額）による制限への影響にも注意する必要があります（"Keyword14 所得金額の合計額"のＱ１（284頁）参照）。

> ポイント

- 源泉徴収選択口座の譲渡益については、申告不要を選択できる。他の口座の譲渡損失の金額との通算や前年以前から繰り越されてくる譲渡損失の繰越控除の適用を受ける場合は申告を選択することにより税負担の軽減が図られる。
- 源泉徴収選択口座の譲渡益について申告を選択する場合は、医療保険料負担や所得金額による制限規定への影響を考慮する必要がある。

◆ 上場株式等に係る課税方式の選択（大口株主等とそれ以外） ◆

Q2 上場株式等の配当等のうち特定上場株式の配当等については、総合課税、申告分離課税、申告不要の有利選択になる。大口株主等については原則総合課税になるが、その判定はどのように行うのか

////////////////////// **税理士事務所ある日のやりとり** //////////////////////

事務員　所長、中野様御一家の確定申告書できました。上場会社のX社の配当ですが、ご主人は持株割合5％の大口株主なので総合課税、ご長男とご次男は申告不要にしています。

所　長　どれどれ…。確か同族会社Y社もX社の株式を所有していたよねぇ。それから3名ともY社の株主だよね。令和5年10月以後に支払われる配当から、同族会社の持株割合も含めて大口株主の判定をすることになったはずだぞ。大丈夫か？

事務員　所長、大口株主の配当の源泉徴収は税率20.42％で所得税だけです。大口株主に該当しない場合の源泉徴収は所得税15.315％と住民税5％ですよね。

所　長　配当を支払うX社は、個人株主1名で3％以上保有していることは把握できるけど、同族会社のことまで分からないだろう。源泉徴収税率だけでは判断できないよ。X社の持株割合だけど、ご子息お二人とY社はどれくらいかな？

事務員　ご長男が2％、ご次男は1％です。それからY社は1.5％ですね。そうすると3名とも大口株主になるんですかね？

所　長　ご長男は合計3.5％で大口株主、ご次男は合計2.5％だから大

事務員　同族会社の持株割合と各人の持株割合の合計で判定するんですね。ご長男のＸ社の配当は総合課税に訂正します。

所長の解説

　内国法人の大口株主等の判定基準が令和５年10月以後に支払われる配当から変わりました。ただし、大口株主等としての取扱いは、源泉徴収の段階と申告の段階で異なる場合があります。

1　上場株式等の配当等に係る課税方式の選択

　上場株式等の配当等（次頁の表に掲げるものをいう。以下同じ。）については、大口株主等が受ける一定のものを除き、申告又は申告不要の選択ができます。申告をする場合は、特定上場株式の配当等（表の①～③）に限り、総合課税又は申告分離課税の選択をすることができます。特定上場株式の配当等についての総合課税又は申告分離課税の選択は、申告する特定上場株式等の全てについて、同じ課税方式とする必要があります（措法８の４②）。一方、大口株主等（表の⑦）に該当すると、年10万円相当の少額配当について申告不要を選択する場合（所得税に限る。）を除き、総合課税による申告が必要です。

　なお、大口株主等の配当等としての取扱いは、源泉徴収の段階では個人の保有割合のみで源泉徴収税率（所得税等20.42％）が定まりますが（所法182二、措法９の３①一）、申告の段階では同族会社の保有割合を含めて課税方式が定まります（措法８の４①一。）（下記の表の下線部分を参照）。

　上場株式等の配当等の範囲、源泉徴収税率及び課税方式の選択等の概要は、次表のとおりになります。

◆上場株式等の配当等の源泉(特別)徴収税率と課税方式の選択◆

	配当所得の区分	源泉(特別)徴収税率	課税方式の選択等
特定上場株式等の配当等	①上場株式等の配当等(特定株式投資信託の収益の分配を含み、下記②〜⑦を除く。) ②公募証券投資信託(株式投資信託及び公社債投資信託を除く。)の収益の分配 ③特定投資法人の投資口の配当等	所得税等15.315% 住民税配当割5%	総合課税、申告分離課税、申告不要のいずれかを選択 (①で同族会社保有分を含めた保有割合3%以上は、下記「⑦大口株主等の配当等」の取扱いになる。)
その他の上場株式等の配当等	④公募投資信託(証券投資信託、特定株式投資信託及び公募公社債等運用投資信託を除く。)の収益の分配 ⑤公募特定受益証券発行信託の収益の分配 ⑥公募の特定目的信託の社債的受益権の剰余金の配当		申告分離課税、申告不要のいずれかを選択
	⑦大口株主等の配当等(上記①のうち保有割合3%以上)	所得税等20.42%	総合課税(年10万円相当以下の少額配当は申告不要可)(注)

(注) 住民税は少額配当の申告不要の取扱いがないため全て総合課税による申告が必要。

2 大口株主等の範囲

　大口株主等とは、内国法人からの配当等の基準日において、その内国法人の発行済株式等の保有割合3%以上の個人株主でしたが、令和5年10月1日以後に支払われる配当等から、配当等の支払基準日において個人株主を判定の基礎となる株主として選定した場合に同族会社に該当することとなる法人と合算して保有割合3%以上となる場合のその個人株主も大口株主等に含まれることになりました(措法8の4①一)。

　この場合の同族会社とは、上位の3株主(親族や配偶者等の同族関係

者がいる場合は１株主グループになる。）で発行済株式又は出資の総数又は総額の50％超を有する法人です（法法２十）。このように、同族会社の判定では、１株主に親族等の保有割合も含めますが、大口株主等においては、個人株主（１名）の保有割合とその同族会社の保有割合との合計で３％以上保有するか否かを判定します。

冒頭の所長と事務員のやりとりの事例では、次表のとおりになります。

X社の株主	持株割合と大口株主等の該当性	備考
父	6.5％（大口株主等に該当）	5％　＋　1.5％ （父保有）（Y社保有）
長男	3.5％（大口株主等に該当）	2％　＋　1.5％ （長男保有）（Y社保有）
次男	2.5％（大口株主等に非該当）	1％　＋　1.5％ （次男保有）（Y社保有）

なお、配当の源泉徴収税率は、個人の保有割合で定まります。父は、保有割合３％以上ですから所得税等20.42％のみになりますが、長男及び次男は、保有割合３％未満ですから、所得税等15.315％、住民税配当割５％になります（措法９の３①、９の３の２①、地法71の27、71の28）。

3　特定上場株式等の配当等の総合課税選択

特定上場株式等の配当等については、総合課税、申告分離課税、申告不要のいずれかを選択できます。一般には、上場株式等の譲渡損失との損益通算や前年以前から繰り越されてくる上場株式等の譲渡損失の繰越控除を行う場合は申告分離課税を選択しますが、それ以外の場合は、総合課税と申告不要の有利選択になります。

申告不要の場合の租税負担割合は、20.315％（所得税等及び住民税配当割）です。そのため、総合課税の選択は、配当控除適用の有無、その

適用がある場合はその割合、医療保険料への影響（給与の月額標準報酬等で計算される健康保険の被保険者を除く。）を踏まえた上での負担割合が、申告不要の負担割合20.315％未満の場合に限られます。

なお、総合課税又は申告分離課税で申告する場合には、合計所得金額による制限措置への影響についても考慮する必要があります。

課税総所得金額等（申告分離課税の所得も含む。）が1,000万円以下の場合における特定上場株式等の配当等の総合課税選択の目安は、次頁の表のとおりです。

ポイント

- 特定上場株式等の配当等は、総合課税、申告分離課税、申告不要の有利選択が可能である。
- 大口株主等の配当等は、原則、総合課税申告が必要となる。配当等の源泉徴収税率は個人保有割合のみで定まる。確定申告に際しては、同族会社の保有割合を含めて大口株主等に該当するか否かの判定が必要になる。
- 特定上場株式等の配当等の総合課税選択は、税負担割合のみならず医療保険料の負担割合等も考慮する必要がある。

◇特定上場株式等の配当等の総合課税選択の目安（課税総所得金額等1,000万円以下の場合）◇

医療保険制度の区分	課税総所得金額の区分	配当控除割合による区分（注）			
		① 所得税10% 住民税2.8%	② 所得税5% 住民税1.4%	③ 所得税2.5% 住民税0.7%	④ 配当控除適用なし
健康保険加入者	195万円以下	総合課税を選択	総合課税を選択	総合課税を選択	総合課税を選択
	195万円超 330万円以下	総合課税を選択	申告不要を選択	申告不要を選択	申告不要を選択
	330万円超 695万円以下		申告不要を選択	申告不要を選択	申告不要を選択
	695万円超	申告不要を選択			
国民健康保険・後期高齢者医療保険の加入者	195万円以下	総合課税を選択	保険料率＜11.715％の場合は総合課税を選択	保険料率＜8.4625％の場合は総合課税を選択	申告不要を選択
	195万円超 330万円以下	保険料率＞13.115％の場合は申告不要を選択	申告不要を選択	申告不要を選択	申告不要を選択
	330万円超	申告不要を選択			

(注) 配当控除割合による区分については、次のとおり。
① 日本株、特定株式投資信託（日本株ETF）
② 公募証券投資信託（非株式割合と外貨建資産割合のいずれも50％以下）
③ 公募証券投資信託（非株式割合と外貨建資産割合のいずれも50％超75％以下）
④ 公募証券投資信託（非株式割合と外貨建資産割合のいずれも75％超）、外国法人株、外国株ETF、J－RIITなど

◆ 上場株式等に係る課税方式の選択(利子配当受入れ源泉徴収選択口座) ◆

Q3 利子配当受入れ源泉徴収選択口座は申告不要を選択できる。申告を選択した方がよいケースとしてはどのようなことが考えられるか

////////////////////// **税理士事務所ある日のやりとり** //////////////////////

事務員 まもなく超繁忙期の確定申告。特定口座取引が増えているので、申告する場合の注意点について事前に勉強しようと思います。株式投資は利子配当受入れ源泉徴収選択口座にしていただくとありがたいですね。申告不要にできるし…。

所　長 譲渡損失の場合、口座内で利子配当と自動的に損益通算される。通算しきれない譲渡損失があればそれを翌年に繰り越す申告をすることになるけど、それ以外でも申告をした方が有利になるケースもあるよね。

事務員 外国所得税が差し引かれてる場合ですね。外国税額控除は申告しないと適用できないですしね。あとは、別の口座で生じた上場株式の譲渡損失があれば、通算は確定申告で行うしかないですしね。

所　長 そうだね。それ以外で何かあるかな？ レアケースになるかもしれないけど…。

事務員 配当のなかで総合課税選択ができ、かつ、その方が有利なものがあれば、総合課税申告することも考えられますね。

所　長 そう。いくつかあるね。まあ、申告をする場合には所得金額が増加するから、注意する点はあるけどねぇ。

👆所長の解説

　特定口座で源泉徴収を選択したものを源泉徴収選択口座といい、選択により利子配当の受入れをすることもできます（利子配当の受入れを選択した口座を以下「利子配当受入れ源泉徴収選択口座」という。）。ここでは源泉徴収選択口座について、申告を選択する場合のポイントを掲げています。

1　源泉徴収選択口座について申告を選択するケース

　（利子配当受入れ）源泉徴収選択口座は申告不要を原則とします。しかし、次表に掲げるケースでは、申告を選択することが考えられます。

◆源泉徴収選択口座の譲渡損益区分による申告選択のケース◆

源泉徴収選択口座の譲渡損益の区分	申告を選択するケース
譲渡益の場合	①　他の口座の譲渡損失と通算する場合 ②　前年以前から繰り越されてくる譲渡損失の繰越控除を行う場合
譲渡損失の場合（利子配当受入れ源泉徴収選択口座の場合は、口座内における損益通算後に限る。）	③　他の口座の譲渡益との通算や上場株式等に係る利子配当（申告分離課税選択）と損益通算をする場合 ④　譲渡損失（③により通算しきれない譲渡損失を含む。）を翌年以後に繰り越す場合

　上記に掲げるもののほか、（利子配当受入れ）源泉徴収選択口座について、申告選択の検討が必要となるケースとしては、例えば、次に掲げるものが考えられます。

✓　利子配当のうち、特定上場株式等の配当等について総合課税を選択した方が有利になる場合
✓　外国所得税が差し引かれたものがある場合で、外国税額控除（所法

95）を適用した方が有利になる場合
- ✓ 譲渡した上場株式等の中に相続等により取得したものがあり、相続税額の取得費加算の特例（措法39）の要件に該当し、その適用をした方が有利になる場合（譲渡等が譲渡所得になる場合に限る。）
- ✓ 上場株式等の譲渡等が事業所得又は雑所得に該当し、特定口座年間取引報告書の「取得費及び譲渡に要した費用の額等」に含まれない必要経費があり、それを申告により控除した方が有利になる場合

なお、申告を選択することにより所得金額が増額する場合があります。申告を選択する場合には、合計所得金額による制限規定や医療保険料負担への影響の検討が必要です。

また、令和7年分の所得税からになりますが、極めて高い水準の所得に対する負担の適正化により、一定の要件に該当すると、（利子配当受入れ）源泉徴収選択口座の所得を踏まえた税額計算が強制されることになります（214頁の 参考 「特定の基準所得金額の課税の特例」を参照）。

2　利子配当受入れ源泉徴収選択口座の申告方法

利子配当受入れ源泉徴収選択口座について申告をする場合は、「譲渡」と「利子配当」の2グループとして取り扱われます。

「譲渡」が譲渡益であれば、「譲渡」のみ申告又は「利子配当」のみ申告とすることができます。「譲渡」が譲渡損失の場合は、口座内で自動的に「利子配当」との損益通算が行われるため、「譲渡」と「利子配当」の両者の申告が必要になります。適用できる申告態様は、次表のとおりです。

◆利子配当受入れ源泉徴収選択口座における申告選択の態様◆

譲渡損益の区分	適用できる申告態様
譲渡益の場合	・譲渡のみ申告・利子配当のみ申告・両者申告・両者申告不要
譲渡損の場合	・両者申告・両者申告不要

「利子配当」について申告する場合は、その利子配当の全てを申告する必要があります。また、申告の際の課税方式としては、「特定上場株式等の配当等」（特定口座年間取引報告書の④～⑧欄の配当等）に限り総合課税を選択することもできます（利子等及び特定上場株式等の配当等以外の配当等は申告分離課税に限られる。）。なお、特定上場株式等の配当等の総合課税選択は、申告する特定上場株式等の配当等の全てについて行う必要があります（一部を総合課税、残部を申告分離課税とすることはできない。）（措法8の4②）。

ポイント

- ■ （利子配当受入れ）源泉徴収選択口座は、申告不要を原則としつつ、申告を選択するケースが種々考えられるが、申告を選択するときは合計所得金額等が増加する点に注意が必要である。
- ■ 譲渡等が譲渡損失の利子配当受入れ源泉徴収選択口座は、口座内で利子配当との損益通算が行われるため、申告をする場合は、「譲渡」と「利子配当」の両者を申告する必要がある。

> **参考**
>
> **特定の基準所得金額の課税の特例（令和7年分以後適用）**
>
> 　令和7年分以後の所得税において、極めて高い水準の所得に対する負担の適正化のため、次の追加負担措置（特定の基準所得金額の課税の特例）が設けられます（令和7年1月から適用される措法41の19）。
>
> > 　下記①の金額が②の金額を上回る場合に限り、その差額分（①－②）を申告納税
> > ① 〔基準所得金額（注1）－　特別控除額（3.3億円）〕× 22.5％
> > ② 　基準所得税額（注2）
> > 　（注）1　次のa及びbの申告不要制度を適用しないで計算した合計所得金額（措置法の特別控除額は控除し、源泉分離課税及び非課税の所得は含めない。）
> > 　　　　　a　配当所得等に係る申告不要制度（措法8の5）
> > 　　　　　b　源泉徴収選択口座における上場株式等の譲渡等に係る申告不要制度（措法37の11の5）
> > 　　　　2　通常の所得税額（分配時調整外国税相当額控除及び外国税額控除をいずれも適用しない場合の所得税額）

10 上場株式等の所得に係る課税方式選択

◆ 上場株式等に係る課税方式の選択（譲渡損失の繰越控除）◆

Q4 上場株式等の譲渡損失の繰越控除は申告要件とされている。過去の譲渡損失の申告を失念していた場合、繰越控除が認められる場合と認められない場合がある

////////////////// **税理士事務所ある日のやりとり** //////////////////

事務員 所長、今回から確定申告のご依頼があった村上様の申告書、できました。不動産所得と年金と上場株の取引です。上場株は、源泉なしの特定口座で、400万円の譲渡益ですから申告しています。

所　長 ふむふむ〜。ところで、これまでの申告書はお借りしたかな？　初めてのお客様の場合は、最低でも、過去2〜3年の申告内容は確認しておきなさい。

事務員 分かりました。申告書の借用の件、連絡してみます。

（数　日　後）

事務員 所長、前年の申告ですけど源泉なしの特定口座を申告していません。理由をお尋ねしたら、500万円程の譲渡損失なので申告しなかったそうです。損失を繰り越せば今回の譲渡益と通算できたんですけど…。確か、譲渡損失の繰越控除は申告要件でしたよね？

所　長 法令上は申告要件。だけど、通達の取扱いで損失があったとする更正の請求ができるはずだから、確認してみなさい。

事務員 分かりました。前年分の更正の請求書と今回の確定申告書をいっしょに提出します。

所　長 おいおい、前年分の譲渡損失があったことを認める更正通知

書を受け取ってからでないと、今回の申告で繰越控除はできないぞ。更正通知書を受け取るまで時間がかかるので、今回の申告が期限後申告となったときの加算税負担などのデメリットと繰越控除による税額軽減のメリットを比較してみなさい。

所長の解説

　上場株式等の譲渡損失は、原則として3年間の繰越しが可能です。譲渡損失が生じた年から繰越控除をする年まで連続した申告が必要です。

1　上場株式等の譲渡損失の損益通算、繰越控除とその手続

　上場株式等の譲渡損失（金融商品取引業者等を通じた譲渡など一定の譲渡に限る（措法37の12の2②）。）は、確定申告により、上場株式等の配当所得等の金額（申告分離課税を選択したもの）と損益通算ができ、その損益通算をしても控除しきれない損失金額については、確定申告により、翌年以後3年間にわたり繰り越し、繰越年分の上場株式等に係る譲渡所得等の金額及び上場株式等に係る配当所得等の金額から控除することができます（措法37の12の2①⑤）。

　この損益通算や繰越控除は手続が重要とされ、「株式等に係る譲渡所得等の金額の計算明細書」（以下「計算明細書」という。）」及び「所得税及び復興特別所得税の確定申告書付表（上場株式等に係る譲渡損失の損益通算及び繰越控除用）」（以下「繰越控除用付表」という。）を添付した確定申告書を、譲渡損失が生じた年分から繰越控除する年分まで連続して提出する必要があります（期限後申告書でも可。）（措法37の12の2③⑦）。

　なお、上場株式等の譲渡損失であっても、例えば、次に掲げる取引よ

り生じたものは、上場株式等の譲渡益との通算はできますが、通算しきれない譲渡損失についての損益通算や繰越控除の適用はない点に注意が必要です（措法37の12の2②）。

- ✓ 外国の金融機関等への売委託による譲渡
- ✓ 外国の金融機関等への譲渡
- ✓ 相対取引（取引所を経由せず売手と買手による直接取引）による譲渡

ただし、相対取引であっても上場株式等の発行法人への譲渡（発行法人では自己株式の取得）により生じた譲渡損失は、損益通算や繰越控除の対象になります（措法37の12の2②四）。

2　上場株式の譲渡損失の申告を失念した場合

譲渡損失が生じた年分に計算明細書及び繰越控除用付表を添付しないで確定申告書を提出した場合（譲渡損失の申告失念）は、下記の通達の取扱いにより、次の年分の確定申告書を提出する前に、更正の請求書を提出して譲渡損失があった旨の更正通知書を受けておく必要があります。

> **参考通達**
> **租税特別措置法通達37の12の2－5（更正の請求による更正により上場株式等に係る譲渡損失の金額があることとなった場合）**
> 　措置法第37条の12の2第7項に規定する「上場株式等に係る譲渡損失の金額が生じた年分の所得税につき当該上場株式等に係る譲渡損失の金額の計算に関する明細書その他の財務省令で定める書類の添付がある確定申告書を提出」した場合には、同項に規定する上場株式等に係る譲渡損失の金額の計算に関する明細書その他の財務省令で定める書類の添付がなく提出された確定申告書につき通則法第23条《更正の請求》に規定する更正の請求に基づく更正により、新たに上場株式等に係る譲渡損失の金額があることとなった場合も含まれるものとする。

ただし、この更正の請求については、上場株式等の譲渡等を行った証券口座が、一般口座又は源泉徴収なしの特定口座（簡易申告口座）の場合に限られます。特定口座（源泉徴収選択口座）による取引の場合は、確定申告書提出時に申告不要を選択したものとされ（措法37の11の5①）、更正の請求の要件（通則法23①二）を満たさないことになるため、注意が必要です。

◇申告を失念した譲渡損失につき譲渡損失があった旨の更正の請求の可否◇

口　座　の　区　分	更正の請求
一般口座又は特定口座（簡易申告口座）で生じた譲渡損失	可
特定口座（源泉徴収選択口座）で生じた譲渡損失	不可

3　前年以前の譲渡損失の翌年への繰越しを失念した場合

　上場株式等の譲渡損失の繰越しは上記1に記載のとおり3年間とされています。上場株式等の譲渡等がない年があったとしても（源泉徴収選択口座の譲渡益について、合計所得金額要件等により申告不要を選択する場合を含む。）、前年又は前々年から繰り越されてくる上場株式等の譲渡損失があり、それを翌年以後に繰り越すためには、確定申告書に繰越控除用付表を添付して提出する必要があります（措法41の12の2⑦、措令25の11の2⑪）。

　確定申告書の提出義務がある場合（所法120①）、還付を受けるための申告書を提出できる場合（所法122①）、確定損失申告書を提出できる場合（所法123①）は、これらの申告書に繰越控除用付表を添付して提出します。なお、上場株式等の譲渡損失を繰り越すための目的のみで繰越控除用付表を添付して提出する申告書は、前述の確定損失申告書として取り扱われることとされています（措法37の12の2⑨による読み替え後

の所法123①一、三)。

> **ポイント**
>
> ■ 上場株式等の譲渡損失の繰越控除は、確定申告書付表などを添付した確定申告書を、譲渡損失が生じた年分から繰越控除する年分まで連続して提出する必要がある。
>
> ■ 上場株式等の譲渡損失の申告を失念した場合には、その譲渡が一般口座又は特定口座（簡易申告口座）で行われたものに限り更正の請求の対象となり、次の年分の確定申告書を提出する前に、譲渡損失があったことを認める旨の更正通知書を受け取っておく必要がある。
>
> ■ 譲渡損失をその控除年分まで繰り越すには、上場株式等の譲渡等のない年分でも、繰越控除用付表を添付した確定申告書を提出する必要がある。

◆ Keyword 11 ◆
為替差損益の認識

　所得税法に外貨建取引の換算の規定（所法57の3）が設けられたのは平成18年度改正です。それ以前は、所得税法にこの規定がなかったこともあり、課税実務上は、法人税法の規定による外貨建取引の換算方法に準じた取扱いがなされていたようです。今日では、富裕層を中心に、高額な外貨預金の預入れや外貨建の有価証券の購入も盛んに行われており、為替相場の変動も相まって多額の為替差損益が生じるなど、為替差損益の認識の問題は今後ますます重要になると思われます。

　所得税では所得区分を考える必要があるため、為替差損益を各種の所得に含めて計算するのか、それとも為替差損益部分のみを取り出して雑所得として認識するかという問題が生じます。

　次に、米ドルの円換算に用いる交換レートですが、メガバンク（都市銀行）では、TTM（電信仲値相場）とTTB（電信買相場）又はTTS（電信売相場）でそれぞれ1円の差が生じます。たかが1円ですが、高額な外貨建取引が行われると、適用レート誤りで数百万円の差が生じることにもなります。

　申告実務上、最も重要となるのは、為替差損益の認識（実現）の有無です。外国通貨で支払が行われる資産の販売及び購入、役務の提供、金銭の貸付け及び借入れなどの外貨建取引が行われた場合に円換算を行い、各種所得の計算を行います。しかし、同一外貨による外貨預金の預替えは為替差損益を認識しないという取扱いもあり、その判定は厄介です。

　ここでは、これらの点を中心に具体的事例を取り上げています。

◆ 為替差損益の認識の要否 ◆

Q1 海外賃貸不動産への投資。現地通貨による決済のため為替差損益が発生することが考えられる。どのような取引を行うと為替差損益の認識が必要になるのか

///////////// **税理士事務所ある日のやりとり** /////////////

- (事務員) 先ほどいらした近藤様、かなり前に預けたドル預金でハワイの賃貸用不動産を購入したいとのお話でした。
- (所　長) 中古物件？　簡便法の中古耐用年数だと損失がでても建物の減価償却費相当部分は通算できないよ。
- (事務員) そのお話もしておきました。ドル預金は70万ドル。円安に振れる前に1ドル120円で預けたようです。
- (所　長) 最近は1ドル150円くらい。ドル預金で建物を購入するとかなりの為替差益になるぞ。
- (事務員) そうなんです。約30円の円安で70万ドルですから2,100万円の為替差益。雑所得で累進税率だから約半分が税金。
- (所　長) 円転なら納税しても1,000万円残るけど、不動産購入だと納税資金に困るな。
- (事務員) それでドル預金は頭金程度にして、残りは借入れにしたいようなお話でした。最近は、現地の銀行での借入れもできるところがあるようです。
- (所　長) ドル建の借入れは返済時に円高に振れると為替差益が生じるぞ。まぁ、今後、為替がどのように変動するかは分からないけどね。
- (事務員) そうですね。国内の銀行でも融資ができるようなので、為替

変動の影響がない円建ての方が安心ですかね。

///

所長の解説

　国外資産への投資では為替変動が大きいと多額の為替差損益が発生することがあります。為替差損益を所得として認識（実現）することとなる取引を確認しておくことが必要です。

1　外貨建取引の換算

　外貨建取引とは、外国通貨で支払が行われる資産の販売及び購入、役務の提供、金銭の貸付け及び借入れなどの取引をいいます。例えば、不動産等の資産を外国通貨により取得又は譲渡をしたときは、外貨建取引を行ったことになります。外貨建取引を行った場合の各種所得の金額は、その外貨建取引の金額をその時の為替相場により円に換算した金額により計算することとされています（所法57の3①）。

2　換算に用いる為替相場

　適用される為替相場は、その取引日における対顧客直物電信売相場（以下「TTS」という。）と対顧客直物電信買相場（以下「TTB」という。）の仲値（TTM）によることとされています。

　ただし、受領した外国通貨をその受領をした都度直ちに円に替えた場合にはTTBにより円換算することができ、また、外国通貨の購入後、直ちに資産の取得費用を支払うような場合にはTTSにより円換算した金額を取得価額等とすることができます。

　また、不動産、事業、山林又は雑の各所得を生ずべき業務に係る金額の計算では、継続適用を条件として、収入又は資産についてはTTBにより、また、仕入、経費又は負債についてはTTSにより、それぞれ換

算できることとされています。

　なお、為替レートは、金融機関によって多少の違いがあるため、原則として、その個人の主たる金融機関のものを使用して換算することとされています（所基通57の3－2）。

3　為替差損益認識の要否

(1)　為替差損益の認識を必要とする取引

　為替差損益の認識が必要となる外貨建取引のうち主なものは、次のとおりです。

① 　預け入れていた外貨預金（円を外貨に換えて預け入れていたもの）を払い出し、円転する場合や外貨建資産を購入（他の外国通貨の外貨預金への預替えを含む。）する場合

> ①　円をドル預金とした時のレート（1ドル＝100円）
> ②　①のドル預金（元金部分）を引き出して円に替えた時のレート（1ドル＝120円）
> 　⇨　1ドル当たり為替差益　20円（②－①）

② 　外貨建資産を譲渡して、その譲渡代金を円転する場合やその譲渡代金で他の外貨建資産（他の外国通貨を含む。）を購入する場合

> ①　国外不動産（ドル建）を譲渡した時のレート（1ドル＝120円）
> ②　①の譲渡代金で外国株式（ドル建）を購入した時のレート（1ドル＝110円）
> 　⇨　1ドル当たり為替差損　10円（②－①）

③ 外貨建資産（預貯金、有価証券など）の利子等や配当等を外貨で受け、それを円転する場合やその利子等・配当等で外貨建資産を購入する場合

> ① 国外配当の現地保管機関の受領日のレート（1ドル＝110円）
> ② ①の配当を日本の証券会社の口座で受領した時のレート（1ドル＝115円）
>   ⇨ 1ドル当たり為替差益　5円（②－①）

④ 外貨建による借入金の元本を返済する場合

> ① 外貨建による借入れをした時のレート（1ドル＝120円）
> ② ①の借入金の元金を返済した時のレート（1ドル＝130円）
>   ⇨ 1ドル当たり為替差損　10円（②－①）
> （負債の返済のため円安になると為替差損が生じる。）

(2) 為替差損益の認識を不要とする取引

次に掲げる取引は、外貨による取引ですが為替差損益の認識が不要とされています。

① 預け入れていた外貨預金の元本を払い出し、同じ通貨の外貨預金に預け入れる場合

　法令上は、外貨による預貯金として預け入れていた元本部分の金銭につき、同一の金融機関に、同一の外国通貨で、継続して預け入れる場合の預貯金の預入は、外貨建取引に該当しない（為替差損益の認識をしない）こととされています（所令167の6②）。この規定は例示規定と解されるため、同じ通貨であれば他の金融機関への預入れでも為替差損益の認識は不要とする取扱いが示さ

れています（国税庁質疑応答事例「外貨建預貯金の預入及び払出に係る為替差損益の取扱い」参照）。

② 外貨建資産を譲渡した場合で、その譲渡により生じた所得のうち、その外貨建資産の保有期間の為替相場の変動による為替差損益に相当する部分

外貨建資産の譲渡対価の邦貨換算額相当額が、譲渡による収入金額として取り扱われることとなるため、為替差損益を雑所得として区分する必要はないとする取扱いが示されています（国税庁質疑応答事例「外貨建取引による株式の譲渡による所得」参照）。

外貨預金の円転等による為替差益は、総合課税の雑所得（所得税等の税率5.105％～45.945％）になりますが、外貨MMF（マネー・マネージメント・ファンド）の円転等をした場合は、外貨MMFが公社債投資信託（株式等）であるため、為替差益相当部分の金額を含めて申告分離課税の株式等の譲渡所得（所得税等の税率15.315％）になります。

③ 外貨建ての借入金の借換えで一定の場合（次頁のＱ２参照）

ポイント

■ 外貨による取引は、外貨建取引に該当して為替差損益の認識が必要になる場合とその認識が必要でない場合があるので、その区分を理解しておく必要がある。

■ 外貨建資産を譲渡した場合には、邦貨換算相当額を譲渡所得の収入金額とするため、為替差損益相当部分を、別途、雑所得として区分する必要はない。

◆ 為替差損益の認識（外貨建借入金の借換え）◆

Q2 外貨建借入金を返済した場合は、借入時の円換算額と返済時の円換算額との差額を為替差損益として認識することになる。外貨建借入金を借り換えた場合も為替差損益を認識することになるのか

////////////////// **税理士事務所ある日のやりとり** //////////////////

事務員 所長、国外の有価証券に投資をしている宮城様ですが、投資資金の300万ドルのうち100万ドルは期間1年の借入れによるものでした。借入れまでして投資するんですから、かなり自信があるんですねぇ〜。

所　長 外貨建の借入金かぁ〜。100万ドルを1年で返済できるのかねぇ〜。

事務員 50万ドルの借入れが2本です。先日、1年が経過したので、そのうち1本は全額借り換えています。50万ドルに利息の2.5万ドルを加えた52.5万ドルが新たな借入れです。

所　長 初めから借換えをするのが前提だったのかなぁ。それで、もう1本の借入れはどうした？

事務員 20万ドルを返済しています。残りの30万ドルと利息の合計32.5万ドルで、期間1年の新たな借入れとしています。外貨建借入金を返済すると為替差損益が発生しますよね？

所　長 そうだなぁ…？？　でも、借り換えている部分は、同一通貨の外貨預金の預替えと類似しているようにも思えるよね。どのように考えるべきか調べてみなさい。

(数 日 経 過)

事務員 所長、先日の宮城様の件ですけど、借換え前後の借入金の内容に実質的な変化がなければ、旧借入金の返済時の為替差損益は評価上のもので、実現していないと判断した公表裁決がありました。

所　長 宮城様の場合の借換えの条件の確認が必要になるね。裁決で述べられていることと対比して、実質的な内容に変化があるかどうか確認することになるね。

///

所長の解説

1　所得の実現と為替差損益の計上

　所得税法は、収入の計上時期について、いわゆる権利確定主義を採用しています（所法36①）。収入とは、経済的価値の外部からの流入ですから、例えば、保有資産の価値の増加益など未実現の利得は、課税の対象から除かれています。

　外貨建取引を行った場合の円換算については、「その者の各年分の各種所得の金額を計算するものとする」（所法57の3①）と規定されており、所得の実現があったことを前提として、その所得金額の計算について定めたものですから、それが未実現であるとされると円換算も行わないことになると解されています。

2　外貨建借入金の借換え

　外貨建借入金の借換えは、外貨建借入金の元本を、新たな外貨建借入金により返済することですから、従前の外貨建借入金についてその借入時と返済時の為替レート差により、一般には為替差損益の認識が必要になります。

この点について、金融機関との一定の契約に基づく外貨建借入金の借換えについて、その返済期限までにその元本の返済が行われず、その元本と利息の合計額により新たな外貨建借入金に借り換えた場合に為替差損益の認識をしないとした裁決があります（下記裁決参照）。

　この事案は、外貨建借入金の返済期限において、手持資金等で一部返済した上でその残額について新たな外貨建借入金としたものと、元本を全く返済せず、元利合計額による新たな外貨建借入金に借り換えたものの２種類の取引がありました。前者の取引のうち、元本の一部返済部分は、その返済時に為替差損益の認識がなされることについて両者（課税庁・請求人）に争いはなく、争点は元本の借換え部分のその借換え時における為替差損益の認識の有無でした。

外貨建借入金の借換えの際に計算される為替差損益が単に評価上のものにとどまる場合には課税の対象となる収入として認識しないとした事例（平成28年8月8日裁決　裁決事例集104集104頁）

○　審判所の判断
　請求人は、金融機関から外貨建借入金を借り入れ、当初の借入れから最終的な返済までの間に借換えを繰り返しているところ、最終的な返済時だけでなく、各借換え時において計算される為替差損益も課税の対象として認識すべきである旨主張する。
　しかしながら、所得税法第36条《収入金額》第１項は、収入の原因たる権利が確定的に発生した場合に、その時点で所得の実現があったものとして課税所得を計算するという建前（いわゆる権利確定主義）を採用したものと解されており、収入という形態において実現した利得のみを課税の対象としているから、外貨建借入金の借換え時に計算される為替差損益が単に評価上のものにとどまる場合には、課税の対象となる収入として認識しないこととなる。
　本件においては、金融機関と請求人との間で貸付与信枠に係るファシリティー契約が結ばれ、同契約に定められた貸付与信限度額、金利の計算方法及び担保等の条件に基づき、同一支店から、同一の通貨で

借換えが行われており、借換えに係る既存の借入金と新たな借入金の内容に実質的な変化が生じたとは認められない。

そうすると、借換え時において、既存の借入金の返済により計算される為替差損益は、単に評価上のものにすぎないから、課税の対象となる収入として認識しないこととなる。

3 外貨建借入金の借換時による為替差損益の認識の考え方

上記2の裁決要旨にも記載されているように、この外貨建借入金は、金融機関と請求人との間で貸付与信枠に係るファシリティー契約が結ばれた上で、同契約に定められた貸付与信限度額、金利の計算方法及び担保等の条件に基づき、同一支店から、同一の通貨で借換えが行われたものです。このファシリティー契約には、①貸付与信限度額、②貸付通貨や貸付期間、③貸付利率の定め方、④貸付金の返済における定め（返済期限に未払残高の返済）、⑤担保提供の必要性など担保についての要件などが定められていました。

審判所は、借換えの際に計算される為替差損益については、外貨建借入金の元本について、一定の基本的な借入契約に定められた条件に基づき、引き続き同一の金融機関に同一の外国通貨で借換えが行われた場合のように、借換えの前後における外貨建借入金の内容に実質的な変化がない場合には、その際に計算される為替差損益は、単に評価上のものにすぎないと考えられるから、当該為替差損益は所得として実現しておらず、課税の対象となる収入として認識しないこととなるとの考え方を示しました。

その上で、借入金の元本部分の借換えについては、請求人が金融機関との間で締結した貸付与信枠に係るファシリティー契約に定められた各条件に基づき、同一支店から、同一の通貨、同一の金額で行われたものであり、借入れ及び返済の前後における借入金の内容に実質的な変化が生じたとは認められないから、既存の借入金の返済時に計算される為替

差損益は、単に評価上のものにすぎず、課税の対象となる収入として認識しないと判断しました。

なお、既存の借入金（元本）の一部を預金等により返済したものについては、前述のとおり、その返済部分の元本の借入時と返済時の為替相場の差額により計算される為替差損益を課税の対象となる収入として認識するとしています。

◇外貨建借入金の借換え等による返済時における為替差損益の認識（平成28年8月8日裁決）◇

区　分	取　引　内　容	為替差損益の認識
外貨建借入金の元本の全額借換え	既存の借入金（元本）残高に利息を加えた額を新たに借り入れ、それを原資として元本の返済と利息の支払を行う。	借換え（注）による借入金の内容に実質的な変化は生じていないため、為替差損益の認識は行わない。
外貨建借入金の元本の一部借換え	①既存の借入金残高の一部の返済及びその返済部分に係る利息の支払を、保有している預金及び他支店からの借入金を原資として行う。 ②①による一部返済後の残高に利息を加えた額を新たに借り入れ、それを原資として残元本の返済と利息の支払を行う。	①による一部返済部分については、為替差損益の認識を行う（借入金は他支店からのもので実質的な内容は異なる。）。 ②借換え（注）による借入金の内容に実質的な変化は生じていないため、為替差損益の認識は行わない。

（注）　借換えは、貸付限度額、金利の計算方法及び担保等の条件に基づき、同一支店、同一通貨で行われたもので、借入れ及び返済の前後における借入金の内容に実質的な変化が生じていないことを前提とする。

> **ポイント**
>
> ■　外貨建借入金の返済は、原則として、借入時と返済時の為替レート差により為替差損益の認識が行われる。
>
> ■　金融機関との間で締結した一定の契約に定められた各条件に基

づき、同一支店から、同一の通貨、同一の金額で行われる借換えのように、借換えの前後における借入金の内容に実質的な変化がないといえるときは、既存の借入金の返済時における為替差損益は、単に評価上のものにすぎないため、課税の対象として認識しないと考えられる。

◆ 為替差損益の認識（特定口座取引）◆

Q3 外国株式などの外貨建資産への投資を源泉徴収選択口座で行っている。確定申告に当たり上場株式等の譲渡や配当について申告不要を選択するとしても、為替差損益の計上が必要になる場合があるのか

////////////////////// **税理士事務所ある日のやりとり** //////////////////////

- 事務員: 今回から確定申告をご依頼いただいた資産家の吉田様、特定口座年間取引報告書の金額ですが、桁数が半端じゃないですよ～。びっくりしました。
- 所長: どれどれ…。株式等の譲渡収入が240億円、利子配当が9億円‼ でも、譲渡所得は約800万円。利子や配当の多くは外国株式や国外公社債によるものだから、国外資産への投資が中心だね。
- 事務員: 譲渡したのはドル建のMRFやMMFが多いので、譲渡益は収入に比べ少ないです。利子配当が9億円でも税負担割合は約20％。所得税の負担率が下がる1億円の壁といわれているものは本当ですね。
- 所長: そんなこともあって税制改正されたよね。極めて高い水準の所得に対する追加負担措置。令和7年からの適用だから今回は影響ないけど。
- 事務員: 源泉徴収選択口座の取引ですから申告不要としています。
- 所長: ドル建てのMRFやMMFの購入資金がドルなどの外貨だと、為替差損益の検討が必要になる。国外資産への投資金額が多

額だし、最近は円安傾向だから、為替差益が多額になる可能性もあるかもしれないね。

事務員 源泉徴収選択口座でも為替差益の計算をする場合があるのですか？

所　長 あらかじめ円を外貨に替えておいて、その外貨で外国株などを購入するのであれば、為替相場の変動で為替差損益が生じることになる。源泉徴収選択口座の譲渡や利子配当は申告不要でも、為替差益を申告不要とする規定はないよね。

事務員 ……。

//

所長の解説

　株式・公社債・投資信託等（以下「株式等」という。）で国外のものに投資するとき、国内の投資信託を通じて投資する場合と国外の株式や投資信託に直接投資する場合があります。前者は円建ての投資ですが、後者では国外の株式等の購入時や利子配当の受領時において為替差損益の認識が必要になる場合があります。ここでは、国外の株式等への投資における為替差損益について説明します。

1　国外株式の配当等及び外国所得税の邦貨換算

　国内の金融商品取引業者（支払の取扱者）が、国外株式の配当等をその支払者等から外国通貨で支払を受けて居住者等に外国通貨で交付する場合には、その外国通貨の金額を、下記の①又は②に掲げる日（以下「邦貨換算日」という。）におけるその支払の取扱者における東京外国為替市場の対顧客直物電信買相場（TTB）で邦貨に換算した金額を「交付をする金額」として源泉徴収の規定を適用することとされています。また、国外株式の配当等から控除する外国所得税の額の邦貨換算につい

ても同様とされています（邦貨換算日におけるTTB）（措通9の2－2）。
① 記名の国外株式の配当等…支払開始日と定められている日
② 無記名の国外株式の配当等…現地保管機関等が受領した日

これにより、国外株式の配当等の収入計上時期は、現地の「支払開始日又は現地保管機関等の受領日」になり、同日のTTBにより配当等の収入金額及び配当等から控除された外国所得税の額を邦貨換算します。

なお、国外公社債の利子等の収入計上時期も国外株式の配当等と同様（記名分は支払開始日と定められている日、無記名分は現地保管機関等の受領日）とされており、その利子等の収入金額及び利子等から控除された外国所得税の額の邦貨換算についても国外株式の配当等と同様（収入計上時期のTTB）とされています（措通3の3－6）。

2　交付金銭の配当と為替差損益の区分

国外株式の配当等の支払の際に外国所得税が控除されている場合の配当等に係る源泉徴収は、その国外株式の配当等の額から外国所得税を控除した後の金額に対して行われます（措法9の②3、9の3①）。住民税の配当割の特別徴収も同様です。

> **算式**
>
> 徴収税額　＝　（国外株式の配当等　－　外国所得税）
>
> 　　　　　　　× { 15.315%（所得税等の税率）
> 　　　　　　　　 5 %（配当割の税率）

国内の金融商品取引業者（支払の取扱者）が外国通貨によって国外株式の配当等の支払を受け、その国外株式の配当等を居住者に本邦通貨で交付する場合には、その交付をする金額を配当等の金額（支払を受けた外国通貨の金額を邦貨換算日におけるTTBにより邦貨に換算した金額をいう。）とその他の金額（為替差損益）とに区分し、前者のみが配当等に係る源泉徴収の対象とされています（措通9の2－3）。

これにより、例えば、米国法人株式の配当400ドルを利子配当受入れ源泉徴収選択口座に受け入れる場合で、その配当の支払開始日及び受入日の為替レートが次に掲げる場合には、以下のとおり、配当所得の金額は54,000円（①）、外国所得税は5,400円（②）となり、雑所得（為替差益）1,800円（③）が認識されることになります。

米国法人株式（上場株式等に該当）の配当　400ドル
外国所得税の額　40ドル（税率10％）
配当等に係る源泉徴収対象金額　360ドル（400ドル－40ドル）
為替レート
　・配当の支払開始日のTTB　　　1ドル135円
　・配当の受入日（入金日）のTTB　1ドル140円

⬇

配当所得	400ドル × 135円 ＝ 54,000円（①）	
外国所得税	40ドル × 135円 ＝ 5,400円（②）	
源泉徴収対象金額	（400ドル － 40ドル）× 135円 ＝ 48,600円	
源泉（特別）徴収税額：所得税等	48,600円 × 15.315％ ＝ 7,443円	合計 9,873円
源泉（特別）徴収税額：配当割	48,600円 × 5％ ＝ 2,430円	
入金額（手取額）	（400ドル － 40ドル）× 140円 － 9,873円 ＝ 40,527円	
配当所得分	（400ドル － 40ドル）× 135円 － 9,873円 ＝ 38,727円	
雑所得（為替差益）	（400ドル － 40ドル）×（140円 － 135円）＝ 1,800円（③）	

なお、上記の取扱いは、外貨建の配当を国内の金融商品取引業者を通じて邦貨で交付を受ける場合ですから、その外貨で受けるのであれば、為替差損益は生じません。

3　外貨による株式等の購入時における取得価額と為替差損益の区分

　外貨建の株式等の邦貨換算については、次の為替相場による換算することとされています（措通37の10・37の11共－6）。
・譲渡収入……約定日における対顧客直物電信買相場（TTB）
・取得金額……約定日における対顧客直物電信売相場（TTS）

　外国株式等の購入には、外貨決済と円貨決済があります。外貨決済の場合は、あらかじめ邦貨を外貨に替えておき、その外貨により外国株式等を購入することになります。この場合、外貨取得時と外国株式等の購入時の為替相場の変動により為替差損益が生じることになります。
　また、外国株式等の譲渡をしてその譲渡代金をその外貨で受領し、他の外国法人の株式を購入する場合や、購入するまでの間、その譲渡代金を外貨建MMFで運用する場合などもあります。外国株式等に係る譲渡所得では、その保有期間に係る為替相場の変動に基因する所得も譲渡所得の金額に含まれるものとされており、別途、為替差損益の認識は行わないこととされています（国税庁質疑応答事例「外貨建取引による株式の譲渡による所得」参照）。
　しかし、その譲渡代金を円転せずそのまま保有して他の外国法人の株式や外貨建MMFなどを購入する場合には、譲渡時と購入時の為替相場の変動による為替差損益の認識が必要になります。
　例えば、取得価額25,000ドルの米国法人A社の株式を40,000ドルで譲渡し、譲渡代金は円転せず、後日その譲渡代金で米国法人B社の株式を購入した場合で、為替レートが次に掲げる場合には、以下に記載のとおり、株式等の譲渡所得の金額は2,400,000円となり、雑所得（為替差益）

200,000円が認識されることになります（譲渡費用等はないものとしている。）。

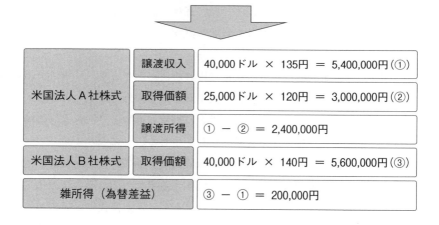

　冒頭の所長と事務員のやりとりにもあるように、高額所得者をはじめとして国外資産へ多額の投資を行っている方も多いようです。外貨決済により高額の外国株式等の取得や譲渡を（複数回）行っているような場合は、為替差損益の金額も多額となる場合があるため、注意が必要です（国外株式や国外公社債の利子配当の受領時における為替差損益も同様）。

ポイント

- 外貨建の配当等を邦貨で受ける場合は、配当等の収入計上時期と入金日の為替レート差により、為替差損益が生じる。

- 外貨決済により外国株式等を購入する場合、外国株式等を譲渡してその譲渡代金（外貨）で他の資産（外国株式など）を購入する場合は、為替レート差により為替差損益が生じる。
- 外貨建取引を（利子配当受入れ）源泉徴収選択口座で行う場合、譲渡や利子配当については申告不要を選択できるが、為替差損益が生じていれば申告の対象になる。

◆ Keyword 12 ◆
生活の本拠と非居住者課税

　居住者（非永住者を除く。以下同じ。）は全世界所得が課税対象であり、非居住者は国内源泉所得のみが課税対象です。そのため、居住者と非居住者の区分についての争いが生じます。住所（生活の本拠）が国内にあるかどうかを争点とするものが多く、それは、滞在日数、住居、職業、親族等の居所、資産の所在などにより総合的に判定することとされています。

　非居住者に該当すると国内源泉所得のみが課税対象とされ、恒久的施設の有無及び恒久的施設帰属所得か否か、並びに国内源泉所得の種類に応じ、課税方法が変わります。所得税法の規定では、総合課税又は分離課税とされていますが、前者は租税特別措置法の規定により申告分離課税や源泉分離課税とされるものがあり、後者は源泉徴収のみで課税関係が終了する源泉分離課税になります。

　「恒久的施設」とは、非居住者の国内にある支店などの事業を行う一定の場所のことですから、国外勤務となった給与所得者など多くの場合は、「恒久的施設を有しない非居住者」としての区分になります。また、非居住者課税では、国内法（所得税法・租税特別措置法など）に加えて租税条約又は租税協定の確認が必要です。非居住者の居住地国と我が国との間で租税条約が締結されているときは、原則として、その租税条約が国内法に優先します。

　ここでは、居住者・非居住者の区分を争点とする判決例や国外勤務等で数年間日本を離れる者の国内源泉所得に係る確定申告での確認事項などを中心に取り上げています。

◆ 生活の本拠による居住者・非居住者の区分 ◆

Q1 居住者・非居住者の判定における生活の本拠は、客観的事実により判定されるが、その判定はどのように行われるのか

////////////// **税理士事務所ある日のやりとり** //////////////

事務員 所長、居住者・非居住者の区分では、滞在日数、住居、職業、親族等の居所、資産の所在などにより総合的に判定するようですけど、日本人であれば、通常、資産は日本に多くありますよね。

所　長 栗山様の居住者・非居住者判定で悩んでいるんだろう？

事務員 おっしゃる通りです。昨年までは、明らかに国内の滞在日数が多かったのですが、今年は、日本が3割、シンガポールが7割くらいになるようなお話です。でも、ご家族も日本におられるし、資産のほとんどは日本ですから…、居住者でいいですよね。

所　長 年末年始や夏休みは日本で過ごされており、さらに春秋は家族旅行にも行かれている。それにご友人とのゴルフ旅行も結構多いよね。それに対してシンガポールは専ら仕事だよね。

事務員 住まいですけど、日本はご自宅でシンガポールは賃貸、仕事は主にシンガポール、家族は日本居住で資産の多くは日本にある。どちらが優勢なのかなあ？

所　長 サラリーマンが2～3年間の海外勤務となって単身赴任した場合、家族は日本に残り、預貯金や不動産も日本にあるけど、一般には非居住者として取り扱われているよね。

事務員 ということは、家族や資産の所在よりも、職業が重視されて

いるということですね。

所長 職場で生活をするわけではないから、職業活動が実際の生活にどの程度結びついているかを検討するようにも思うけど。まあ、居住者・非居住者判定で争われた事案を確認してみなさい。

///

所長の解説

1　居住者と非居住者の区分

居住者（非永住者を除く。以下同じ。）は全ての所得に対し、非居住者は国内源泉所得に対し、それぞれ課税されます（所法7①一、三）。居住者とは、国内に住所を有し、又は現在まで引き続いて1年以上居所を有する個人をいい（所法2①三）、非居住者とは、居住者以外の個人をいいます（所法2①五）。

住所については、所得税に定めはなく、民法上の住所である生活の本拠（民法22）と同義に解されており、それは客観的事実（滞在日数・住居・職業・生計を一にする配偶者や親族の居所・資産の所在等）により判定することとされています（所基通2-1）。

国外で継続して1年以上居住することを通常必要とする職業があると、非居住者と推定されることから（所令15①一）、給与所得者が1年以上の予定での国外勤務を命じられた場合、単身赴任であるか否かにかかわらず、一般には、出国時から非居住者として取り扱われています。

2　住所判定における客観的事実で重視される要素

(1) 滞在日数に有意な差があるとされた事例

東京地裁令和3年11月25日判決は、日本、台湾及びシンガポールの3国にある法人の役員を務める原告の居住者・非居住者の区分を争点

とする事案です。

　東京地裁は、内国法人から受ける役員報酬より台湾法人やシンガポール法人から受ける役員報酬の方が多いことから、職業活動の中心は、台湾及びシンガポールの法人業務であるとしたものの、滞在日数については、1年の3分の2以上の期間を日本国内に滞在（日本は内国法人社宅、台湾は賃貸マンション、シンガポールはホテル）していることから、国内の滞在日数と国外の滞在日数との間には有意な差があり、原告の生活の本拠は国内の法人社宅にあり、居住者に該当するとしました。

◇滞在日数と役員報酬の状況（東京地裁令和3年11月25日判決）◇

区　分		平成24年	平成25年	平成26年	平成27年
滞在日数	日本社宅	257日	243日	247日	248日
	台湾賃貸	79日	87日	88日	86日
	シンガポールホテル	26日	31日	30日	31日
役員報酬	内国法人	694万円	600万円	616万円	600万円
	台湾法人	5,697万円	8,919万円	11,192万円	13,352万円
	シンガポール法人	7,874万円	8,688万円	6,892万円	7,692万円

1年のうち3分の2以上の期間を日本国内に滞在していたことから、職業活動の中心は国外であったとしても、日本の居住者に該当するとされた事例（東京地裁令和3年11月25日判決）

○　裁判所の判断
　1年のうち3分の2以上の期間を日本国内に滞在し、国内の滞在日

数と国外の滞在日数との間に有意な差がある上、日本国内の滞在期間のうち大部分を過ごしていた内国法人社宅は、原告夫婦が事実上所有者として使用できる状況にあったものであり、実際に、原告の癌の治療、療養等の活動において重要な拠点として機能していた。

他方、原告の職業活動の中心は国外サミット2社の業務にあり、両社のイベントに参加するために一定の期間台湾又はシンガポールに滞在する必要性が高かったことは認められるものの、同イベントに係るもの以外の業務は、日本国内においても一定程度遂行していたものである。

以上の日本における滞在期間、本件住宅における生活実態を考慮すれば、原告の生活に最も関係の深い一般的生活、全生活の中心は日本にあったものであるから、原告の生活の本拠である「住所」は日本国内の法人社宅の住所地であると認めるのが相当である。その他、原告の妻の居所や資産の所在等の事情は上記判断を左右するに足りるものとはいえない。

(2) 滞在日数に有意な差がないとされた事例

東京地裁令和元年5月30日判決は、国内外にあるグループ法人の役員を務める原告の居住者・非居住者の区分を争点とする事案です。

日本、アメリカ及びシンガポールの3国に定住できる住居があり（日本は自宅、アメリカはコンドミニアム、シンガポールは賃貸住宅）、これら3国における各年（平成21年～平成24年）の滞在日数は、次頁の表のとおりでした（各年の滞在日数は、日本が最も多い年が2年、アメリカが最も多い年が2年、シンガポールは各年とも最も少ない状況であった。）。

この点について東京地裁は、これら3国における滞在日数には有意な差はないとした上で、原告の職業活動がシンガポールを拠点（シンガポール又は同国を拠点としてシンドネシア及び中国に滞在）として行われていたことから、生活の本拠はシンガポールの住居にあり、非居住者に該当するとしました。

◇滞在日数と滞在地を拠点とした出張日数の状況（東京地裁令和元年5月30日判決）◇

区　分		平成21年	平成22年	平成23年	平成24年	合　計
日本居宅	滞在日数	93日	105日	83日	128日	409日
	主張日数	22日	19日	5日	6日	52日
	合　計	115日	124日	88日	134日	461日
アメリカ居宅	滞在日数	97日	87日	104日	75日	363日
	主張日数	0日	0日	7日	0日	7日
	合　計	97日	87日	111日	75日	370日
シンガポール居宅	滞在日数	82日	70日	80日	68日	300日
	主張日数	52日	74日	85日	84日	295日
	合　計	134日	144日	165日	152日	595日

（注）　平成24年は日本滞在中に病院への入通院があった。

滞在日数に有意な差はなく、職業活動は主としてシンガポールを本拠として行われていたと評価することができるから、日本の居住者に該当しないとされた事例（東京地裁令和元年5月30日判決）。

○　裁判所の判断

原告は、本件各年を通じ、本件各海外法人の営業活動や工場の管理等の業務のため、年間の66〜75％程度の期間は、本件諸外国に滞在して業務を行っていたものと認められるところ、このうち、居住3国（日本、アメリカ、シンガポール）の一つであるアメリカにおける滞在日数や、日本から渡航することもあった中国の滞在日数の半数を除

> いても、年間の約4割の日数においてシンガポール又は同国を起点として渡航したインドネシアや中国及びその他の国に滞在していたことになるから、原告の職業活動は、シンガポールを本拠として行われていたと評価することができるものといえる。
>
> 他方、日本国内における滞在日数とシンガポールにおける滞在日数とに有意な差を認めることはできず、原告と生計を一にする家族の居所、資産の所在及びその他の事情についても、原告の生活の本拠が日本にあったことを積極的に基礎付けるものとはいえない。
>
> これらを総合すると、本件各年のいずれにおいても、原告の生活の本拠が日本にあったと認めることはできないから、原告は所得税法2条1項3号に定める「居住者」に該当するとは認められないというべきである。

　上記判決において東京地裁は、「客観的に生活の本拠たる実体を具備しているか否かは、滞在日数、住居、職業、生計を一にする配偶者その他の親族の居所、資産の所在等を総合的に考慮して判断するのが相当である。」としていますが、滞在日数に有意な差はないとした上で、職業活動を踏まえた滞在日数（定住可能な住居の滞在日数に、その住居を拠点とする出張先の日数を加味した日数）により、生活の本拠の判定をしました。

　そして、生計を一にする妻らが国内に居住していたこと、日本により多くの資産を所有していること、日本の健康保険組合に継続加入して概ね毎月通院していたことなどは、いずれも生活の本拠が日本国内にあったことを積極的に基礎付けるものとはいえないとしています（控訴審である東京高裁令和元年11月27日判決において同様）。

ポイント

■　国外で継続して1年以上居住することを通常必要とする職業があると、非居住者と推定される。

■ 生活の本拠たる実態の判定においては、原則として滞在日数が重視されるが、滞在日数に有意な差がないときは、職業活動を重視した判断がなされている。

◆ 非居住者に対する国内源泉所得の課税方式 ◆

Q2 国外勤務により非居住者になると国内源泉所得のみが課税対象になるが、その課税方式はどのようになるのか

////////////////// **税理士事務所ある日のやりとり** //////////////////

事務員 伊藤様、来年の4月から3年間の予定で子会社へ出向し、ニューヨーク勤務だそうです。準備もあるので、4か月前に予告があったそうです。

所 長 非居住者の申告を勉強する機会ができたね。

事務員 非居住者は、国内源泉所得のみが課税対象。ニューヨーク勤務での給与は国外源泉所得。国内源泉所得は貸店舗とアパートの賃貸収入、お父様経営のZ社からの非上場株式の配当ですね。

所 長 総合課税と分離課税の区分は？

事務員 所長〜、所得税法164条では、恒久的施設の有無で区分してますけど、アパートは恒久的施設になるんですかねえ〜。

所 長 貸しビルは恒久的施設として取り扱われているけど、アパートは、一般には支店や事務所のような事業の拠点にはならないよ。いずれにしても、不動産の賃貸収入は総合課税申告が必要だな。

事務員 所得税基本通達の164－1によると、Z社の配当は源泉徴収税率20％で源泉分離課税、アパートの賃料も同じく源泉徴収税率20％ですけど、こちらは総合課税。いずれも復興税を含めて20.42％ということですかね…。

所 長 アパートの賃料は、源泉徴収が不要になるものが多いはずだ。

事務員 それから、租税条約が締結されていると原則、租税条約が優先される。特に配当の源泉徴収については、軽減されるのもが多いよ。

事務員 そうなんですね。それでは、日米租税条約も確認してみます。

所 長 それから、Z社の株式を含め、ご所有されている有価証券等の時価が1億円以上あると、国外転出時課税の対象になる。事前に確認しておく必要があるね。

///

所長の解説

平成29年分以後の所得税から、非居住者に対する課税原則は、「総合主義（恒久的施設を有すると全ての国内源泉所得を申告課税）」から「帰属主義（恒久的施設が得る所得を申告課税）」に改められました（平成26年度改正）。なお、給与所得者の国外勤務の場合など、恒久的施設を有しない非居住者に対する課税方式は、基本的には従前の取扱いと変わりはありません。

1　非居住者に対する課税方式

非居住者は、国内源泉所得（所法161）が課税対象とされますが、恒久的施設の有無による非居住者の区分（恒久的施設を有する場合には、恒久的施設に帰属する所得とその他の所得の区分）に応じ、課税方式は、総合課税と源泉分離課税に区分されます（所法164①②）。総合課税と言いましても、租税特別措置法の規定により申告分離課税や源泉分離課税となるものがあります（以下における「総合課税」表記において同じ。）。

恒久的施設とは、①国内にある支店、工場その他事業を行う一定の場所、②国内にある建設若しくは据付けの工事又はこれらの指揮監督の役務の提供を行う場所その他これに準ずるもの、③国内に置く自己のため

に契約を締結する権限のある者その他これに準ずる者とされており（所法２八の四）、上記①の「その他事業を行う一定の場所」としては、事業の管理を行う場所、事務所、作業場、倉庫、サーバー、農園、養殖場、植林地、貸ビル等のほか、非居住者が国内においてその事業活動の拠点としているホテルの一室、展示即売場その他これらに類する場所が含まれます（所令１の２一、所基通161－１）。

ただし、租税条約（我が国が締結した所得に対する租税に関する二重課税の回避又は脱税の防止のための条約をいう。以下同じ。）にこれと異なる定めがある場合は、原則として、租税条約の定めによります（所法２八の四）。

2　非居住者に対する課税関係の概要

非居住者に対する課税関係の概要は、次頁の表のとおりとされています（所基通164－１）。

恒久的施設とは非居住者が我が国で事業を行う場合の拠点となる施設等であり、その恒久的施設に帰属する所得（以下「恒久的施設帰属所得」という。）は全て総合課税になります（所法164①一イ）。なお、恒久的施設を有する非居住者であっても、恒久的施設帰属所得以外の国内源泉所得については、恒久的施設を有しない非居住者と同様の課税方式とされます（所法164①一ロ、二、②一、二）。

冒頭の所長と事務員のやりとりに係る事例では、アパートの賃貸収入、Ｚ社（内国法人）からの配当が国内源泉所得とされます。

賃貸収入（次頁の表の⑥）は、税率20.42％による源泉徴収の上、不動産所得として総合課税による申告が必要です。ただし、賃借人が自己又はその親族の居住の用に供するために借り受けた個人が支払う賃料については、源泉徴収を要しないこととされています（所令328二）。また、内国法人からの配当（次頁の表の⑧）は、税率20.42％による源泉徴収の上、源泉分離課税とされています。

◆非居住者に対する課税関係の概要◆

所得の種類 （所法161①） \ 非居住者の区分 （所法164①）	恒久的施設を有する者		恒久的施設を 有しない者 （所法164①二、②二）	源泉徴収 （所法212①、213①）
	恒久的施設 帰属所得 （所法164①一イ）	その他の 国内源泉所得 （所法164①一ロ、②一）		
（事業所得）	【総合課税】 （所法161①一）	【課税対象外】		無
①資産の運用・保有により生ずる所得　（所法161①二） ※下記⑦～⑮に該当するものを除く。		【総合課税（一部）（注2）】		無
②資産の譲渡により生ずる所得　（〃　三）				無
③組合契約事業利益の配分（〃　四）		【課税対象外】		20.42%
④土地等の譲渡対価（〃　五）		【源泉徴収の上、総合課税】		10.21%
⑤人的役務の提供事業の対価（〃　六）				20.42%
⑥不動産の賃貸料等（〃　七）				20.42%
⑦利子等（〃　八）	【源泉徴収の上、総合課税】 （所法161①一）	【源泉分離課税】		15.315%
⑧配当等（〃　九）				20.42%
⑨貸付金利子（〃　十）				20.42%
⑩使用料等（〃　十一）				20.42%
⑪給与その他人的役務の提供に対する報酬、公的年金等、退職手当等（〃　十二）				20.42%
⑫事業の広告宣伝のための賞金（〃　十三）				20.42%
⑬生命保険契約に基づく年金等（〃　十四）				20.42%
⑭定期積金の給付補塡金等（〃　十五）				15.315%
⑮匿名組合契約等に基づく利益の分配（〃　十六）				20.42%
⑯その他の国内源泉所得（〃　十七）	【総合課税】 （所法161①一）	【総合課税】		無

(注) 1 恒久的施設帰属所得が、上記の表①から⑯までに掲げる国内源泉所得に重複して該当する場合がある。
 2 上記の表②資産の譲渡により生ずる所得のうち恒久的施設帰属所得に該当する所得以外のものについては、所得税法施行令第281条第1項第1号から第8号までに掲げるもののみ課税される。
 3 租税特別措置法の規定により、上記の表において総合課税の対象とされる所得のうち一定のものについては、申告分離課税又は源泉分離課税の対象とされる場合がある。
 4 租税特別措置法等の規定により、上記の表における源泉徴収税率のうち一定の所得に係るものについては、軽減又は免除される場合がある。
(『令和6年版 源泉徴収のあらまし』277頁の表2・国税庁を一部改変)

 以上は、国内法による規定ですが、租税条約が締結されている場合には、原則としてその租税条約が優先されますから（憲法98②）、その確認が必要になります（下記3参照）。

3　租税条約による課税の特例

　非居住者の居住地国と我が国との間で租税条約が締結されている場合には、その租税条約の定めるところにより、国内法の規定による課税が軽減又は減免される場合があります。

　租税条約では、不動産（船舶及び航空機を除く。）の賃貸料については、不動産所在地国にも課税権を認めているものが一般的であり、日米租税条約においても同様です（第6条）。

　また、配当については、多くの租税条約で源泉地国と居住地国の双方で課税できる旨を定めており、日米租税条約では、限度税率は10％とされています（親子間配当は5％、特定のものは免税）（第10条）。なお、国内法による税率以下の限度税率が適用される場合には、復興特別所得税を併せて源泉徴収する必要はありません（復興財確法33⑨）。

　軽減又は減免を受けるためには、「租税条約に関する届出書」を配当の支払日の前日までに、配当の支払者（源泉徴収義務者）を通じ、その支払者の納税地の所轄税務署長に提出する必要があります（実地特例省令）。事前にこの届出書を提出しなかったことにより国内法の税率により源泉徴収が行われた場合は、「租税条約に関する届出書」及び「租税

条約に関する源泉徴収税額の還付請求書」を提出することにより、限度税率を超える部分の税額の還付を請求することができます。

上記2のとおり、原則として租税条約が国内法に優先しますが、国内法を適用した方が有利な場合は、国内法が優先されます（プリザベーション条項、日米租税条約の場合は第1条2）。

4　国外転出時課税

国外転出（国内に住所及び居所を有しないこととなることをいう。）をする一定の居住者が、時価1億円以上の有価証券（株式、投資信託等）、匿名組合契約の出資の持分、未決済の信用取引・発行日取引・デリバティブ取引（以下「対象資産」という。）の所有や契約をしている場合には、その対象資産について譲渡や決済があったものとしてその含み益に対し所得税が課税されます（所法60の2①～③）。

この国外転出時課税の対象となる場合には、所得税の確定申告等の手続を行う必要があります。なお、一定の場合は、納税猶予制度や税額を減額するなどの措置（以下「減額措置等」という。）を受けることができますが、これら減額措置等については、国外転出時までに納税管理人の届出を行うなどの手続が必要になります（所法137の2）。

上記の課税要件に該当する者が、国外転出時までに納税管理人を定めていない場合には、国外転出予定日から起算して3か月前の価額で対象資産の譲渡や決済があったものとみなして、国外転出までに所得税の申告、納付が必要になりますから注意が必要です。

ポイント

■　国内源泉所得に対する課税方式は、国内法のみならず租税条約を確認する。租税条約による軽減等を受けるには、事前に租税条約に関する届出書を提出する。

- 時価1億円以上の有価証券等を所有する場合は、国外転出時課税の対象になる。納税猶予制度の適用を受けるには、国外転出時までに納税管理人の届出などの手続が必要になる。

> **参考**
>
> **非居住者の国内不動産の賃貸所得と事業税**
> 　事業税は、事業に係る事務所又は事業所が所在する都道府県が課税します（地法72の2③）。事務所又は事業所を設けないで行う事業については、事業者の住所又は居所を事務所等とみなして事業税が課されます（地法72の2⑦）。国内不動産を貸し付けている場合において、その者が国内に住所又は居所を有せず、かつ、その貸付事業に係る事務所等が国内になければ（賃貸物件の管理人を配置すると、事務所等があることになる。）、事業税の納税義務はないことになります。

◆ 居住者期間と非居住者期間がある場合の手続 ◆

Q3 出国年や帰国年のように居住者期間と非居住者期間がある場合、所得税の手続に加え、住民税の取扱いについての検討が必要になることがある

////////////////////////// **税理士事務所ある日のやりとり** //////////////////////////

(事務員) 今年の4月からニューヨーク勤務の伊藤様、未上場のZ社の株価は約8,000万円、特定口座の上場株式3,000万円を含めるとご所有の有価証券は1億2,000万円くらいです。このままだと国外転出時課税の対象になってしまいます。

(所　長) 特定口座だけど、非居住者になると廃止になるんじゃない？

(事務員) 伊藤様が証券会社に問い合わせたら廃止になるとの回答だったそうです。国外転出時課税も厄介なので、3月になったら特定口座の上場株式は全て売却して、利益確定してしまうそうです。源泉徴収選択口座なので申告の必要はないですけどね…。

(所　長) 間に合えばだけど、源泉なしの簡易申告口座に変更するようお伝えしなさい。

(事務員) ？？　どうしてですか？

(所　長) 来年の1月1日は非居住者だよね。来年度の住民税はどうなるか、よ〜く考えてみなさい。それから、納税管理人のお話はしたかな？　そろそろ決めていただいた方がいいよ。

(事務員) 来年3月の確定申告時にお願いしようと思っていました。

(所　長) 国外勤務になる前に届け出ないと、準確定申告が必要になってしまうよ。

事務員 そうなんですか。伊藤様にお伝えします。

所長の解説

　1年のうちに居住者期間と非居住者期間がある場合、非居住者期間の国内源泉所得で総合課税の対象となるものは、居住者期間の所得と併せて申告する必要があります。ただし、住民税は、原則として前年所得課税ですから、その取扱いには注意が必要です。

1　年の中途で出国する場合の確定申告

　居住者の出国とは、「納税管理人の届出をしないで国内に住所及び居所を有しないこととなること」をいいます（所法2四十二）。納税管理人を定めない場合で、その年1月1日から出国時までの間の所得で確定申告義務がある場合には、出国時までに確定申告をしなければなりません（所法127①）。しかし、出国後に生じる不動産の賃貸収入など総合課税（申告納税方式の対象）となる国内源泉所得がある場合には、確定申告が必要となり、結局のところ、翌年の確定申告時期に1年間分の所得税額を算定し、出国時の納付税額を予定納税額として控除した残額を納付することになります（所法120②二）。そうであれば、出国時までに納税管理人（通則法117）を届け出ることにより出国時における申告は不要となります。

　所得税法上の出国に当たるか否かは、非居住者になる時（国内に住所及び居所を有しないこととなる時）までに納税管理人の届出書が提出されたか否かで判断されます。申告義務がある場合において、非居住者になった後に納税管理人の届出をして確定申告をすると、期限後申告として取り扱われる点に注意が必要です。

　なお、年が明け、確定申告期限までの間に出国する場合もありますが、

基本的な考え方は年の中途での出国と同じです（所法126①）。

> **参考**
>
> **納税管理人**
>
> 　納税管理人は、国内に住所又は居所を有する者で、その委任事務（納税申告書等の提出、更正通知書等の受領、納税又は還付金の受領その他国税に関する事務）の処理について便宜を有する者から選任します（通則法117①、通基通117）。親族を選任する場合が多いですが、法人、税理士、税理士法人も納税管理人となることができます。

2　出国年又は帰国年の所得金額の計算

　総合課税（申告納税方式の対象）となる所得のうち、居住者期間の全ての所得と非居住者期間の国内源泉所得を申告します（所法102、所基通165－1）。

　なお、各種の所得ごとに所得金額を計算する場合、給与所得、退職所得、公的年金等に係る雑所得又は山林所得、譲渡所得若しくは一時所得で、居住者期間と非居住者期間の双方にわたって生じたものがある場合は、給与所得控除額、退職所得控除額、公的年金等控除額又は山林所得、譲渡所得若しくは一時所得における特別控除額は、それぞれ両期間の合算額について算定します（所令258②）。

3　出国年又は帰国年における住民税の取扱い

(1)　年の中途で居住者が非居住者になる場合の源泉徴収選択口座

　その年1月1日現在において国内に住所を有しない場合、その年度分の住民税（所得割・均等割）の課税はありません。

　年の中途で非居住者になると翌年度の住民税（所得割）の課税はありません。そのため、出国年における源泉徴収選択口座で徴収された株式等譲渡所得割の還付を求めることはできません（源泉徴収選択口

座に受け入れた利子配当に係る配当割も同様)。

　源泉徴収の選択は年ごとに行います。そのため、年の中途で非居住者になることが明らかであれば、事前(出国年における源泉徴収選択口座での取引を始める前、かつ、利子配当を受け入れる前)に源泉徴収なしの簡易申告口座への変更を検討しておく必要があります。

◇上場株式等の譲渡益に対する住民税の課税関係◇

課税対象		課税方式	課税時期	徴収時期
上場株式等の譲渡等	源泉徴収選択口座	株式等譲渡所得割（特別徴収）	現年所得課税	譲渡時
	上記以外（注）	所得割（申告分離課税・普通徴収）	前年所得課税（翌年度に課税）	翌年度

(注)　源泉徴収選択口座の譲渡益について申告を選択した場合を含む。この場合、所得割から前年に徴収された株式等譲渡所得割を控除することになる。

(2)　年の中途で非居住者が居住者になる場合の住民税

　帰国年は、非居住者期間と居住者期間があります。帰国年の翌年1月1日は国内に住所を有することになりますから、住民税が課税されます。

　冒頭の所長と事務員のやりとりにはありませんが、未上場のZ社（内国法人）の配当で帰国年の非居住者期間に支払われるべきものは源泉分離課税になります。しかし、この配当は、翌年度の住民税において総合課税の対象になります。そのため、帰国年に係る所得税の確定申告申告書の2面の住民税に関する事項の「非居住者の特例」欄にこの配当所得の金額を記入します。

　このように、非居住者期間に国内源泉所得として分離課税とされた所得があり、それが居住者であれば総合課税の対象になるものであれば、翌年度分の住民税の課税対象となるため、「非居住者の特例」欄への記入が必要になります。

> **ポイント**

- ■ 総合課税（申告納税方式による課税）が適用される国内源泉所得がある場合には、納税管理人を届け出ておくことにより出国時における確定申告は不要となる。
- ■ 居住者期間と非居住者期間の双方がある場合、それぞれの期間での総合課税（申告納税方式の対象）となる所得を合計して申告する。
- ■ 出国年及び帰国年の所得については、住民税の取扱いを踏まえる必要がある。

> **参考**
>
> **非居住者に係る所得控除**
>
> (1) 年を通じて非居住者の場合
> 　雑損控除（国内にある資産が対象）、寄附金控除及び基礎控除に限られます（所法165①かっこ書）。
> (2) 居住者期間と非居住者期間の双方がある場合
> 　上記(1)の控除に加え、次のものが控除対象になります。
> 　① 医療費控除、社会保険料控除、小規模企業共済等掛金控除、生命保険料控除、地震保険料控除は居住者期間中に支払ったものが控除対象になります。
> 　② 扶養控除、配偶者（特別）控除、寡婦控除、ひとり親控除、障害者控除及び勤労学生控除の各人的控除については、原則としてその年12月31日の現況で判定しますが、出国（納税管理人の届出をせず非居住者になることをいう。）の場合は、非居住者になった時の現況で判定します（所法85①、所基通165－2）。この取扱いは、生計一、合計所得金額、障害者に該当するかどうかなどの各控除の適用要件を判定する時期について定めたものです。

◆ Keyword 13 ◆
所得内通算、損益通算、純損失の繰越しと繰戻し

　所得税は、所得をその性質等に応じ10種類の所得に区分します。そのうち一定の所得の損失は、他の所得と損益通算をすることができ、通算しきれない損失で一定のものは、純損失として翌年以後への繰越し、又は前年への繰戻しができます。

　この損益通算を行う前に、10種類の所得のそれぞれにおいて所得計算を行います。その計算では、同じ所得区分の中での通算、いわゆる所得内通算をします。例えば、A棟とB棟の賃貸建物を所有しているときの貸付所得で、A棟は利益、B棟は損失という場合、その損益を通算して不動産所得の金額とするのが原則です。しかし、不動産貸付けに係る損失であってもこの所得内通算ができないものもあります。

　次に他の所得との損益通算です。不動産所得、事業所得、譲渡所得（原則として、申告分離課税となるものを除く。）及び山林所得の各損失は、他の所得と損益通算できます。しかし、その損失が生じなかったとみなされる場合や損益通算に制限がかかる場合もあります。

　最後に純損失の繰越しと繰戻しです。適用要件は、純損失の繰越しと繰戻しで異なる点があり、また、純損失の繰越しでもその損失の内容に応じて手続が異なる場合があるので注意が必要です。

　準確定申告で純損失が生じた場合には、相続人への繰越控除はできませんが、前年に繰り戻すことができます。

　ここでは、所得内通算、損益通算、純損失の繰越しと繰戻しに係る事例を取り上げています。

◆ 所得内通算と損益通算(不動産所得)◆

Q1 不動産所得の損失は、その全てにおいて他の不動産所得との所得内通算及び他の所得と損益通算することができるか

////////////////////// **税理士事務所ある日のやりとり** //////////////////////

事務員 立川様ですが、賃貸物件が3件あります。そのうち1件は建物を信託していて、信託会社が所得計算してくれています。

所　長 あとの2物件の計算はできたのかな?

事務員 アパートは320万円の利益、借入金で購入したマンションは20万円の損失です。しかし、その損失のうち12万円は土地を取得するための借入金の利子なので通算できません。

所　長 おいおい、それは他の所得との損益通算の話だよ。不動産所得内での通算だから大丈夫、問題ないよ。ところで、信託している建物の収支報告はきているのか。

事務員 はい、昨年は修繕が多かったので、120万円の損失です。アパートの利益320万円からマンションの20万円の損失と信託建物の120万円の損失を差し引いて、不動産所得は180万円ですね。

所　長 信託建物の損失は通算できないぞ。

事務員 でも、不動産所得内での通算ですよ?

所　長 特定受益者の不動産所得の損失は、所得内通算もできないんだよ。

所長の解説

1 不動産所得に係る損失の所得内通算と損益通算

不動産所得の損失は、原則として他の所得と損益通算することができます。しかし、①土地等を取得するための借入金利子に関する損益通算の特例、②特定組合員又は特定受益者の損益通算の特例、③国外中古建物の損益通算の特例、④別荘等の生活に通常必要でない資産の貸付けに係る損失の規定により、損失の内容に応じて種々の制限が設けられています。これら4つの規定は、要旨、次表のとおりとされています。

なお、有限責任事業組合（LLP）に係る不動産所得の損失についても調整出資金額を超える部分について制限がありますが（措法27の2①）、ここでは省略しています。

◇不動産所得の損失に係る規定の差異◇

区　分	①土地等の取得のための借入金の利子の特例（措法41の4）	②特定組合員又は特定受益者に係る特例（措法41の4の2）	③国外中古建物に係る特例（措法41の4の3）	④別荘等の生活に通常必要でない資産の貸付けに係る損失の規定（所法69②）
損失の金額に係る規定	所得税法69条1項《損益通算》の規定その他の所得税に関する法令の規定の適用については、生じなかったものとみなす。	所得税法26条2項《不動産所得の金額の計算》及び69条1項《損益通算》の規定その他の所得税に関する法令の規定の適用については、生じなかったものとみなす。	所得税法26条2項《不動産所得の金額の計算》及び69条1項《損益通算》の規定その他の所得税に関する法令の規定の適用については、生じなかったものとみなす。	前項の場合《損益通算の規定》において、（別荘等の）生活に通常必要でない資産に係る所得の金額の計算上生じた損失の金額（貸付損失）があるときは、（中略）生じなかったものとみなす。

上記の4つの規定に該当すると、損益通算の規定の適用において、損

失はいずれも生じなかったものとみなされます。

　損益通算の前の所得内通算（不動産所得内通算）では、①と④の損失は、他の不動産所得と通算できます。しかし、②の特定組合員又は特定受益者に係る特例は、その組合又は信託に係る不動産所得の損失（措令26の6の2④）は生じなかったものとされ、他の不動産所得との通算もできません（措法41の4の2①）。また、③の国外中古建物に係る特例は、国外中古建物（減価償却費の耐用年数をいわゆる簡便法等で算定しているものをいう。）に係る不動産所得の損失（他の国外不動産等の貸付けによる所得と通算後）のうち、その国外中古建物の償却費相当部分の金額（下記3において「国外中古建物の損失金額」という。）は生じなかったものとされ、国内不動産等の貸付けによる所得との通算もできません（措法41の4の3①②）。

2　組合事業又は信託による損失の取扱い

　民法組合形式で不動産賃貸を行う場合や賃貸物件を信託した場合の収支は、組合又は信託の受託者から収支報告書が送付され、その内容に基づき不動産所得の申告をします。特定組合員又は特定受益者は、収支報告書における所得が損失であれば、その損失は生じなかったものとみなされ、他の不動産所得との所得内通算もできないことになるので注意が必要です（青色申告決算書又は収支内訳書は、個々の組合事業又は信託で作成する。）。

　ただし、民法組合の場合で業務執行組合員である者の損失は、所得内通算及び損益通算の対象となります。一方、信託の場合は、全ての業務を受託者が行うため、受益者は必ず特定受益者に該当し、損失は生じなかったものとみなされます。

　賃貸建物の所有者の高齢化による判断能力の低下により、賃貸建物の所有者を委託者兼受益者、親族を受託者とする信託を活用するときは、複数の賃貸建物を一つの信託契約にすることにより、損失の生じにくい

仕組みとすることなどが考えられます。

◆民法組合・信託に係る不動産所得の損失の取扱い◆

区分		所得内通算・損益通算
民法組合	業務執行組合員（注１）	可能
	特定組合員（注２）	不可（損失は生じなかったものとみなす）
特定受益者 （受益者等課税信託の受益者）		

（注）1　組合事業に係る重要な財産の処分、譲受け又は多額の借財に関する業務の執行の決定に関与し、かつ、その業務のうち契約の締結交渉その他重要な部分を自ら執行する組合員をいう。
　　　2　業務執行組合員以外の組合員をいう。

なお、民法組合の場合、不動産所得に限って前述の損益通算の特例が設けられていますが、事業所得又は山林所得を生ずべき事業の場合は、業務執行組合員か否かにかかわらず、所得内通算及び損益通算が可能です。

3　国外中古建物の損失の取扱い

国外に所在する中古建物の貸付けに係る不動産所得については、いわゆる簡便法による建物の耐用年数が、その建物の実際の使用期間に適合していない事例が見受けられるとの会計検査院の指摘により、この損益通算の特例規定が設けられました（令和3年分所得税から適用）。

対象となる損失は、簡便法や見積法（適正でないものに限る。）による耐用年数を用いた建物に係る償却費部分の金額であり、建物附属設備や構築物に係る償却費部分は除かれます（措法41の4の3②二）。

国外中古建物を含め国内外に複数の賃貸建物を所有する場合の不動産所得の金額の算定においては、「青色申告決算書又は収支内訳書（不動産所得用）付表《国外中古建物の不動産所得に係る損益通算の特例》」が用意されており、その付表を使用して通算の対象とならない国外中古建物の損失金額を算定します。

4　不動産所得の損失の通算

不動産所得の損失の通算について、次の2つの事例でみてみましょう。

◆具体例1　《所得内通算できない損失》◆

区分	①収入金額	②必要経費	損益(①-②)
(a) 賃貸マンション	100	120（注1）	△20
(b) 別荘の貸付け	50	90（注2）	△40
(c) 信託した賃貸物件	200	250	△50 ⇒ 0
(d) 国外中古貸家	250	400（注3）	△150 ⇒ △50
(e) アパート	300	100	200

(注) 1　土地等を取得するための借入利子30を含む。
　　 2　家事使用分を除いた金額である。
　　 3　簡便法の耐用年数により計算した建物償却費100を含む。

(a)の賃貸マンションの貸付損失20は、その全てが土地等を取得するための借入金利子に係るものとなりますが、他の不動産所得との通算は可能です。(b)の別荘（生活に通常必要でない資産）の貸付損失も他の不動産所得との通算は可能です。(c)の信託した賃貸物件の貸付損失50は生じなかったものとみなされます。(d)の国外中古貸家の貸付損失150のうち、簡便法の耐用年数により計算した建物の償却費部分の100は生じなかったものとみなされますが、残りの損失50は他の不動産所得との通算は可能です。

その結果、不動産所得の金額は、(a)△20＋(b)△40＋(d)△50＋(e)200＝90となります。

◇具体例2 《損益通算できない損失》◇

区　分	①収入金額	②必要経費	損益（①－②）
(a) 賃貸マンション	100	120（注1）	△20
(b) 別荘の貸付け	50	90（注2）	△40
(c) アパート	300	250	50

（注）1　土地等を取得するための借入利子30を含む。
　　　2　家事使用分を除いた金額である。

　(a)の賃貸マンションの貸付損失20、(b)の別荘の貸付損失40は、いずれも他の不動産所得との通算は可能ですが、損益通算においては生じなかったものとみなされます。

　不動産所得の金額は、(a)△20＋(b)△40＋(c)50＝△10となりますが、この損失10は損益通算においては生じなかったものとみなされます（他の所得と損益通算できない。）。

ポイント

■　不動産所得の損失のうち、土地等を取得するための借入金利子部分及び別荘など生活に通常必要でない資産の貸付損失は、他の不動産所得との所得内通算はできるが、損益通算の対象とならない。

■　特定組合員及び特定受益者に係る不動産所得の損失は、生じなかったものとみなされる（所得内通算や損益通算の対象とならない。）。

■　国外中古建物に係る不動産所得の損失（他の国外不動産等の貸付けによる所得との通算後の損失）のうち、簡便法の耐用年数により計算したその国外中古建物の償却費相当部分の金額は、

13　所得内通算、損益通算、純損失の繰越しと繰戻し

生じなかったものとみなされる(国内不動産の貸付けによる所得との所得内通算や損益通算の対象とならない。)。

◆ 所得内通算と損益通算（譲渡所得）◆

Q2　譲渡所得における所得内通算と損益通算はどのように行われるのか

////////////////////// **税理士事務所ある日のやりとり** //////////////////////

事務員　個人の税率は高いですよね〜。住民税と合わせて最高55％ですよ⁉　それに比べて、法人税率は下がる一方……。

所　長　個人向けに損失を作り出すスキームがあったけど、租税回避的な面もあってみんな封じられてきているね。

事務員　そういえば所長、田村様、ご自宅を今年の3月に売却し、譲渡損が1,000万円ほど生じています。年末までに駐車場を売却すれば、譲渡所得内通算により駐車場の売却益の税負担を抑えられると田村様にお伝えしておきました。

所　長　自宅は買い換えたんだろう。購入資金の一部はたしか住宅ローンだったよね。買換え等の場合の損益通算の特例が適用できれば給与所得と通算した方が有利なんじゃないのかなあ。駐車場はそもそも相続税の納税資金に充てる予定だけど、どうしても年内に売らなければならない事情があれば別だけど……。

事務員　長期譲渡の税率は住民税も含めて20.315％、田村様の総合課税の課税所得は2,000万円位なので税率は住民税を含めて50.84％。わあ、総合課税との損益通算が断然有利ですね！慌てて売却しないようにお伝えし直します。

///

所長の解説

1 土地建物等の譲渡損失の取扱い

　申告分離課税の対象となる土地建物等の譲渡所得に係る損失の金額は、平成16年以後、土地建物等の譲渡による所得以外の所得金額との損益通算ができなくなりました。譲渡益が生じるものと譲渡損失が生じるものを年をまたぎ譲渡すると、譲渡益には課税され、譲渡損失は生じなかったものとみなされます（措法31①、32①）。税負担の面からは、同一年に譲渡することにより譲渡損益の通算を図りたいところです。

2 居住用財産の一定の譲渡損失の例外

　しかし、居住用財産を譲渡した場合でその譲渡が一定の要件を満たしていれば、居住用財産の買換え等による譲渡損失又は特定居住用財産の譲渡損失として、損益通算及び損失の繰越控除が認められています（措法41の5、41の5の2）。これら譲渡損失の金額は、まずは他の土地等又は建物等の譲渡益と所得内通算し、通算しきれない損失が損益通算及び損失の繰越控除の対象となります。

　税負担の面では、高い税率が課される所得と損益通算することが有効です。総合課税に適用される税率が土地建物等の譲渡に適用される税率より高い場合は、敢えて他の土地建物等の譲渡による損失を発生させてまで譲渡損益の通算を図る必要はありません。

3 譲渡所得の基因となる資産の譲渡損失の取扱い

(1) 所得内通算

　譲渡所得の基因となる資産（金融証券税制の対象を除く。以下同じ。）は、資産の種類に応じ課税上の取扱いが異なりますが、その譲渡損失は、原則、所得内（総合課税内又は土地建物等の分離課税内に限る。）において通算することができます。

なお、次に掲げる譲渡損失は、いずれも生じなかったものとみなされますから、通算の対象になりません。
① 生活用動産（家具、じゅう器、衣服、1個又は1組30万円以下の貴金属など）の譲渡損失（所法9②一）
② 資力を喪失して債務を弁済することが著しく困難な場合における強制換価手続による資産の譲渡などにより生じた損失（所法9②二）
③ 個人に対する時価の2分の1未満の価額での譲渡による譲渡損失（所法59②）

(2) 損益通算

上記(1)の所得内通算で通算しきれない譲渡損失で、他の所得との損益通算ができないものは、次に掲げるものです。
① 土地建物等の譲渡損失

ただし、居住用財産の買換え等の場合の譲渡損失（措法41の5）及び特定居住用財産の譲渡損失（措法41の5の2）は損益通算できます。
② 生活に通常必要でない資産（"keyword 9 生活に通常必要でない資産"のQ1（189頁）参照）の譲渡損失

ただし、事業用以外の競走馬の譲渡損失については、その保有に係る雑所得の範囲内で損益通算できます（所令200）。

> ポイント

■ 土地建物等の譲渡損失は、他の土地建物等の譲渡益と通算できるが、通算しきれない損失は、一定の居住用財産に係るものを除き損益通算できない。
■ 譲渡所得の基因となる資産のうち、生活用動産の譲渡損失は生じなかったこととみなされる。

◆ 純損失の繰越しと繰戻し ◆

Q3 純損失が生じた場合、翌年以降に繰り越すことが多いが、前年への繰戻しを選択することも考えられる。繰越しと繰戻し、手続の違いはあるのか

////////////////// **税理士事務所ある日のやりとり** //////////////////

事務員 西川様ですが、事業所得の損失が250万円です。他に所得はないので、青色申告の純損失として翌年へ繰り越します。

所　長 翌年、つまり今年になるけど所得の見込みはどうかな。

事務員 事業は一昨年まで好調でした。昨年の6月にメインの取引先が倒産した関係で以後収入が大幅に減少しています。今年の見込みも今のところよいとは思われません。

所　長 西川様と相談して、場合によっては純損失の繰戻しを検討したらどうかなあ？　繰戻しをした場合の還付税額をまず計算しておいて……。

事務員 計算してみました。還付見込額は所得税が約51万円、住民税が約25万円です。それから事業税も還付されますよね。

所　長 おいおい、繰戻しによる還付請求ができるのは所得税だけだよ。住民税や事業税は繰越控除のみ。

事務員 そうなんですね。では、西川様に相談してみます。

💡 所長の解説

1 純損失の繰越控除と繰戻しによる還付請求

　純損失の金額とは、損益通算の規定（不動産所得、事業所得、山林所得又は総合譲渡所得の損失を他の各種所得の金額から控除・所法69①）を適用してもなお控除しきれない部分の金額をいいます（所法2①二十五）。

　青色申告に係る純損失の金額は、3年間(特定非常災害によるものは5年間)の繰越控除又は前年への繰戻しによる還付請求をすることができます（所法70①、70の2①③、140①）。なお、前年から繰り越された純損失の控除年は、いわゆる白色申告でも控除可能ですが（所法70①）、繰戻し還付請求年は、青色申告が要件とされています（所法140④）。

　繰越控除又は繰戻しによる還付請求の選択は、純損失が生じた年の前年の申告内容と翌年以後の所得の見込みを検討して判断します。例えば、次のような場合は、一般には、前年への繰戻しによる還付請求を選択することになります。

　① 前年は納付税額あるが、翌年は損失が見込まれる場合
　② 翌年の見込み所得に適用されるであろう所得税率より前年の税額
　　計算で適用された所得税率が高い場合

　なお、前年への繰戻しは純損失の金額一部とし、残りを翌年以後に繰り越すこともできます（所法70①）。

青色申告に係る純損失	① 全てを前年に繰戻し
	② 一部を前年に繰戻し 　　＋ 残りを翌年以後3年間(注)に繰越し
	③ 全てを翌年以後3年間(注)に繰越し

(注) 特定非常災害によるものは5年間

一方、白色申告に係る純損失は、変動所得（漁獲等から生ずる所得、原稿料、著作権の使用料など）の金額の計算上生じた損失及び被災事業用資産（棚卸資産や事業用固定資産など）の災害による損失に限って、3年間（特定非常災害によるものは5年間）の繰越控除が可能とされています（所法70②③、70の2③）。

2　純損失の繰越しと繰戻しによる還付請求の手続

　純損失の繰越控除は、純損失が生じた年分について青色申告書（下記表の（注）参照）を提出し（期限後申告でも可）、かつ、その後において連続して確定申告書を提出する場合に適用があります（所法70④、70の2①～③）。

　一方、純損失の繰戻しによる還付請求は、前年分の所得税について青色申告書を提出している場合であって、純損失が生じた年分については、青色申告書と純損失の繰戻しによる還付請求書を、申告期限内（税務署長においてやむを得ない事情があると認める場合の期限後申告を含む。）に提出する場合に限り適用があります（所法140④、142①）。

◇純損失の繰越控除、繰戻しによる還付請求の手続要件◇

区分	損失年	控除年又は繰戻年	損失年の期限内申告要件
繰越控除	青色申告要件（注）	控除年は白色申告でも可	なし
繰戻し還付請求	青色申告要件	繰戻し年は青色申告に限る	あり

（注）　変動所得の計算上生じた損失、被災事業用資産の災害による損失については白色申告書でも可

　なお、純損失の繰戻しによる還付請求書が青色申告書と同時に提出されなかった場合については、通達による宥恕の取扱いが設けられています（下記の参考通達参照）。

> **参考通達**
> **所得税基本通達140・141－3（繰戻しによる還付請求書が青色申告書と同時に提出されなかった場合）**
>   還付請求書が青色申告書と同時に提出されなかった場合でも、同時に提出されなかったことについて税務署長においてやむを得ない事情があると認めるときは、これを同時に提出されたものとして法第140条第1項又は第141条第1項の規定を適用して差し支えない。

3　居住用財産に係る譲渡損失の損益通算と損失の繰越控除の手続

　居住用財産の買換え等による譲渡損失又は特定居住用財産の譲渡損失については、一定の要件のもと、損益通算及び損失の繰越控除（3年間）の適用があります（措法41の5、41の5の2）。譲渡所得に係る損失ですから、青色申告要件はありません。損益通算により通算しきれない譲渡損失は、繰越しのみが認められ、繰戻しによる還付請求はできません。

　詳細な適用要件は省略しますが、損益通算を行う譲渡年の申告は、期限後申告でも損益通算自体は可能です。損益通算しきれない譲渡損失がある場合の繰越控除は、譲渡年の申告が期限内申告で（宥恕規定あり）、その後において連続して確定申告書を提出し、繰越控除年の合計所得金額が3,000万円以下でなければ適用できない点に注意が必要です。

◇居住用財産に係る譲渡損失の損益通算と損失の繰越控除の主な手続要件◇

区分	譲渡年の期限内申告要件	繰越控除年の合計所得金額要件
損益通算	なし	－
繰越控除	あり	あり（3,000万円以下）

> **ポイント**
>
> - ■ 青色申告に係る純損失が生じた場合、繰り越して控除するか繰戻しによる還付請求をするかは、前年及び翌年の所得状況等をみて判断する。
> - ■ 純損失の繰戻しによる還付請求は、青色申告書の提出と同時に、かつ、申告期限内に行う必要がある。
> - ■ 居住用財産に係る譲渡損失の繰越控除は、譲渡損失に係る申告が期限内申告であり、かつ、繰越控除年の合計所得金額が3,000万円以下の場合に適用がある。

◆ 準確定申告における純損失の繰戻し ◆

Q4 準確定申告で青色申告に係る純損失が発生。事業を引き継いだ相続人において控除できるのか。それとも、繰戻しによる還付請求をするのか

////////////////////////// **税理士事務所ある日のやりとり** //////////////////////////

事務員 先日、相続税の申告をお受けした長友様ですが、被相続人であるお父様の所得は不動産所得と年金だけなので、準確定申告の手続はご長男がご自分でなさるそうです。

所　長 土地や建物の財産評価だけど、不動産の利用状況について不動産所得の青色決算書も確認しておくように。

事務員 はい。準確定申告が終わったころにでも、提出していただきます。

所　長 前年分でよいから確定申告書と青色決算書だけでも送付してもらいなさい。

（3日後）

事務員 所長〜、大変です！　昨年、賃貸マンションの大規模修繕があったようで、不動産所得が800万円の損失です。準確定申告で純損失の繰越控除が適用できます。でも、お父様は3月末に亡くなられたので、3か月分の所得では控除しきれないです。遺言によりご長男が不動産賃貸事業を引き継ぐので、ご長男で繰越控除できるんですかね？

所　長 おいおい、そんな規定、所得税法のどこに書いてあるんだ。

事務員 しまった〜！　繰戻しによる還付請求しかないのか。でも所長、前年は損失申告だから還付請求できないですよー。

所　長	前々年を確認。黒字であれば前々年へ繰戻しできるはずだよ。前年の申告の際に、前々年への繰戻し還付請求をしていなければだけどね。
事務員	はい、ここ３年ほどの確定申告書も送付していただきます。
所　長	純損失の繰越しや繰戻しの手続は手間がかかるので、準確定申告も含めてご依頼いただけるか尋ねてみなさい。

//

所長の解説

　青色申告者で死亡年の前年に純損失の金額が生じている場合、死亡年に繰り越し、準確定申告において繰越控除します。控除しきれない損失があれば、死亡年の前々年へ繰り戻すことによる還付請求を検討します。

1　準確定申告における純損失の金額の取扱い

　青色申告者である被相続人の準確定申告において純損失の金額が生じる場合で、被相続人の事業を相続人が承継したとしても、承継した相続人が被相続人の純損失を引き継いで控除することはできません。

　しかし、繰戻しによる還付請求はできます。準確定申告における純損失の金額は、その申告書の提出（期限内申告に限る。）と同時に前年分への繰戻しによる還付請求書を提出します（所法141①③、142①）。還付請求書が同時に提出されなかった場合については、法令でなく通達による宥恕の取扱いがあります（所基通140・141－3、275頁参照）。

　なお、この繰戻しによる還付請求は、青色申告者に限って認められており、還付請求する年分についても青色申告者であることが必要です（所法141③）。

◇死亡年が純損失の場合の前年への繰戻し◇

死亡年の準確定申告における純損失の金額300万円を前年に繰戻し還付請求する場合

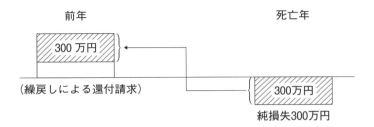

2　死亡年の前年に純損失がある場合

　死亡年の前年に青年申告に係る純損失がある場合は、死亡年に繰り越して準確定申告において控除します（所法70①）。この場合、死亡年の所得から控除しきれない純損失（死亡年が損失である場合を含む。）は、死亡年の前々年が青色申告であれば、前々年に繰り戻して還付請求することができます（所法141①③）。前々年への繰戻しによる還付請求書は、準確定申告書の提出期限内に提出する必要があります（所法141④、142①）。

◇死亡年の前年の純損失の繰越しと繰戻し◇

死亡年の前年の純損失の金額600万円のうち、200万円を死亡年の準確定申告において繰越控除し、250万円を前々年に繰戻し還付請求する場合

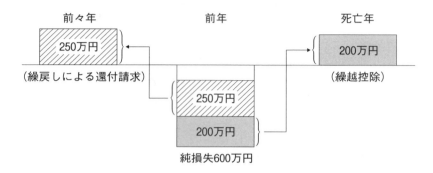

 死亡でなく年の中途で廃業した場合で、その廃業年の前年に純損失の金額がある場合も同様です（所法140⑤）。

> ## ポイント
>
> - 準確定申告の期限は相続開始から4か月。49日法要後に税務関係の作業が開始されることが多い。死亡年の前年及び前々年の所得内容を確認した上で準確定申告の作業を行う。
> - 準確定申告での青色申告に係る純損失の金額は、その申告書の提出と同時に前年への繰戻しによる還付請求を行う。
> - 死亡年の前年の青色申告に係る純損失の金額は、準確定申告において繰越控除することになるが、控除しきれない損失があれば、死亡年の前々年への繰戻し還付請求を行う。

◆ Keyword 14 ◆
所得金額の合計額

　所得税では、「所得金額の合計額」により、適用を制限する規定が多く設けられています。例えば、配偶者控除については、対象者である配偶者の合計所得金額が48万円以下であり、かつ、控除者の合計所得金額が1,000万円以下であることが要件とされています。

　一方、所得金額の合計額の概念自体も種々あります。その年の所得のみで計算するもの、前年以前から繰り越されてくる損失を控除して計算するもの、また、居住用財産を譲渡した場合の3,000万円控除などの措置法上の特別控除を控除しないで計算するもの、あるいは控除して計算するもの、更には、一定の所得を除外して計算するものなどです。

　それに加え、合計額の計算対象とする所得については、確定申告書に記載した所得で計算するのが原則ですが、確定申告書に記載しないこと、すなわち申告不要を選択した所得については、申告手続の省略のケースか、それとも所得金額からの除外のケースかにより、含める場合と含めない場合があります。

　どの場面でどの種類の「所得金額の合計額」が用いられるか、確認しておくことが必要です。

　ここでは、所得税のほか住民税の取扱いを含めて、所得金額の合計額で適用が変わるいくつかの事例について取り上げています。

◆「合計所得金額」と「総所得金額等」◆

Q1 所得金額により適用要件に制限が加えられる。「合計所得金額」と「総所得金額等」は何が異なり、それぞれどこで適用されるのか

////////////////////// **税理士事務所ある日のやりとり** //////////////////////

事務員 所得控除も厄介ですね。所得制限だったり、所得金額に応じて適用金額が変わったり。その所得金額自体は措置法の読替えもあるし……。

所 長 何が言いたいんだい？ 要するに勉強不足ということだろ？

事務員 今調べていた条文にある「総所得金額、退職所得金額及び山林所得金額の合計額」という表記が分かりにくいんですよ。医療費控除はその5％の足切りです。200万円を超えていれば一律10万円ですけど。前年から繰り越されてくる純損失を控除するのか、それともその年だけで計算するのか？

所 長 基本的には、純損失があれば控除するんだよ。しかし、親族が扶養親族かどうかを判定する場合の所得金額は合計所得金額といって、その年の所得のみで計算する。純損失や雑損失の控除はしないんだね。

事務員 その使い分けの基準は何ですか？

所 長 所得税は暦年単位課税。しかし、多額の損失は、担税力の面から翌年に繰り越すのが合理的だよね。でも、扶養控除の対象かどうかは、その年の所得状況のみで判断するのが相当のようにも思えるよね。

//

所長の解説

　所得税では、所得金額の合計額について、大きく分けて、その年の所得のみで計算するものと、前年以前からの損失(純損失、雑損失)を差し引くものの2種類があります。前者を合計所得金額といい、後者については、一般に総所得金額等などと表記されるものが多いようです。

1　合計所得金額

　合計所得金額とは、その年の所得の合計額です。損益通算後の金額ですが、措置法上の特別控除(居住用財産を譲渡した場合の3,000万円控除など)は適用前になります(所法2①三十イ)。

> **参考**
>
> **合計所得金額とは**
> 　純損失、居住用財産の買換え等の場合の譲渡損失、特定居住用財産の譲渡損失及び雑損失の繰越控除の各規定を適用しないで計算した次の各所得金額の合計額
> ① 　総所得金額
> ② 　土地等に係る事業所得等の金額(平10.1.1～令8.3.31適用なし)
> ③ 　短期譲渡所得の金額(措置法の特別控除適用前)
> ④ 　長期譲渡所得の金額(措置法の特別控除適用前)
> ⑤ 　上場株式等に係る配当所得等の金額
> ⑥ 　一般株式等に係る譲渡所得等の金額(特定投資株式に係る譲渡損失の繰越控除の適用前)
> ⑦ 　上場株式等に係る譲渡所得等の金額(上場株式等に係る譲渡損失の繰越控除及び特定投資株式に係る譲渡損失の繰越控除の適用前)
> ⑧ 　先物取引に係る雑所得等の金額(先物取引の差金等決済に係る損失の繰越控除の適用前)
> ⑨ 　退職所得金額(住民税は現年分離課税の対象となるものを除く。)
> ⑩ 　山林所得金額

この合計所得金額による所得制限の対象となる主な制度は、次表のとおりです。
　なお、贈与税の非課税制度の適用要件に所得税の合計所得金額が用いられている点にも注意が必要です（"keyword17 所得税申告と他税目"のＱ２（342頁）参照）。

◇合計所得金額により制限される主な制度◇

項　　目	所得要件
基礎控除	適用者の合計所得金額2,500万円以下
同一生計配偶者・扶養親族	対象者の合計所得金額48万円以下
寡婦控除・ひとり親控除	適用者の合計所得金額500万円以下
勤労学生控除	適用者の合計所得金額75万円以下
配偶者（特別）控除	適用者の合計所得金額1,000万円以下
配偶者特別控除の対象となる配偶者	対象者の合計所得金額48万円超133万円以下
住宅借入金等特別控除　下記以外	適用者の合計所得金額2,000万円以下
住宅借入金等特別控除　床面積40㎡以上50㎡未満の特例住宅	適用者の合計所得金額1,000万円以下
住宅特定改修特別控除、認定住宅等新築等特別控除	適用者の合計所得金額2,000万円以下
居住用財産の買換え等の場合の譲渡損失の繰越控除、特定居住用財産の譲渡損失の繰越控除	適用者の繰越控除年分の合計所得金額3,000万円以下
令和６年分特別税額控除（定額減税）	適用者の合計所得金額1,805万円以下

　合計所得金額による制限は、その年分の所得税に係るものですから、

例えば、住宅借入金等特別控除の場合、居住年の合計所得金額が2,000万円を超えていたことのみによりその適用を受けることができない場合であっても、居住年の翌年以後の適用対象年については、合計所得金額が2,000万円以下であり、かつ、他の要件を満たしていればその適用を受けることができます。

2　総所得金額等

　総所得金額等とは、前年から繰り越された純損失、居住用財産の買換え等の場合の譲渡損失、特定居住用財産の譲渡損失、上場株式等又は特定投資株式の譲渡損失、先物取引の差金決済に係る損失及び雑損失について、繰越控除を適用した後の所得金額の合計額をいいます。

　なお、措置法上の特別控除については、上記1の合計所得金額と同様、適用前になります。

参考

総所得金額等とは
　次の各所得金額の合計額（純損失、居住用財産の買換え等の場合の譲渡損失、特定居住用財産の譲渡損失及び雑損失の繰越控除適用後の金額）
① 　総所得金額
② 　土地等に係る事業所得等の金額（平10.1.1～令8.3.31適用なし）
③ 　短期譲渡所得の金額（措置法の特別控除適用前）
④ 　長期譲渡所得の金額（措置法の特別控除適用前）
⑤ 　上場株式等に係る配当所得等の金額
⑥ 　一般株式等に係る譲渡所得等の金額（特定投資株式に係る譲渡損失の繰越控除適用後）
⑦ 　上場株式等に係る譲渡所得等の金額（上場株式等に係る譲渡損失の繰越控除及び特定投資株式に係る譲渡損失の繰越控除適用後）
⑧ 　先物取引に係る雑所得等の金額（先物取引の差金等決済に係る損失の繰越控除適用後）
⑨ 　退職所得金額（住民税は現年分離課税の対象となるものを除く。）
⑩ 　山林所得金額

この総所得金額等により控除対象額への制限が加えられる主な制度は、次表のとおりです。

◆総所得金額等により制限される主な制度◆

項　目	所得要件
雑損控除	原則として総所得金額等の10％を超える部分が控除対象
医療費控除	総所得金額等の5％（最高10万円）を超える部分が控除対象
寄附金控除・寄附金税額控除	控除対象となる寄附金の額は総所得金額等の40％が限度

◆「合計所得金額」と「総所得金額等」の位置付け◆

各種所得の金額

① 利子所得の金額
② 配当所得の金額
③ 不動産所得の金額
④ 事業所得の金額
⑤ 給与所得の金額
⑥ 譲渡所得の金額　短期／長期　×1/2
⑦ 一時所得の金額　×1/2
⑧ 雑所得の金額
⑨ 土地等に係る事業所得等の金額（令和8年まで適用なし）
⑩ 土地建物等の短期譲渡所得の金額
⑪ 土地建物等の長期譲渡所得の金額
⑫ 上場株式等に係る配当所得等の金額
⑬ 上場株式等に係る譲渡所得等の金額
⑭ 一般株式等に係る譲渡所得等の金額
⑮ 先物取引に係る雑所得等の金額
⑯ 退職所得の金額
⑰ 山林所得の金額

損益通算 → 合計所得金額 → 純損失又は雑損失の繰越控除（注） → 総所得金額等 → 特別控除 → 所得控除 → 課税所得金額

（注）上場株式等又は特定投資株式に係る譲渡損失及び失物取引の差金決済に係る損失の繰越控除を含む。
　　　なお、「…」部分は、純損失の繰越控除はないが、雑損失の繰越控除の適用はある。

3 所得金額の合計額における課税の特例の取扱い

合計所得金額及び総所得金額等には、非課税所得や源泉分離課税となる所得は含まれません。また、各種の特例等を適用した場合については、次のとおりです。

(1) 交換、代替資産の取得の特例など

固定資産の交換の場合の譲渡所得の特例（所法58）、収用等に伴い代替資産を取得した場合の譲渡所得の特例（措法33）、その他特別償却や割増償却を適用した場合は、その適用後の所得金額になります。

(2) 土地建物等の譲渡における特別控除

居住用財産を譲渡した場合の3,000万円控除、収用交換等の場合の5,000万円控除など、譲渡に係る措置法上の特別控除については、その適用前の所得金額になります。

(3) 課税方式の選択における申告不要

年10万円以下相当の非上場株式等の少額配当、上場株式等に係る配当所得等の金額及び上場株式等に係る譲渡所得等の金額（いずれも源泉徴収の対象に限る。）について、申告不要（確定申告を要しない配当所得等及び上場株式等の譲渡所得等）の特例（措法8の5①、37の11の5①）を選択したものは、所得金額の合計額に含まれません（住民税では、年10万円以下の非上場株式等の少額配当については合計所得金額や総所得金額等に含まれる。）。

(4) 申告手続の省略

次に掲げる申告不要制度（確定申告を要しない場合）は、申告手続の省略ですから（所法121①～③）、次のそれぞれに掲げる所得（ただし、上記(3)の適用を受けたものを除く。）は、申告を省略したとしても所得金額の合計額に含まれます。

① 給与所得者の申告不要制度に該当する者の給与所得及びその他の所得

② 退職所得の申告不要制度に該当する退職所得

③ 公的年金所得者の申告不要制度に該当する者の公的年金等に係る雑所得及びその他の所得

> ポイント

- 所得金額による各種制限には、その年の所得で計算する「合計所得金額」と損失の繰越控除適用後の「総所得金額等」がある。
- 交換や代替資産の取得の特例については、いずれも適用後の所得金額になるが、土地建物等の譲渡所得の特別控除については、その適用前の所得金額になる。
- いわゆる申告不要制度には、確定申告に際し、①所得金額からの除外できる所得と、②申告手続省略の場合の所得があり、前者（①）は所得金額の合計額に含まれないが、後者（②）は所得金額の合計額に含まれる。

> 参考

「災害減免法」における合計所得金額

　災害（震災、風水害、落雷、火災その他これらに類する災害）により住宅又は家財が、甚大な被害を受けた場合、その損害金額（保険金等で補塡される金額を除く。）が住宅又は家財の時価の50％以上であり、かつ、災害にあった年の合計所得金額が1000万円以下の者は、災害減免法によりその年の所得税が次表のように軽減又は免除されます。なお、この制度は雑損控除（所法72①）との選択適用になります（災害減免法2）。

◆所得税の軽減又は減免税額◆

区分		減免（軽減）額
合計所得金額	500万円以下	所得税の全額減免
	500万円超　750万円以下	所得税の50％相当額の軽減
	750万円超　1,000万円以下	所得税の25％相当額の軽減

　この災害減免法における合計所得金額は、所得税の課税標準（所法22）とされているため（災害減免法2）、純損失や雑損失などの各種損失の繰越控除や申告分離課税の譲渡所得における特別控除は、いずれも<u>適用後</u>になります（所得税法における合計所得金額はいずれも適用前）。

◆所得金額の合計額における損失の繰越控除、分離譲渡所得の特別控除の取扱い◆

区分	所得税法（措置法の読替後）		災害減免法
	合計所得金額	総所得金額等	合計所得金額
損失の繰越控除	繰越控除前	繰越控除<u>後</u>	繰越控除<u>後</u>
分離譲渡所得の特別控除	特別控除前	特別控除前	特別控除<u>後</u>

◆ 確定申告を要しない所得と合計所得金額 ◆

Q2 退職所得の金額は合計所得金額や総所得金額等に含まれる。退職所得がある場合の確定申告ではどのような点に注意が必要か

////////////////////////// **税理士事務所ある日のやりとり** //////////////////////////

事務員 内田様の確定申告書できました！ 前回は、年調済の給与と不動産所得でしたが、ご自宅を購入されたので住宅ローン控除を申告しました。今回は、昨年11月に会社を退職されたので、所得控除やローン控除は確定申告で行います。

所長 どれどれ…、ふむふむ。11月に退職ということは退職所得あったよね？

事務員 所長、退職金は受取りの際に源泉徴収で精算されています。申告してもしなくても最終税額に影響ありません。

所長 まあ、待て待て。退職所得の源泉徴収票はお預かりしていないのか？

事務員 お預かりしています。えっと、支払金額が2,500万円で、退職所得控除が800万円だから……、差し引いて2分の1にすると……退職所得は850万円です。

所長 それじゃ、今回は住宅ローン控除を適用できないね。合計所得金額が2,000万円を超えているよ。

事務員 あっ、忘れていた。合計所得金額には退職所得も含まれるんだった…。給与所得が600万円、不動産所得が750万円だから……、退職所得を含めると2,000万円を超えてしまいます。

所長 次回以降は、不動産所得と年金だけであれば、再びローン控除が受けられる旨、お話しておきなさい。

所長の解説

1 退職所得について確定申告を要しない場合

退職所得を有する居住者は、次のいずれかに該当する場合には、その年分の課税退職所得金額に係る所得税については、申告書を提出することを要しないこととされています（所法121②）。

① その年分の退職手当等の全部について、その支払の際に「退職所得の受給に関する申告書」を提出して、適正税額が源泉徴収された又はされるべき場合（所法199、201①）

② ①に該当する場合を除き、その年分の課税退職所得金額につき計算した所得税額が退職手当等につき源泉徴収をされた又はされるべき所得税の額以下である場合

退職手当等を受給する際、一般には「退職所得の受給に関する申告書」を給与支払者に提出し、退職手当手等から適正税額（所得税・住民税）が徴収されます。そのため、従前の申告実務では、退職所得の金額とその源泉徴収税額について、申告手続を省略していたことが多かったように思われます。

2 退職所得の申告による申告誤りの防止

所得税の申告が適正かどうかは、確定申告書の最終税額（予定納税額控除の税額）で判断されます。

退職所得は総所得金額とは分離して課税されるため、適正に源泉徴収された退職所得を申告したことによる算出税額の合計額からその退職所得に係る源泉徴収税額を控除すれば、確定申告書の最終税額に影響しません。

ところで、令和２年分から、基礎控除は合計所得金額が2,500万円を超えると適用がなくなり（所法86①）、また、公的年金等控除額は公的年金等に係る雑所得以外の所得に係る合計所得金額の多寡により金額が

異なることになるなど（所法35④）、合計所得金額による制限が更に増加しました。所得税の申告書作成ソフトは、基礎控除、配偶者（特別）控除、住宅ローン控除などの合計所得金額による制限規定のチェックの際、また、医療費控除、寄附金控除などの総所得金額等による制限規定のチェックの際、入力された所得金額の合計額で判定する仕組みと思われます。そのようなこともあって、誤りのない申告書を作成する（所得制限のある規定の適用誤りを防止する）ためには、適正に源泉徴収された退職所得についても申告（入力）しておくのがよいと考えられます。

なお、国税庁作成の確定申告の手引きには、「退職所得がある方が確定申告書を提出する場合は、退職所得を含めて申告する必要があります。」と記載されています。

3 住民税における退職所得の取扱い

(1) 現年分離課税主義

住民税は、前年分の所得に対し、その翌年に課税する前年所得課税主義を採用しています。しかし、退職所得については、次の①～③を除き、他の所得と分離して、退職により所得の発生した年に課税する現年分離課税主義をとっています（地法50の2、328）。

① 常時2人以下の家事使用人のみに給与等の支払をする者から支払を受ける退職手当等
② 給与等の支払をする者のうち、租税条約等により所得税の源泉徴収義務を有しない者から支払を受ける退職手当等
③ 非居住者又は退職手当等の支払を受けるべき日の属する年の1月1日において国内に住所を有しない者が支払を受ける退職手当等

(2) 現年分離課税とされる退職所得の取扱い

現年分離課税とされる退職所得は、他の所得と区分し、完全分離課税の方法により課税されますから、所得税と異なり、損益通算、損失

の繰越控除及び所得控除の適用はありません。

◇現年分離課税の対象となる退職所得の金額の取扱い◇

項　目	内　容
損益通算の不適用	不動産所得、事業所得、山林所得又は総合課税の譲渡所得の金額の計算上生じた損失の金額を退職所得の金額と通算できない。
損失の繰越控除の不適用	前年以前から繰り越された純損失や雑損失について、退職所得の金額から控除できない。
所得控除の不適用	退職所得の金額から所得控除の額を控除できない。

　また、同様の理由により、現年分離課税の対象となる退職所得の金額は、合計所得金額又は総所得金額等にも含まれません。例えば、所得税では退職所得があったことにより合計所得金額が2,500万円を超えて基礎控除の適用がなくても、住民税では、その退職所得は合計所得金額には含まれませんから基礎控除の適用があります（地法50の2、328）。

ポイント

- 所得税では、退職所得は合計所得金額や総所得金額に含まれる。退職所得を申告することにより、所得金額により制限を受ける制度の適用誤りを防止することができる。
- 住民税では、特別徴収の対象となる退職所得は現年分離課税となり、合計所得金額や総所得金額等に含まれない。

◆ 財産債務調書の提出基準とされる所得金額の合計額 ◆

Q3 財産債務調書の提出基準の一つに所得金額基準（2,000万円超）がある。判定に含めない所得はあるか。措置法の特別控除は適用前と適用後のいずれで判定するのか

////////////////////// **税理士事務所ある日のやりとり** //////////////////////

（事務員）いや〜大変だ、財産債務調書は！！　これじゃ、税額計算はしないものの相続税の申告書の財産明細を提出するようなものですよ。令和5年分からは、所得金額の基準を満たさなくても財産が10億円以上あると提出しなければならないし…。

（所　長）どなたの財産債務調書を作成しているのかなあ？

（事務員）内田様と酒井様ですよ。

（所　長）どれどれ…。内田様は作成不要だよ。所得2,000万円以下だから。

（事務員）所長、所得金額は2,200万円ですよ。退職所得も合計所得金額に含まれるって、先ほどおっしゃったじゃないですか。それに財産も約4億円だし……。

（所　長）退職所得は財産債務調書の提出要件の所得には含まれないよ。それから、酒井様も作成不要。措置法の譲渡所得の特別控除は適用後の所得金額で判定だ。ブツブツ言う前に提出要件を確認すること！！

（事務員）……。

所長の解説

　かつての財産債務の明細書（旧所法232①）は、平成27年分から財産債務調書に改変され（国外送金等調書法6の2①）、下記1の要件を満たす者はその提出義務を負うこととされています。提出期限は、その年の翌年6月30日（平成4年分以前はその年の翌年3月15日）までとされています。

1　財産債務調書の提出要件

　次の①又は②のいずれかに該当する場合は、保有する財産の種類、数量及び価額並びに債務の金額その他必要な事項を記載した「財産債務調書」を所得税の納税地等の所轄税務署長に提出しなければならないこととされています。ただし、提出期限（その年の翌年6月30日）までに死亡した場合は提出不要とされています（国外送金等調書法6の2①、③）。

①　次のア又はイに該当する者で、その年分の総所得金額及び山林所得金額の合計額（下記2参照）が2,000万円を超え、かつ、その年の12月31日においてその価額の合計額が3億円以上の財産又はその価額の合計額が1億円以上の国外転出特例対象財産（有価証券等並びに未決済信用取引等及び未決済デリバティブ取引に係る権利）を有する場合

　ア　所得税の確定申告書を提出すべき者

　イ　所得税の還付申告書（その年分の所得税額の合計額が配当控除の額及び年末調整で適用を受けた住宅借入金等特別控除額の合計額を超える場合におけるその還付申告書に限る。）を提出することができる者

②　居住者（上記①に該当する者を除く。）で、その年の12月31日においてその価額の合計額が10億円以上の財産を有する場合（この②の要件は令和5年分から適用される。）

なお、相続開始年の年分の財産債務調書については、その相続又は遺贈により取得した財産又は債務を記載しないで提出することができます。この場合において、相続開始年の年分の財産債務調書の提出義務については、財産の価額の合計額から相続開始年に相続又は遺贈により取得した財産の価額の合計額を除外して判定します（国外送金等調書法６の２②、④）。

２　提出要件における「総所得金額及び山林所得金額の合計額」とは

　上記１①の提出要件のうちの所得金額の基準については、総所得金額及び山林所得金額の合計額が2,000万円超とされており、退職所得金額は含まれていません。

　申告分離課税の所得がある場合には、それらの所得金額を加算します。この場合において、申告分離課税の譲渡所得については、特別控除後の金額を加算します。

　また、①純損失や雑損失の繰越控除、②居住用財産の買換え等の場合の譲渡損失の繰越控除、③特定居住用財産の譲渡損失の繰越控除、④上場株式等に係る譲渡損失の繰越控除、⑤特定投資株式に係る譲渡損失の繰越控除、⑥先物取引の差金等決済に係る損失の繰越控除を受けている場合は、その適用後の金額をいいます（国外送金等調書令12の２⑤）。

ポイント

- 財産債務調書の所得金額による提出基準（2,000万円超）において、退職所得金額は含まれない。
- 措置法の譲渡所得の特別控除は適用後の所得により、各種の繰越損失は控除後の所得により、2,000万円超か否か判定する。

◆ Keyword 15 ◆
税額控除制度

　所得税の税額控除制度には、所得税法に規定されるものと租税特別措置法（以下「措置法」という。）に規定されるものがあります。前者は、当初申告要件の措置はないため、確定申告時に失念しても、修正申告や更正の請求を行う際に、原則として適用することができます（控除額には一定の限度あり）。一方、後者は、当初申告要件とされており、確定申告時には適用できるケースかどうかの十分な確認が必要になります。寄附金には所得控除と税額控除の制度があります。税額控除制度は措置法により定められていることもあり、当初申告要件とされている点に注意が必要です。

　住宅ローン控除は、令和4年度改正で適用期限が4年間延長されるとともに控除率の引下げを含め大きな改正が行われました。生活の本拠たる自宅については、相続税や贈与税でも優遇措置が設けられていることもあって、住宅の購入や増改築の際には、種々の税制上の特例の適用を念頭に置くことが必要になります。

　また、税額控除制度には、外国税額控除制度など内外の二重課税を調整する制度も設けられており、その適用時期や適用方法を理解しておくことも必要になります。

　事業所得に係る税額控除制度は、法人税制に基づくものであるため、ここでは、寄附金税額控除、住宅借入金等特別控除、分配時調整外国税相当額控除及び外国税額控除について取り上げています。

◆ 税額控除制度における当初申告要件 ◆

Q1 税額控除を選択した寄附金の控除漏れがあることが判明。更正の請求をすることは可能か。また、所得控除に変更しての更正の請求はどうか

////////////////////// **税理士事務所ある日のやりとり** //////////////////////

(事務員) 牧原様の申告書できました。認定NPO法人Ｘ社への寄附があります。有利な税額控除を選択しています。

(所　長) 確か…、毎年、寄附していたよね。

(事務員) はい。今回いただいた領収証の中に前年分が１枚あったんですよ。それで前年分の更正の請求書も作成しました。

(所　長) …？？　寄附金税額控除は当初申告要件だろう。更正の請求はできないはずだよ。

(事務員) アッ、いけねぇ。所得控除にするしかないですね。

(所　長) 認定NPO法人に対するものは、その全てについて所得控除と税額控除の選択適用だよ。

(事務員) ということは…、更正の請求はできないということですか？

(所　長) 当初申告で所得控除にしていればできたけどね。まぁ、税額控除の方が有利だし、前回提出いただいてないから仕方ないね。

//

👆所長の解説

　地方公共団体に対するふるさと納税を含め、寄附金に関する申告が増

えています。所得控除の対象とされる特定寄附金の中には税額控除を選択できるものもあります。

所得税の税額控除制度には、当初申告要件（確定申告書に控除金額の記載があり、かつ、計算明細書や一定の書類の添付がある場合に限り適用する旨の規定）が措置されているものがありますから注意が必要です。

1　税額控除を選択できる寄附金

(1)　当初申告要件

特定寄附金のうち、①政党等に対する寄附金、②認定特定非営利活動法人等（以下「認定NPO法人等」という。）に対する寄附金及び③一定の公益社団法人等に対する寄附金（税額控除対象か否かは、所轄庁による証明書で確認）については、それぞれの区分において、所得控除と税額控除の有利選択が可能とされています。

税額控除を選択する場合は、いずれも当初申告要件の措置が講じられているため（措法41の18③、41の18の2③、41の18の3②）、確定申告後に控除漏れの寄附金があることが判明しても更正の請求をすることはできません（所得控除については、控除漏れ等があれば更正の請求をすることができる。）。

(2)　所得控除と税額控除の選択

税額控除対象寄附金については、上記(1)の①～③の区分ごとに、所得控除と税額控除の選択になります（税額控除は当初申告要件のため、その選択は確定申告時となる。）。

例えば、認定NPO法人等に対する寄附金が2件以上あった場合、一部を所得控除、残りを税額控除とすることはできません（措通41の18の2－1）。また、確定申告において認定NPO法人等に対する寄附金につき税額控除とした場合、その後控除漏れの認定NPO法人等に対する寄附金があることが判明しても、更正の請求の対象になりません（税額控除はもとより所得控除の適用もできない。）。

このことは他の税額控除対象寄附金についても同様とされています（措通41の18－1、41の18の3－1）。

> **参考**
>
> **政治活動に関する寄附金についての選択**
> 　所得控除の対象とされる「政治活動に関する寄附金」の寄附先の概要は次のとおりです（措法41の18①）。
> ① 政党（政治資金規正法3②）
> ② 政治資金団体（政治資金規正法5①二）
> ③ 国会議員が主宰し又は主要な構成員となる政治団体
> ④ 公職者の後援会又は公職の候補者の後援会（公職とは、国会議員、都道府県議会議員、都道府県知事又は指定都市の議会の議員若しくは市長の職をいう。）
> 　上記の寄附金のうち税額控除を選択できるのは「政党等に対する寄附金（①及び②）」に限られています（措法41の18②）。①～④の寄附金がある場合は、政党等に対する寄附金（①及び②）につき税額控除、③及び④の寄附金につき所得控除とすることができます（措法41の18①かっこ書）。

2　税額控除制度における当初申告要件と宥恕規定

　平成23年度の税制改正で当初申告要件の見直しが行われ、外国税額控除などについては、更正の請求により事後的に適用を受けることができるようになりました（修正申告での適用も可）。

　また、当初申告要件が維持されている制度には、宥恕規定（確定申告書の提出がなかった場合又は税額控除に関する記載若しくは添付がない確定申告書の提出があった場合で、それらにつきやむを得ない事情があると認められ、かつ、計算明細書や一定の書類の提出があった場合は適用できる旨の規定）が設けられているものと設けられていないものがあります。寄附金税額控除と事業所得に係る税額控除制度は、当初申告要件が設けられており、宥恕規定はありませんから注意が必要です。

　主な税額控除制度における当初申告要件と宥恕規定の有無は、次表のとおりです。

◆主な税額控除制度における当初申告要件と宥恕規定の有無◆

区　分	当初申告要件	宥恕規定
① 配当控除	なし（注１）	－
② 分配時調整外国税相当額控除	なし（控除額は、計算明細書に分配時調整外国税相当額として記載された金額を限度）（所法93②）（注１）	－
③ 外国税額控除	なし（控除対象外国所得税額の金額等は、原則として、計算明細書に記載された金額を限度）（所法95⑩）（注１）	－
④ 給与等の支給額が増加した場合の特別税額控除（注２）	あり（控除額を増加させる修正申告書又は更正の請求書の提出可。但し、控除額の計算の基礎となる控除対象雇用者給与等支給増加額は、確定申告書の添付書類に記載された控除対象雇用者給与等支給増加額が限度）（措法10の5の4⑦）	なし
⑤ 寄附金税額控除（政党等・認定NPO法人等・公益社団法人等）	あり	なし
⑥ 住宅税制に係る税額控除（住宅借入金等・住宅耐震改修・住宅特定改修・認定住宅等新築等）	あり	あり

(注) 1　申告不要を選択した所得（一定の配当等や上場株式等の利子等・配当等で源泉徴収の対象となるもの）については、更正の請求や修正申告の対象とならない。
　　 2　他の事業所得に係る税額控除制度の当初申告要件と宥恕規定についても概ね同様とされている。

ポイント

■　寄附金税額控除は、当初申告要件で、かつ、宥恕規定も設けられていない。

■　寄附金税額控除の有利選択（所得控除と税額控除）は確定申告時に行う。

---◆ 両親との同居における住宅ローン控除（増改築か二世帯住宅か）◆---

Q2 親所有の建物を増改築により二世帯住宅にするか、それとも建替えで二世帯住宅を建築するか。住宅ローン控除の適用に当たり、どのような点に注意が必要か

////////////////////////// **税理士事務所ある日のやりとり** //////////////////////////

（事務員）所長、清水様ですが、将来、ご両親の面倒が看られるよう二世帯住宅を考えられているようで、住宅ローン控除の質問がありました。

（所　長）息子さんがローン控除を受けるのかな？

（事務員）はい。増改築で二世帯住宅にするか、それとも、二世帯住宅に建て替えるか、悩んでおられました。ご両親は建替えだと引越しなど面倒なので、ご両親の住まいを増築して、二世帯住宅にされたいようです。

（所　長）ふむふむ。増改築だと、自己所有建物でないとローン控除は受けられないよ。事前に贈与か譲渡で建物名義を息子さんにしておかないとね。持分の全部でなくてもいいけど…。

（事務員）そうなんですね、お伝えしておきます。一方、息子さんの方は二世帯住宅への建替えを希望されています。その場合、お父様は自己資金、息子さんは住宅ローンのようです。

（所　長）完全分離型の場合、ローン控除に限ると区分登記の方が有利だけどね。共有登記にすると建物全体が共有になり、ローン控除の対象は息子さんの居住用部分に限られ、かつ、その面積は全体の50％以上必要になるしね。

（事務員）結構複雑ですね。

所　長　増改築の場合と建替えの場合で、ローン控除の適用要件とメリット・デメリットを整理してみなさい。

所長の解説

　増改築や二世帯住宅の建築に当たり、住宅ローン控除の適用を受けようとする場合は、事前に適用要件について十分な検討が必要です。特に二世帯住宅にする場合は、建築時のみならず、将来の相続時の小規模宅地等の減額特例の取扱い等を踏まえておくことも重要になりますが、この点については、"keyword17 所得税申告と他税目"のＱ３（346頁）を参照ください。

1　親所有の家屋に子の資金で行う増改築

　増改築等（増築、改築、一定の大規模の修繕・模様替え等の工事）に係る住宅ローン控除は、増改築を行う者が建物を所有していることが前提です（居住は増改築後でもよい。）（措法41①㉒）。親所有の家屋に同居するため子の借入資金で増改築等をしても、増改築等に係る住宅ローン控除の適用はありません。そればかりか、その増改築等の部分は、不動産の付合（民法242）により親の所有になると考えられ、親は子から増改築資金相当額の贈与を受けたこととみなされてしまいます（相法９）。

　この贈与税課税を避けるためには、子の費用負担状況に応じた家屋の共有登記を行う必要があります。しかし、子は、増改築後に家屋の共有持分を取得することになり、結局のところ、自己が所有する家屋に対する増改築等（措法41㉒）とはいえず、増改築等に係る住宅ローン控除の適用はないことになります。

2 親所有家屋の増改築と住宅ローン控除

　親所有の家屋に同居するための増改築等について、子が住宅ローン控除を適用するには、家屋の固定資産税評価額や時価を見据えた上で、増改築等を行う前に家屋を子に贈与又は譲渡することにより、子の所有物としておく必要があります。

　なお、家屋の所有権の全てを子に移転できない場合には、少なくとも持分の一部を子に贈与又は譲渡し、その所有権移転登記を行います。その後に子が増改築等資金を住宅ローンにより負担した場合、その負担状況に応じた持分の変更登記を行います。

　この場合、子の住宅ローン控除の対象となる増加築等費用の額は、変更登記前の持分で行う、又は変更登記後の持分で行うという2つの考え方がありますが、後者は、持分の変更登記を行った後に増加築等をした場合と同様の結果となることもあり、変更登記後の持分により増改築費用の額の計算をすることでよいとされています。

　親所有の家屋（時価1,000万円）の持分10％を子に贈与した後に子の借入資金2,000万円で増改築をした場合についてみてみましょう。

◆具体例《増改築前に親の持分の一部を子に贈与した場合》◆

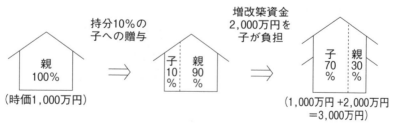

【増改築後の子の持分】

$$3,000万円 \times \frac{100万円（注1）+2,000万円（注2）}{3,000万円} = 2,100万円（子の持分は70％）$$

　　住宅ローン控除の対象となる増改築資金…2,000万円×70％＝1,400万円

(注) 1　増改築前の子の持分に係る時価…1,000万円×10％＝100万円
　　 2　子が負担した増改築のための借入資金2,000万円

　増改築後の家屋の時価3,000万円のうち子の所有は2,100万円（贈与を受けた100万円と増改築資金の負担額2,000万円の合計額）ですから、子の持分70％の共有となります。そして、住宅ローン控除の対象となる増改築資金は、借入額2,000万円の70％相当額（1,400万円）になります。

3　住宅ローン控除における床面積基準

　住宅ローン控除において、建物の床面積は登記簿上の面積で50㎡以上（特例居住用家屋と特例認定住宅等は、40㎡以上50㎡未満）とされています。50㎡以上かどうかは、1棟の家屋の全体の床面積で判定しますが、1棟の家屋が区分所有建物（構造上区分された数個の部分を独立して住居その他の用途に供することができるもの）で、区分所有登記をしているときは、その区分所有する部分の床面積で判定します（措令26①）。

　また、店舗（事務所）併用若しくは賃貸併用の住宅の場合、又は複数人による共有の場合であっても、上記の床面積の基準は、建物の全体の床面積によって判定します（措通41－12）。

4　二世帯住宅の建築と住宅ローン控除

　住宅ローン控除は、家屋の床面積の50％以上の部分が専ら自己の居住用であることも適用要件の一つです（措令26①）。店舗（事務所）併用又は賃貸併用の住宅であれば、自己の居住用部分の割合が50％以上となることが必要です。

　完全分離型の二世帯住宅について親子の共有登記とした場合は、自己（住宅ローン控除の適用を受ける者）の居住用部分の割合が50％以上であることが必要です。

　なお、区分所有登記の場合には、自己（住宅ローン控除の適用を受ける者）の居住用部分の割合は、店舗（事務所）併用又は賃貸併用の住宅

などでない限り100%になります。

　税額控除額は、自己の居住用部分に係る住宅借入金等の年末残高を基礎として計算します（措令26⑦一）。そのため、完全分離型の二世帯住宅の場合、住宅ローン控除に関しては、共有登記は区分所有登記に比べ不利になります。

　認定住宅等に該当する完全分離型の二世帯住宅を共有登記とした場合と区分所有登記とした場合の住宅ローン控除額についてみてみましょう。

◈具体例《取得対価5,000万円（自己の居住部分3,000万円）、住宅借入金等の年末残額2,500万円の場合》◈

区分	完全分離型の二世帯住宅	
	共有（持分60%）	区分所有（持分100%）
①　取得対価	5,000万円（全体）	3,000万円(区分所有部分)
②　持分に係る取得対価	3,000万円（①×60%）	3,000万円
③　住宅借入金等の年末残額	2,500万円	
④　②と③の少ない金額	2,500万円	2,500万円
⑤　自己の居住用割合	60%	100%
⑥　自己の居住用部分の住宅借入金等の年末残高（④×⑤）	1,500万円	2,500万円
⑦　住宅ローン控除額（⑥×0.7%）	10.5万円	17.5万円

　共有登記の場合は、自己の居住部分に対する住宅借入金等が控除対象となり控除額が減少するため、区分所有登記の場合に比べ不利になります。

　なお、共有（持分60%）で同居型の二世帯住宅の場合には、上記の

「⑤自己の居住用割合」が100％になりますから、「⑦住宅ローン控除額」は、完全分離型の区分所有の場合と同様、17.5万円になります。

> ポイント

- 増改築等に係る住宅ローン控除の適用は、自己所有の家屋に対する増改築等でなければならない。
- 建物所有者以外の者が資金の借入れによる増改築等をして住宅ローン控除を受けるためには、増改築等の前に建物の所有権の全部又は一部を住宅ローン控除適用者に移す必要がある。
- 住宅ローン控除は、家屋の床面積の50％以上の部分が専ら自己の居住用であることが必要で、かつ、その居住用部分に対応する住宅借入金等が控除対象となる。

◆ 住宅ローン控除等の適用制限 ◆

Q3 住宅ローン控除は、居住年を含めその前後の一定期間に居住用財産の譲渡特例の適用を受けていると適用できない場合がある。この取扱いは、他の住宅税制についても同様か

////////////////////////// **税理士事務所ある日のやりとり** //////////////////////////

(事務員) 所長、佐々木様ですが、ご自宅マンションをご長男に精算課税贈与するそうです。

(所 長) マンションの新しい通達でも評価額が変わらないし、駅近で将来的にも値下がりする可能性が低いからかな？　ところでご自分のお住まいはどうするんだ。

(事務員) またマンションを購入するようです。購入資金の一部は住宅ローンとのことで、今日はローン控除の質問でした。低炭素マンションなので13年間の控除ですかね。

(所 長) 今のマンションは…、何年か前に買い換えたものだったよね。

(事務員) ２年前です。長年お住みのご自宅を8,000万円で売却して9,800万円で購入しました。譲渡益が5,500万円だったので3,000万円控除でなく、居住用の買換え特例を適用しています。

(所 長) ２年前に買換え特例を適用していると、ローン控除は適用できないはずだよ！！

(事務員) あ〜っ、そうでしたね。すっかり忘れていました。早速お伝えしておきます。

(所 長) ローン控除はダメでも、新築の認定低炭素住宅であれば、認

308

定住宅等の税額控除は適用できるはずだ。入居年しか控除できないけど。令和6年から合計所得金額の要件が2,000万円以下になったので、その確認も必要だね。

(事務員) 住宅税制の内容により、適用制限にも違いがあるのですね。

所長の解説

住宅税制については重複適用できないものが多く、また、適用時期について期間制限が設けられているものもあります。当初申告要件とされているため、一旦申告した後に、適用する制度を変更することはできませんから注意が必要です。

1 住宅ローン控除に係る主な改正内容（令和4年度）

住宅ローン控除制度については、所得制限（合計所得金額3,000万円以下⇨2,000万円以下）や控除率（1％⇨0.7％）のほか、買取再販住宅が新築等と同様の区分とされるなど制度自体に大きな改正が行われました（適用期限は令和7年まで延長）（措法41①④）。

また、令和6年及び同7年の新築住宅等については、原則として次の①～④に掲げる「認定住宅等」に限り適用できることとされ、これに該当しない「特定居住用家屋（省エネ基準に適合しない新築住宅）」については、次表の適用要件を満たすものに限られることとされています（措法41㉗、措令26㊲）。

① 認定長期優良住宅
② 認定低炭素住宅
③ 特定エネルギー消費性能向上住宅（ZEH水準省エネ住宅）
④ エネルギー消費性能向上住宅（省エネ基準適合住宅）

◆「特定居住用家屋」の内容と適用要件（令和6年以後居住分）◆

特定居住用家屋	適　用　要　件
認定住宅等に該当しない新築住宅	次のいずれかを満たすこと ・建築確認年月日（令和5年12月31日以前） ・建築年月日（令和6年6月30日以前）

　住宅ローン控除は一定の住宅ローンがある場合に限られます。一方、認定住宅等の新築等に係る税額控除（認定住宅等新築等特別控除）は、居住年に限られる制度（控除しきれない金額等はその翌年分で控除可）ですが、住宅ローンの有無にかかわらず適用することができ、合計所得金額の要件は令和5年居住までは3,000万円以下とされていましたが、令和6年度改正により、令和6年居住から2,000万円以下に変更されています。この「認定住宅等新築等特別控除」の適用対象家屋は、前頁の「認定住宅等」のうち、①ないし③に該当する新築等の家屋とされています（措法41の19の4①②）。

2　住宅税制の適用制限

　住宅を譲渡し（譲渡した住宅を、以下「従前住宅」という。）、その譲渡について、一定の居住用財産の譲渡特例の適用を受けた、又は受ける場合には、新たに取得した住宅（以下「新規住宅」という。）に係る住宅ローン控除又は認定住宅等新築等特別控除の適用に制限が設けられています。

　制限を受けるのは、従前住宅の譲渡を、①新規住宅の居住年に行った場合、②新規住宅の居住年の前2年に行った場合及び③新規住宅の居住年の後3年に行った場合とされています。

　なお、この場合における従前住宅とは、新規住宅以外の住宅ですから、必ずしも新規住宅の直前に居住していた住宅に限られるものではありません。

◇住宅ローン控除等が制限される従前住宅の譲渡期間（居住用財産の譲渡特例等を適用）◇

| 2年前 | 1年前 | 「新規住宅」の居住年 | 1年後 | 2年後 | 3年後 |

これにより、新規住宅について「住宅ローン控除」又は「認定住宅等新築等特別控除」の適用が制限されることとなる居住用財産の譲渡特例は、次表のとおりとされています（措法41㉔㉕、41の19の4⑪⑫）。

◇住宅ローン控除等の適用制限の対象となる譲渡特例◇

「住宅ローン控除」の適用制限	「認定住宅等新築等特別控除」の適用制限
① 居住用財産を譲渡した場合の長期譲渡所得の課税（軽減税率）の特例（措法31の3）	左記①と②は住宅ローン控除と同様に適用制限あり
② 居住用財産（相続空き家を除く。）を譲渡した場合の特別控除（措法35）	
③ 特定の居住用財産の買換え・交換の特例（措法36の2、36の5）	左記③と④は適用制限の対象外
④ 既成市街地等内にある土地等の中高層耐火建築物等の建設のための買換え・交換の特例（措法37の5）	

なお、従前住宅に係る譲渡年の前3年において、新規住宅について住宅ローン控除又は認定住宅等新築等特別控除の適用を受けていた場合は、次の手続をすることにより、従前住宅の譲渡について上記表の居住用財産の譲渡特例を適用することができます（措法41の3①、41の19の4⑬）。

・住宅ローン控除の場合
  ⇨ 従前住宅の譲渡年分の確定申告期限までに修正申告又は期限後申告をして納税することにより住宅ローン控除の適用を受けないこと

とする。
・認定住宅等新築等特別控除の場合
　⇨　従前住宅の譲渡年分の確定申告期限までに修正申告をして納税することにより、認定住宅等新築等特別控除の適用を受けないこととする。

> ポイント
>
> ■　新築住宅に係る住宅ローン控除は、令和6年以後は、原則として認定住宅等に限られる。
> ■　従前住宅の譲渡について居住用の買換え・交換特例を適用する場合、新規住宅に係る住宅ローン控除の適用は制限される場合があるが、認定住宅等新築等特別控除についてはその制限はない。

◆ 金融証券税制における二重課税の調整 ◆

Q4 源泉徴収選択口座による国外株式等への投資。配当等から外国所得税が差し引かれたときの源泉徴収税額の計算方法は、外国税額控除の対象と分配時調整外国税相当額控除の対象で異なる。源泉徴収選択口座について申告を選択するときの注意点は何か

////////////////////// **税理士事務所ある日のやりとり** //////////////////////

事務員 高橋様の申告書できました。源泉徴収選択口座ですけど、国外株式の配当から外国所得税が差し引かれているので、申告を選択して外国税額控除を適用しています。

所 長 特定口座の年間取引報告書を見せてみなさい。ふむふむ…。高橋様は会社員だから、所得が増えても影響ないのか？

事務員 健康保険なので保険料に影響なし。他に、合計所得金額による制限にも影響ないはずです。

所 長 ちゃんと確認しているな…よしよし。おやぁ、上場株式配当等控除額欄に金額が入っているぞ。分配時調整外国税相当額控除の明細書も作成しないとダメだよ。

事務員 源泉徴収段階で二重課税調整済じゃないですか。

所 長 申告不要なら調整済なのでOK。申告を選択する場合は税率15.315％で再計算するから、調整により減少した源泉税額を控除すると最終税額は増加してしまうだろう。

事務員 そうか！！ 源泉税額が減少しているので、確定申告で別途、税額控除する必要があるんですね。

> **所長の解説**

　国外源泉所得につき外国所得税が課税されている場合、内外の二重課税を調整するため、外国税額控除の適用を検討します。一方、国外源泉所得ではありませんが、結果として外国所得税が課税されているため二重課税となっているケースがありました。後者については、令和2年分以後は、原則として、源泉徴収段階で二重課税の調整が行われることになっています。

1　国外配当等に対する源泉（特別）徴収税額

　国内の金融機関に特定口座（源泉徴収選択口座）を開設し、外国法人の株式や国外の投資信託への投資により資産運用するケースが増えているようです。

　国外株式等に直接投資をして配当等を受けるとき、配当等から外国所得税が差し引かれた残額に対して、所得税等（税率15.315％）及び住民税配当割（税率5％）が徴収されます（措法9の2③、9の3①）。

　一方、国内の公募の投資信託を経由して国外株式等に投資した場合、外国所得税控除前の配当等の金額に対して前述の税率を乗じて税額を計算し、所得税等に限り、算出された税額から外国所得税を差し引いた金額が徴収されます（措法9の3、9の3の2①③）。

　次表の「直接投資の場合」は、国外株式等に直接投資をして100円の配当等を受けたケースであり、「国内の公募投資信託を通じた投資の場合」は、国内の公募投資信託を通じて国外株式等に投資をして100円の配当等（収益の分配）の支払を受けた場合であり、いずれも外国所得税10円（税率10％）が差し引かれた場合の所得税等の額、配当割額及び差引手取額を示したものです。

◇国外株式等への投資方法による徴収税額及び手取額◇

区分	直接投資の場合	国内の公募投資信託を通じた投資の場合
① 所得税等の額	(100円 － 10円) × 15.315% (配当の額)　(外国税)　(所得税等の税率) ＝ 13円	100円 × 15.315% － 10円 (配当の額)　(所得税等の税率)　(外国税) ＝ 5円
② 配当割額	(100円 － 10円) × 5% (配当等の額)　(外国税)　(配当割の税率) ＝ 4円	100円 × 5% (配当等の額)　(配当割の税率) ＝ 5円
③ 差引手取額	100円 － 10円 － ① － ② (配当等の額)　(外国税) ＝ 73円	100円 － 10円 － ① － ② (配当等の額)　(外国税) ＝ 80円

　直接投資の場合は、配当の額から外国所得税を控除した残額に対して所得税等が徴収され、二重課税になりますから、その調整をするには確定申告で外国税額控除を適用する必要があります（「外国税額控除に関する明細書」を作成して確定申告書に添付する。）。

　一方、国内の公募投資信託を通じた投資の場合は、配当等に対して税率を乗じた源泉所得税から外国所得税を差し引いた残額が徴収されており、源泉徴収段階で二重課税の調整が行われています（直接投資の場合と比べ手取額が7円増加している。）。

2　外国税額控除と分配時調整外国税相当額控除

　上記1の事例の場合、特定口座年間取引報告書の「配当等の額及び源泉徴収税額等」欄には、次のように記載されます（⑥欄が「国内の公募投資信託を通じた投資の場合」、⑧欄が「直接投資の場合」）。

◆特定口座年間取引報告書（「配当等の額及び源泉徴収税額等」の欄）◆

(単位：円)

種類		配当等の額	源泉徴収税額（所得税）	配当割額（住民税）	特別分配金の額	上場株式配当等控除額	外国所得税の額
特定上場株式等の配当等	④ 株式、出資又は基金						
	⑤ 特定株式投資信託		上場株式配当等控除額を控除した残額				
	⑥ 投資信託又は特定受益証券発行信託（⑤、⑦及び⑧以外）	100	5	5		⑩	
	⑦ オープン型証券投資信託						
	⑧ 国外株式又は国外投資信託等	100	13	4			⑩
	⑨ 合計（④+⑤+⑥+⑦+⑧）	200	18	9		10	10

　この源泉徴収選択口座に受け入れた配当等について申告を選択する場合は、次のとおり、外国税額控除と分配時調整外国税相当額控除を適用します。

(1) 外国税額控除

　「⑧国外株式又は国外投資信託」欄の配当等は、国外源泉所得（調整国外所得金額に該当。次のＱ５参照）であり、⑧欄の「外国所得税の額」欄の金額（10円）が二重課税となるため、その調整のためには、外国税額控除を適用します（以下、外国税額控除の説明は省略）。なお、源泉徴収選択口座に受け入れた配当等（利子もあれば利子等及び配当等）について申告を選択する場合、その口座に受け入れた利子等及び配当等の全てについて申告をする必要があります（措法37の11の6⑩）。

(2) 分配時調整外国税相当額控除

　⑥欄の配当等については、「上場株式配当等控除額」欄に金額（10円）が記載されているため、分配時調整外国税相当額控除の対象です。配当等100円に対して確定申告における税額計算では15.315％の所得

税率が適用され、その算出税額は15円（100円×15.315％＝15円）になりますが、控除する源泉徴収税額は5円（源泉徴収税額（所得税）欄）のため、別途、税額控除として分配時調整外国税相当額控除（10円）を適用する必要があります（「分配時調整外国税相当額控除に関する明細書」を作成して確定申告書に添付する。）。

　なお、一般口座で受ける上場株式等の配当等（源泉徴収の対象）については、支払明細書の「通知外国税相当額等」欄に控除された税額が記載されますから、その配当等について申告を選択する場合は、同様に分配時調整外国税相当額控除を適用します。

ポイント

- 国内の公募投資信託を通じて国外株式等に投資する場合の配当等については、源泉徴収の段階で二重課税の調整が行われる。
- 源泉徴収選択口座に受け入れた利子配当について申告を選択する場合、特定口座年間取引報告書の「外国所得税の額」欄に金額が記載されている場合は外国税額控除を、「上場株式等配当控除額」欄に金額が記載されていれば分配時調整外国税相当額控除をそれぞれ適用する。

◆ 外国税額控除の適用時期と調整国外所得金額 ◆

Q5 国外不動産の売却で譲渡益が生じている。同一年に国内の不動産も売却しており、こちらは譲渡損失となった。国外不動産の譲渡についての外国税額控除を適用する際にはどのような点に注意したらよいか

////////////////// **税理士事務所ある日のやりとり** //////////////////

事務員 山本様、米国不動産の譲渡益1,500万円と国内不動産の譲渡損失500万円があります。損益通算できますよね。

所　長 不動産の譲渡損失は、同一年の不動産の譲渡益と通算できる。譲渡所得内通算だよね。

事務員 そうでしたね。ところで、譲渡時に米国非居住者のため源泉税が円換算で750万円も徴収されています。売却金額の15％くらいなのかなぁ。最終税額は米国での申告で決まるはずだけど、米国の申告期限は日本より遅いみたいだし…、外国税額控除はどうしたらいいですか？

所　長 750万円源泉徴収されていると言ってたじゃないか。750万円が外国所得税。

事務員 でも、これから行う米国の申告で源泉還付になるはずですよ。

所　長 今回の確定申告では外国所得税750万円で外国税額控除を適用しておき、米国で還付が確定したら、来年行う確定申告で調整するんだよ。

事務員 分かりました。それから…、調整国外所得金額もよく分からないなぁ。譲渡損失を通算する前か後か？

| 所　長 | 国外源泉所得のみで算定するんだよ。通算前の1,500万円でいいはずだ。|

///

💡所長の解説

　国外不動産や国外株式等を所有する方も多くなり、外国税額控除の申告をするケースも増えていることかと思います。外国税額控除については、種々の論点がありますが、ここでは外国税額控除の適用時期と外国税額控除の控除限度額の計算における調整国外所得金額について記載しています。

1　外国税額控除の適用時期と申告方法

(1)　適用時期

　外国税額控除は、外国所得税を納付することとなる日（具体的に納付すべき租税債務が確定した日＝法定申告期限など）の属する年分において適用するのを原則とし、継続してその納付することが確定した外国所得税の額につき、実際に納付した日の属する年分において外国税額控除を適用することも認められています（所基通95－3）。予定納付や見積納付等をした外国所得税の額についても、その納付が確定した年分において外国税額控除を適用することになりますが、継続してその外国所得税の額をその予定納付や見積納付等をした年分の外国所得税について確定申告又は賦課決定等があった日の属する年分において外国税額控除を適用することも認められています（所基通95－4）。

　また、我が国における利子等や配当等の収入金額に対して源泉所得税が課税されるように、所得を課税標準とする税に代え、収入金額又はこれに一定の割合を乗じて計算した金額を課税標準として課税される税についても外国所得税に該当することとされています（所令221

②三、所基通95－2）。

　冒頭の所長と事務員のやりとりにある我が国の居住者が国外の不動産を譲渡したとき、譲渡者は国外では非居住者となるため、我が国における源泉徴収制度と同様、譲渡収入金額に一定割合を乗じた外国所得税の源泉徴収が行われる場合があります。その場合の源泉所得税については、外国所得税の納付として取り扱われることになります。

(2)　申告方法

　上記の取扱いから、①国外不動産の譲渡時の源泉徴収税額を外国所得税として、その譲渡年分の確定申告で外国税額控除を適用するのを原則としますが（以下「原則法」という。）、②継続して、現地国での申告により納税額が確定した年分（譲渡年の翌年分）の確定申告で外国税額控除を適用することも認められます（以下「一括法」という。）。

　原則法による場合、現地国の申告による精算で還付を受けることになった場合は、還付が確定した年分の確定申告で外国税額控除額の調整を行います。一括法では、不動産の譲渡年において外国税額控除の控除余裕額を設けておくための確定申告が必要となり、譲渡年の翌年分の確定申告で外国税額控除を適用します（いずれの方法でも、譲渡年分の確定申告書には「外国税額控除に関する明細書」の添付が必要になる。）。なお、所得税・復興特別所得税・住民税を通じての控除額は、原則法が有利なケースが多いようですが、事前に申告者の所得状況の見込額により有利不利の検討をしておくのがよいでしょう。

◆不動産の譲渡年をＸ年とした場合の我が国における確定申告手続◆

区　分	Ｘ年分の確定申告	Ｘ＋１年分の確定申告
①原則法	外国税額控除を適用する。	外国税額控除の調整を行う。
②一括法	外国税額控除の控除余裕額を設けるための申告をする。	外国税額控除を適用する。

2　外国税額控除における調整国外所得金額

外国税額控除額は、その年分の控除限度額の範囲内になります。所得税の控除限度額は次の算式で計算します（所令222①）。

> **算式**
>
> 所得税の控除限度額 ＝ その年分の所得税額（外国税額控除前） × $\dfrac{その年分の調整国外所得金額}{その年分の所得総額}$

申告書作成ソフトで「外国税額控除に関する明細書（居住者用）」を作成する場合、算式の分母の「その年分の所得総額（下図の③欄）」は、各種所得の金額の入力内容により自動計算されますのでここでは省略します。一方、算式の分子の「その年分の調整国外所得金額（下図の④欄）」は入力が必要です。

◇外国税額控除に関する明細書（2枚目の「3」抜粋）◇

3　所得税及び復興特別所得税の控除限度額の計算

所　得　税　額	①	円
復興特別所得税額	②	
所　得　総　額	③	
調整国外所得金額	④	
所得税の控除限度額（①×$\dfrac{④}{③}$）	⑤	
復興特別所得税の控除限度額（②×$\dfrac{④}{③}$）	⑥	

この④欄の金額は、純損失または雑損失の繰越控除や上場株式等に係る譲渡損失の繰越控除などの各種繰越控除の適用を受けている場合には、その適用前のその年分の国外所得金額（所法95④一〜十七）をいいます（調整国外所得金額がその年分の所得総額を超える場合は、その年分の所得総額）（所令221の2、222③）。

国外にある不動産の譲渡により生ずる所得は国外源泉所得の金額に該

当するところ（所法95④三、所令225の４一）、その年分の調整国外所得金額とは、その年分の国外源泉所得に係る所得のみについて所得税を課するものとした場合に課税標準となるべき金額をいうこととされていますから（所法95①、所令221の二②、221の６①）、国内の不動産の譲渡損失と通算しません。

ポイント

- 外国所得税の予定納付額や源泉徴収税額については、その納付が確定した年分において外国税額控除を適用するのを原則とし、継続適用を条件に、控除余裕額を設けるための申告をしておき、最終税額（精算後の税額）が確定した年分で外国税額控除を適用することも認められている。
- その年分の調整国外所得金額は、国外源泉所得に係る所得のみについて所得税を課するものとした場合に課税標準となるべき金額をいい、国外源泉所得以外の所得に係る損失との通算はしない。

◆ Keyword 16 ◆
還付請求手続

　確定申告により税額の還付を受けるための申告書を還付申告書といいます。源泉徴収税額が還付される場合が一般的ですが、予定納税額や外国税額が還付される場合もあります。

　還付申告書には、かつては確定申告義務があるものとないものがありました。確定申告義務がある還付申告書の提出可能日は、平成23年度改正により、その年の翌年1月1日（改正前はその年の翌年2月16日）とされたため、還付申告書の提出可能日は、確定申告義務の有無にかかわらずその年の翌年1月1日に統一されました。その後の令和3年度改正では、確定申告義務は最終税額（第三期分の税額）がプラスになるものに限定されたことから、確定申告義務がある還付申告書という区分自体がなくなりました。

　ところで、毎年の確定申告時期は、過去の申告書の誤りに気付くこともあり、確定申告書の提出と併せて更正の請求を行うことも多いかと思います。更正の請求期限は、法定申告期限から5年以内とされていますが、還付申告書には法定申告期限の定めはありません。また、事業所得や不動産所得などがあり、毎年、確定申告を行っている場合でも、事業の繁閑、源泉徴収税額や予定納税額の変動等により、最終税額が納付になる年と還付になる年があり、それに応じて更正の請求期限も異なることになるため注意が必要です。

　ここでは、還付申告書の提出期限と還付申告書に係る更正の請求期限について取り上げています。

◆ 還付申告書の提出期限 ◆

Q1 還付申告書に提出期間の定めはない。その場合の提出期限についてどのように考えるのか

////////////////////// **税理士事務所ある日のやりとり** //////////////////////

事務員 早いもので令和6年も残りわずか、2週間を切りましたねぇ。

所長 光陰矢の如し。年を取るとますます早くなるよ。

事務員 ところで所長、先ほど本田様から電話があり、ご長男はこれまで8年間も医療費控除をしていなかったようです。過去何年間分の申告ができるかと聞かれたので5年間と答えておきました。

所長 サラリーマンの還付申告だろう？

事務員 はい。年調済なので全て還付申告になります。年が明けて今年の源泉徴収票が交付されたら、今年の分のほか、過去5年間分の源泉徴収票と医療費の領収証をご持参いただくことになっています。

所長 過去5年間分ということは、令和5年分から…、4、3、2年だから令和元年分までのこと？ 還付請求は翌年1月1日から5年間が期限。令和元年分の期限は、令和2年1月1日から5年間だから、今年の12月31日だぞぉ。

事務員 え？ 5年間というのは、3月15日を基準にしているのではないのですね。

所長 還付請求の期限は国税通則法で定められているんだよ。

事務員 令和元年の源泉徴収票と医療費の領収証をすぐにお持ちいた

だくよう連絡します。

所長の解説

　年末調整済の給与のみで確定申告義務のない者が、医療費控除、寄附金控除、住宅ローン控除等を受けるための申告は、還付を受けるための申告とされ（所法122①）、その申告に提出期間の定めはありません。5年間できることとされていますが、その5年間という期限の起算日に注意が必要です。

1　還付申告書の提出可能日

　所得税（源泉所得税を除く。）の納税義務は暦年終了時に成立します（通則法15②一）。そのため、年末調整済で確定申告義務のない給与所得者が医療費控除等を受けるために提出する還付申告書は、提出期間の定めがないことからその年の翌年1月1日から提出することができます（所法122）。

　また、「確定申告義務がある場合の還付申告書の提出期間」に関する平成23年度改正、「確定申告義務」に関する令和3年度改正（いずれも次頁の 参考 を参照）により、第3期分の税額（源泉徴収税額や予定納税額の控除後の税額をいう。以下「最終税額」という。）がマイナス（還付）となる還付申告書は、確定損失申告書（純損失や雑損失の翌年以後への繰越しの際や純損失の繰戻し還付を受ける際に提出する申告書（所法123①））に該当する場合を除き、その年の翌年1月1日から提出できることとされています。以上により、確定申告書を提出できることとなる日（死亡や出国の場合の準確定申告書を除く。）は、次表のとおりになります。

◇確定申告書を提出できることとなる日（死亡、出国を除く。）◇

区　　分	提出できることとなる日
① 還付申告（最終税額がマイナス）の場合（下記③に該当する場合を除く。）	その年の翌年1月1日
② 納付申告（最終税額がプラス）の場合	その年の翌年2月16日（注）
③ 確定損失申告（損失を繰り越すための申告など）の場合	

（注） 2月15日以前でも税務署は収受をするとしても、その提出日は2月16日の扱いとなると考えられる。

> **参考**
>
> 「確定申告義務がある還付申告書の提出期間」と「確定申告義務」に関する改正
>
> (1) 平成23年度改正（「確定申告義務がある還付申告書の提出期間」の改正）
>
> 　確定申告義務は、税率を適用して算定された所得税額が配当控除の額を超える場合とされていました（最終税額がプラス（納税）の場合もマイナス（還付）の場合もある。）。
>
> 　この確定申告義務がある場合の申告書の提出期間は、平成22年分以前は、本来の確定申告期間とされていましたが、平成23年分以後は、最終税額が還付となるものに限りその年の翌年1月1日から提出できることになりました。
>
> | 改正前（平成22年分以前） | 改正後（平成23年分以後） |
> |---|---|
> | その年の翌年
2月16日から3月15日 | その年の翌年
1月1日から3月15日 |
>
> （改正の趣旨）
> 　還付金の早期還付等の納税者利便や所得税の確定申告義務のない者とのバランスを勘案（『平成23年版改正税法のすべて』80頁・大蔵財務協会）
>
> (2) 令和3年度改正（「確定申告義務」の改正）
> 　「確定申告義務」は、最終税額がプラス（納付）になる場合に限定されました。

改正前（令和2年分以前）	改正後（令和3年分以後（注））
税率を適用して算定された所得税額が配当控除の額を超える場合（最終税額がマイナス（還付）の場合も含む。）	最終税額がプラス（納税）に限る。

(注) 令和4年1月1日以後に申告期限が到来する確定申告書から適用されるので、一般には令和3年分以後の確定申告書になる。

(改正の趣旨)
　新型コロナウイルス感染症への対応として確定申告会場への来場者を分散させる等の観点（『令和3年版改正税法のすべて』120頁・大蔵財務協会）

2　還付申告書の提出期限

　還付金等に係る国に対する請求権は、その請求をできる日から5年間で時効となります（通則法74①）。所得税の還付金は、申告書を提出することによって請求しますから、「請求をできる日」とは、上記1の還付申告書を提出することができる日（その年の翌年1月1日）になります。そのため、その年の翌年1月1日から5年以内に還付申告書を提出する必要があります。

　なお、還付請求できる期限は5年後の12月31日であり、休日等になりますが、国税に関する法律に定める申告等の期限（通則法10②）ではないため、年内に還付申告書を提出する必要があります。

◆令和元年分の還付申告書（所法122）の提出期限◆

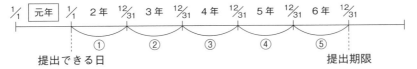

3　還付申告書に係る青色申告特別控除と住民税申告

　上記2に記載のとおり、事業所得者や不動産所得者であっても、最終税額がマイナス（還付）となるときは、確定申告義務はないものの（所法120①かっこ書き）、住民税の申告義務はあるため、還付申告書を提出することかと思います（所法122①）。

　ところで、青色申告者で事業所得（小規模事業者に係るいわゆる現金主義の特例適用者を除く。）又は不動産所得（事業的規模に限る。）を有する者は、一定の要件のもと、最高55万円（電子申告を行うなど一定の場合は最高65万円）の青色申告特別控除を適用することができます（措法25の2③④）。この55万円又は65万円の青色申告特別控除の適用は、期限内申告が要件とされているため（措法25の2⑥）、還付申告となる場合であっても、その年の翌年3月15日までに申告する必要があります（措法2①十四、措通25の2－6）。

> ### ポイント
>
> ■　還付申告書は、確定損失申告書を除き、その年の翌年1月1日から提出できる。
> ■　還付請求は、請求できることとなった日（その年の翌年1月1日）から5年間で時効となり、休日等による延長はされない。
> ■　55（65）万円の青色申告特別控除の適用は、その年の翌年3月15日までに申告する必要がある。

◆ 還付申告書に係る更正の請求期限 ◆

Q2 更正の請求は法定申告期限から5年以内に行う必要がある。還付申告書には法定申告期限は定められていないため、更正の請求期限の起算日はいつからとなるのか

////////////////////////// **税理士事務所ある日のやりとり** //////////////////////////

(事務員) 南野様のご長男、大掃除をしていたら平成27、28、29年の医療費の領収証がでてきたそうです。更正の請求は、法定申告期限から5年以内ですよね。今は令和6年だから既に5年経過しているので、残念ですけど更正の請求はできないと伝えました。

(所　長) ご長男は給与所得者で、申告義務はなかったように思うけど……。

(事務員) いつも医療費の還付申告をしています。たしか3〜4年前に数年間分の医療費控除をまとめて申告した記憶があります。忙しいときに医療費の集計で大変でしたよ。

(所　長) ちょっと待って。申告書の提出日をすぐに確認してみなさい。

(事務員) え〜っとですね、平成27年分から令和元年分まで、いずれも令和2年3月10日に申告しています。

(所　長) それなら全部更正の請求ができるよ。すぐにとりかかりなさい。

(事務員) ？？？

所長の解説

1 還付申告書に係る更正請求期限

　後発的事由等を除き、通常の更正の請求は、法定申告期限から５年が請求期限です（通則法23①）。

　ところで、法定申告期限とは、国税に関する法律の規定により納税申告書を提出すべき期限をいいます（通則法２七）。

◇確定申告書の区分と法定申告期限◇

申告書の区分とその内容		法定申告期限
① 確定申告書 （所法120）	原則として、最終税額（源泉徴収税額、予定納税額控除後の税額）がプラスの申告書	その年の 翌年３月15日
② 還付申告書 （所法122）	最終税額がマイナスの申告書（下記③の確定損失申告書に該当する場合を除く。）（注１）	―
③ 確定損失申告書 （所法123）	純損失又は雑損失の繰越控除、純損失の繰戻し還付を受けるときなどに提出する申告書（注２）	その年の 翌年３月15日

（注）１　翌年分以後において外国税額の控除不足額の繰越等の規定の適用を受けるための申告を含む。
　　　２　上場株式等に係る譲渡損失の繰越控除（措法37の12の２）、特定中小会社が発行した株式に係る譲渡損失の繰越控除（措法37の13の３）、居住用財産の買換え等の場合の譲渡損失の繰越控除（措法41の５）、特定居住用財産の譲渡損失の繰越控除（措法41の５の２）、先物取引の差金等決済に係る損失の繰越控除（措法41の15）の適用を受けるための申告書を含む。（繰越控除後にその年分の所得がプラスになる場合や上記①又は②の申告書に該当する場合を除く。）

　上記表の②還付申告書については、法定申告期限の定めはなく（所法122）、「その申告書を提出した日」を法定申告期限として取り扱うこととされています（所基通122－１）。

これにより、還付申告書（所法122）についての更正の請求期限は、その還付申告書を提出した日から5年間となります。

　冒頭の所長と事務員のやりとりに係る事例では、平成27年分から令和元年分までの還付申告書を令和2年3月10日に提出していますから、同日がこれら還付申告書の法定申告期限として取り扱われ、更正の請求期限は、その提出日（令和2年3月10日）から5年以内ですから令和7年3月10日になります。

2　事業所得者など毎年申告を行っている者に係る留意点

　令和3年12月31日までに申告期限が到来する所得税（一般には令和2年分所得税）では、算出税額（所得税額の合計額）が配当控除額を超えるときは、最終税額が納付又は還付のいずれであっても、確定申告義務があることとされていました（令和3年度改正前の旧所法120①）。確定申告義務がある場合の更正の請求は、法定申告期限（その年の翌年3月15日）から5年間ですから、「日にち」としては毎年の確定申告期限（3月15日）が更正の請求期限になります。

　しかし、法定申告期限が令和4年1月1日以後の所得税（一般には令和3年分所得税）から、最終税額が還付となる申告書は、確定申告義務がないこととされましたから、更正の請求期限は、確定損失申告書に該当する場合を除き、その提出日から5年間になります。

　ところで、確定申告書の提出は、その作成が完了し、依頼者への内容確認が得られた都度行うでしょうし、また、過年分の更正の請求は、確定申告書の提出と併せて行うことも多いように思われます。そのため、5年間の請求期限間際に行う更正の請求は、当初申告書が還付申告書（所法122）に該当する場合は、まずはその提出日を確認し、その提出日から5年以内に行うよう留意する必要があります。

◇税額の還付を受けた申告書に係る更正の請求期限◇

年分	納税義務の区分等とその法定申告期限		更正の請求期限
令和元年分	確定申告義務あり（旧所法120）又は確定損失申告（所法123）	令和2年4月16日（注1）	令和7年4月16日（注2）
	上記以外（所法122）	－	申告書提出日から5年間
令和2年分	確定申告義務あり（旧所法120）又は確定損失申告（所法123）	令和3年4月15日（注3）	令和8年4月15日
	上記以外（所法122）	－	申告書提出日から5年間
令和3年分以後	確定損失申告（所法123）	原則・翌年3月15日	法定申告期限から5年間
	上記以外（所法122）	－	申告書提出日から5年間

（注）1　令和元年分については、新型コロナウイルス感染症の影響で法定申告期限は令和2年4月16日とされ、同感染症による申告期限の延長適用者は、申告書提出日が法定申告期限とされた。
　　　2　新型コロナウイルス感染症による申告期限の延長適用者は、申告書提出日から5年間
　　　3　令和2年分については、新型コロナウイルス感染症の影響で法定申告期限は令和3年4月15日とされた。

> ポイント

- 還付申告書（確定損失申告書を除く。以下同じ。）に係る更正の請求は、申告書提出日から5年以内に行う必要がある。
- 令和2年分以前の還付申告書に係る更正の請求は、申告義務がある場合は法定申告期限から5年間、申告義務がない場合は申告書提出日から5年間が期限となる。

◆ Keyword 17 ◆
所得税申告と他税目

　所得税は、個人を納税義務者とする国税です。他に個人に対して課される主な税金としては、国税では贈与税や相続税、地方税では個人住民税や個人事業税などが挙げられます。

　相続税や贈与税の課税対象については所得税が非課税とされており、二重課税の排除がなされています。保険金等を受ける場合、保険契約の内容、保険料負担者と受取人の関係により、課税関係が変わる点に注意が必要です。

　個人住民税は、その申告書の記載内容を課税資料として賦課課税されます。所得税の申告をすると個人住民税の申告をしたものとみなされ、税額計算は所得税の申告書を課税資料として行われます。個人事業税の税額計算も基本的には同じです。しかし、個人事業税では、事業を廃止するとその廃止日から1か月以内の申告が必要とされており、所得税よりも前に申告することになります。更に個人事業税では、青色申告決算書や収支内訳書の記載内容も課税資料とされますから、これらの作成に当たっては、個人事業税の課税を踏まえた内容とすることも必要です。

　ところで、"keyword 14 所得金額の合計額"に記載しましたが、所得税では合計所得金額による各種の制限が設けられています。この所得制限は、所得税の規定のみならず、贈与税の非課税規定でも要件とされているものがあります。そのため、贈与税の申告を踏まえた上で所得税の申告書を作成しなければならないケースも生じることになります。

　ここでは、個人に対する課税における所得税と贈与税の区分や所得税の申告内容が他の税目に与える影響について取り上げています。

◆ 満期保険金の課税関係 ◆

Q1 満期保険金の支払を受けた。保険料の負担者と満期保険金の受取人が異なれば、全てみなし贈与として贈与税の課税対象になるのか

////////////////// **税理士事務所ある日のやりとり** //////////////////

事務員　久保様、お父様が退職され年金収入のみになったので、お父様所有の自宅建物の火災保険と地震保険の契約者になって保険料を支払ったそうです。地震保険料控除が受けられるか質問を受けました。

所　長　お父様と同居しているんだろう。

事務員　はい。生計一親族所有の自宅建物なのでOKと答えました。でも、火災で損害が発生した場合の保険金の受取人はお父様なので、課税関係が生じる可能性があるかもしれないとお伝えしました。

所　長　ふむ、ふむ。どんな課税関係？

事務員　久保様が保険料を負担し、お父様が火災保険金を受けるので…、贈与税かな〜？

所　長　建物の損害を補填するものだし、死亡保険金でもないので贈与税の対象外だろ〜。

事務員　あっ、間違えた。でも〜…、保険差益が生じても確か所得税は非課税ですよねぇ〜。

所　長　保険差益は非課税。でも、契約期間終了時に満期保険金があればそれはお父様の一時所得になるけどね。

事務員　満期保険金は、受取人以外が保険料を負担していると贈与税

ですよ。

所長 それは生命保険契約の場合。損害保険契約の満期保険金は一時所得だよ。

///

👆所長の解説

1 満期保険金に対する課税関係

満期保険金については、その受取人と保険料の負担者の関係がポイントとされることはご存知かと思います。

(1) 所得税法の規定とその取扱い

所得税法は、「相続、遺贈又は個人からの贈与により取得するもの（相続、遺贈又は個人からの贈与により取得したものとみなされるものを含む。）」を非課税としています（所法9①十七）。すなわち、相続税や贈与税の課税対象となる場合は、所得税の課税は行われないことになります。

また、所得税基本通達34－1《一時所得の例示》の(4)において、「令第183条第2項《生命保険契約等に基づく一時金に係る一時所得の金額の計算》に規定する生命保険契約等に基づく一時金（業務に関して受けるものを除く。）及び令第184条第4項《損害保険契約等に基づく満期返戻金等》に規定する損害保険契約等に基づく満期返戻金等」は一時所得に該当する旨の取扱いが示されています。

(2) 相続税法の規定

相続税法5条《贈与により取得したものとみなす場合〔保険金〕》1項は、生命保険契約又は損害保険契約の保険事故（満期を含む。）が発生した場合において、その保険料の全部又は一部を保険金受取人以外が負担している場合のみなし贈与課税（保険料負担者から保険金受取人に対するみなし贈与）について、その条件（該当する場合や該

当しない場合）について、次のとおり規定しています。

　ア　生命保険契約

　　生命保険契約の場合は、みなし贈与課税の対象から「傷害、疾病その他これらに類する保険事故で死亡を伴わないものを除く。」と規定しています（相法５①かっこ書）。そのため、死亡保険金や満期保険金については、受取人以外の者が負担した保険料に対応する部分はみなし贈与課税の対象になります。贈与税の課税対象ですから、所得税は非課税になります（所法９①十七）。

　　なお、傷害、病等による保険金で死亡を伴わないものについては、みなし贈与課税の対象から除かれており、所得税においても非課税とされています（所法９①十八、所令30①一）。

　イ　損害保険契約

　　損害保険契約の場合は、みなし贈与課税の対象について「偶然な事故に基因する保険事故で死亡を伴うものに限る。」と規定していますから（相法５①かっこ書）、偶然の事故による死亡保険金（自動車損害賠償責任保険の契約に基づく保険金などを除く。）に限り、受取人以外の者が負担した保険料に対応する部分がみなし贈与課税の対象になります。

　　このように、損害保険契約の場合のみなし贈与課税は一定の死亡保険金に限られていますから、例えば、JA共済の建物更生共済（建更）などの満期保険金は、保険料負担者と受取人の関係にかかわらず、みなし贈与課税とはなりません。これにより所得税の課税の対象となり、その所得区分は一時所得になります（所基通34－1(4)）。

　　なお、相続税法５条は、その２項において、生命保険契約又は損害保険契約（傷害を保険事故とする損害保険契約や損害共済契約に限る。）について返還金その他これに準ずるものの取得があった場合についても準用（みなし贈与課税を）する旨規定しています。この場合の返還金その他これに準ずるものとは、保険契約の解除（保険金の減

額）又は失効により支払を受ける金額や被保険者が自殺したため保険金が支払われない場合の払戻金が該当します（相令1の5、相基通3-39、5-6）。

(3) 満期保険金の課税関係

以上により、生命保険契約又は損害保険契約に係る満期保険金の課税関係は、次表のとおりとなります。

◆ 生命保険契約又は損害保険契約に係る満期保険金の課税関係 ◆

区　分	受取人と保険料負担者との関係	受取人に対する課税
生命保険契約	受取人＝保険料負担者の場合	一時所得（所法34①）
	受取人≠保険料負担者の場合	贈与税（相法5①）
損害保険契約	受取人と負担者の関係は不要	一時所得（所法34①）

なお、一時所得となる場合で、保険期間5年以内（5年超のもので5年以内の解約を含む。）の保険差益は源泉分離課税とされています（措法41の10①）。

2　火災（地震）保険金の課税関係

損害保険契約の保険事故で、偶然な事故に基因する保険事故で死亡を伴うもの以外については、原則として、みなし贈与課税の対象から除かれます（上記1参照）。

建物が災害により損失を被った場合に受ける保険金の課税関係は、次のとおりです。

建物の災害による損失は、それが自宅や業務用資産であれば、雑損控除に係る損失となり、その損失の金額の計算上、保険金等を控除します（所法72①）。保険差益が生じても非課税となります（所法9十八）。

一方、事業用又は業務用の建物（業務用については雑損控除を選択したものを除く。）については、資産損失（必要経費）となり、その損失の金額の計算上、保険金等を控除します（所法51①④）。保険差益については、同様に非課税です（所法9十八）。

　したがって、建物（自宅建物や事業用又は業務用の固定資産）に災害による損害が生じた場合に受ける保険金等については、原則として、所得税や贈与税が課税されることはありません。

　資産に損害が生じたことにより受ける保険金等で課税対象となる主なものは、棚卸資産、山林、工業所有権、著作権等の損害に係るものです（所令94①一）（課税対象となる保険金等については、"keyword 7　不動産貸付けをめぐる税務"のＱ３（151頁）参照）。

3　地震保険料控除

　地震保険とは、地震や噴火、津波により居住用の建物や家財が一定の損害（以下「地震等損害」という。）を被ったときに保険金が支払われるもので、火災保険とのセットでの契約になります。

　自己若しくは自己と生計を一にする配偶者その他の親族の有する家屋で常時その居住の用に供するもの等を保険等の目的とし、かつ、地震等損害によりこれらの資産について生じた損失の額をてん補する保険金等が支払われる損害保険契約等に係る地震等損害部分の保険料等を支払った場合、地震保険料控除として、所得税及び住民税において一定額を所得金額から控除します（所法77①、地法34①五の三、314の２五の三）。

　自宅建物の場合、被保険者はその建物の所有者になり（保険法２四イ）、その建物に係る地震保険料控除については、保険料負担者が建物所有者本人のみならず生計一親族であっても適用があります。

> **ポイント**

- 満期保険金の受取人が保険料負担者以外である場合の課税関係は、保険契約の内容に応じて、みなし贈与になる場合と一時所得になる場合がある。
- 自宅建物や事業用又は業務用の固定資産である建物が災害による損害を受けたことにより受ける火災保険金等については、所得税・贈与税の課税は生じない。
- 地震保険料の保険料負担者が自宅建物の所有者以外であっても生計一親族であれば、その生計一親族において地震保険料控除の適用がある。

◆ 住宅取得等資金贈与（贈与税）と合計所得金額 ◆

Q2 所得税では合計所得金額による種々の制限が設けられている。この合計所得金額による制限は、所得税以外の税目にも影響するのか

////////////////////////// **税理士事務所ある日のやりとり** //////////////////////////

事務員 遠藤様、特定口座での株式売買で1,500万円程の譲渡益です。前年から繰り越された上場株式の譲渡損失があるので、今回の譲渡益から控除すれば特定口座で源泉徴収された税額が還付になるとお話したら大喜びでした！　ということで、確定申告書できましたのでチェック願います。

所　長 どれどれ……。おっ、180万円の還付か！　おや、住所が変わったな。501号室ということは、マンションを購入したのかな？　住宅ローン控除はどうした？

事務員 住宅ローンはありません。手持ち資金で足りない分はお父様から贈与を受けたようです。住宅取得資金贈与の申告は、ご自分でなさるとおっしゃっていました。

所　長 おいおい、それでは特定口座を全部申告できないな。3口座のうち2口座だけにしておくかな。還付額が減るけど、まぁ、しかたあるまい。

事務員 えっ、どうして3口座全部としないのですか？

所　長 住宅資金贈与の受贈者には、合計所得金額2,000万円以下という所得要件があるだろう。3口座分の譲渡益の1,500万円と給与所得の600万円で合計所得金額が2,000万円を超えてしまうよね。

所長の解説

所得税の申告書作成を依頼された場合、申告又は申告不要を選択できる所得については、一般には納税者有利で判断します。しかし、所得税で有利と判断したことが他の税目に影響する場合があるので注意が必要です。

1　確定申告しないことを選択できる所得

源泉徴収ありを選択した特定口座（以下「源泉徴収選択口座」という。）に受け入れた上場株式等の配当等や譲渡等については、申告することもできますし、申告しないことを選択することもできます（措法8の4①、8の5①、37の11①、37の11の5①）。これらは配当等や譲渡益に対して税率20.315％（住民税の5％を含む。）で所得税等が源泉（住民税は特別）徴収されており、この税率は申告分離課税に適用される税率と同じだからです。そのため、上場株式等に係る配当等と譲渡損失との損益通算や前年以前から繰り越されてきた上場株式等の譲渡損失の繰越控除を適用するなど一定の場合を除き、一般には申告しないことを選択します（申告不要の選択）。

2　申告又は申告不要を選択した場合等の効果

上場株式等の利子等や配当等、特定口座に係る所得（いずれも源泉（特別）徴収の対象）は、申告又は申告不要を選択できます。また、特定上場株式の配当等については、申告に当たり課税方式（総合課税か申告分離課税か）を選択できます（措法8の4②）。これらの選択はいずれも確定申告時に行うことになり、その後の修正申告や更正の請求で、その選択替えをすることはできない点に注意が必要です（措通8の4－1、8の5－1）。

3　合計所得金額と住宅取得等資金贈与における所得要件

　合計所得金額は、その年の所得のみで計算しますから（"keyword 14 所得金額の合計額"のQ1（283頁）の 参考 を参照）、前年以前から繰り越された上場株式等の譲渡損失の繰越控除を適用する前の金額になります。

　冒頭の所長と事務員のやりとりに係る事例は、前年以前から繰り越されてくる上場株式の譲渡損失を申告年分の譲渡益から控除し、源泉（特別）徴収された税額の還付（又は控除）を受けるための申告です。源泉徴収選択口座の譲渡益について申告を選択すると合計所得金額に含まれ、合計所得金額による制限が設けられている各種制度の適用に影響する場合があります。

　ところで、贈与税の「直系尊属から住宅取得等資金の贈与を受けた場合の贈与税の非課税（措法70の2）」は、特定受贈者の要件として、①贈与年の1月1日現在で18歳以上であること、②贈与年分の所得税法に規定する合計所得金額（所法2①三十）が2,000万円（家屋の床面積が40㎡以上50㎡未満は1,000万円）以下であること、が掲げられています（措法70の2②一）。

　源泉徴収選択口座に係る所得について申告を選択する場合には、合計所得金額による制限規定（"keyword 14 所得金額の合計額"のQ1（284頁）参照）並びに国民健康保険や後期高齢者医療保険の加入者については、所得の増加による保険料への影響を確認し、その影響については、事前に依頼者へ説明するなどの配慮が必要と思います。

ポイント

■　住宅取得等資金贈与の非課税は、受贈者の所得税における合計所得金額が2,000万円（家屋の床面積が40㎡以上50㎡未満は1,000万円）を超えると適用できない。

■ 源泉徴収選択口座に係る所得など申告不要を選択できる所得について申告を選択する場合には、合計所得金額による制限規定や公的保険料負担額への影響の有無を確認する必要がある。

> **参考**
>
> **贈与税の他の非課税制度における所得制限**
>
> 　贈与税における他の非課税制度として、「直系尊属から教育資金の一括贈与を受けた場合の贈与税の非課税（措法70の2の2）」や「直系尊属から結婚・子育て資金の一括贈与を受けた場合の贈与税の非課税（措法70の2の3）」があります。
>
> 　これら制度の受贈者にも所得制限があります。いずれの制度も、平成31年4月1日以後に信託受益権又は金銭等を取得した場合の受贈者について、その取得日の属する年の前年分の所得税に係る合計所得金額が1,000万円を超える場合には、これらの非課税制度の適用を受けることができませんので注意が必要です。
>
> ◇贈与税の非課税制度における受贈者の所得制限◇
>
> | 非課税制度 | 受贈者の所得制限 |
> |---|---|
> | 住宅取得等資金の贈与 | 贈与年の合計所得金額が2,000万円（注）以下 |
> | 教育資金の一括贈与 | 贈与年の前年の合計所得金額が1,000万円以下 |
> | 結婚・子育て資金の一括贈与 | |
>
> （注）　家屋の床面積40㎡以上50㎡未満は1,000万円

◆ 持ち家の持ち方（住宅ローン控除と小規模宅地等の減額特例）◆

Q3 親所有の土地に二世帯住宅を建てる場合、住宅ローン控除と将来の相続時の小規模宅地等の減額特例のどちらを優先させるのか

////////////////////////// **税理士事務所ある日のやりとり** //////////////////////////

事務員 以前お話があった清水様のご自宅の件ですが、増築ではなく二世帯住宅への建替えにされたようです。ご自宅の築年数も25年を超えていたこともあって…。

所 長 建替時の一時転居も大変だけど、ご主人は70歳を超えてもご健康だし、体力的にも問題ないよ。

事務員 二世帯住宅ですけど、ご長男のお話では、住宅ローン減税の効果が大きい区分所有型にするそうです。お子さんの教育費がかかることもあって…。

所 長 …。あそこは高級住宅地だし、路線価も180万円だろう。将来の相続時に80％減額になる小規模宅地等の適用面積を大きくしておいた方がいいんじゃないかなぁ～。

事務員 お子様が私立に入学されたので、教育費が大変でしょうけどね…。

所 長 ご長男の負担を減らすには、住宅取得資金贈与を活用してもいい。お孫さんの教育費は、ご主人が必要の都度、贈与すれば非課税。教育資金の一括贈与の非課税を活用してもよいけどね…。

事務員 住宅や教育については、税も面倒をみてくれるんですね。

所 長 まずは、将来の相続税への影響について、共有登記にした場合と区分所有登記にした場合で試算して、ご説明しておきな

さい。

（1週間後）

事務員 所長、清水様ですが、二世帯住宅は共有登記に決めたそうです。相続税負担への影響が大きすぎることもあって…。住宅取得資金の非課税も活用するようです。

所　長 そうか、そうか…。ところで、お孫さんの教育費の方はどうするのかなぁ。

事務員 まずは必要の都度、ご主人が負担することにされるそうですよ。

//

所長の解説

　相続税対策で親子共有の二世帯住宅を検討される方も多いようです。二世帯住宅の建築の際は、住宅ローン控除、住宅取得等資金贈与の非課税、将来の相続時の小規模宅地等の減額特例への影響も踏まえておくことがよいと考えられます。

1　住宅ローン控除と住宅取得等資金贈与の非課税の併用

　住宅ローン控除（措法41）と住宅取得等資金贈与の非課税（措法70の2）は併用できます。例えば、3,000万円の住宅（省エネ等の住宅に該当）を購入するに当たり直系尊属から1,000万円の住宅取得等資金の贈与を受ける場合、住宅ローン控除の対象となる住宅借入金等の額は、残りの2,000万円が限度になります（措令26⑥）。

　また、これら2つの制度の適用要件のうち、所得金額要件及び床面積要件に関し、次表のとおり差異があるので注意が必要です（措法41①⑳㉑、70の2①②ほか）。

◆住宅ローン控除と住宅取得等資金贈与の非課税の要件(抜粋)◆

要件	住宅ローン控除	住宅取得等資金の贈与の非課税
① 床面積	50㎡以上 (40㎡以上50㎡未満)	40㎡以上 240㎡以下
② 合計所得金額	2,000万円以下 (1,000万円以下)	2,000万円以下(床面積50㎡未満は1,000万円以下)
③ 入居期限	取得等の日から6か月以内	原則、贈与年の翌年3月15日
④ 自己の居住用部分以外(床面積の50%未満)の取扱い(注1)	対象から除かれる(あん分計算が必要)	全て非課税の対象となる(あん分計算は不要)

(注)1 いずれも床面積の50%以上に相当する部分が専ら居住用であることが必要。
　　 2 住宅ローン控除のかっこ書は、特例居住用家屋又は特例認定住宅等の場合である。

　店舗併用住宅(店舗部分30%)などの場合、住宅ローン控除は、自己の居住用部分(70%)に係る住宅借入金等が対象となりますが(ただし、居住用部分が90%以上の場合は全ての住宅借入金等が対象になる。)、住宅取得等資金贈与の非課税における住宅取得等資金及び住宅用家屋は、受贈者の居住用部分が50%以上であればその全額が住宅取得等資金として非課税の対象になります(上記表の④)。

2　持ち家の持ち方と小規模宅地等の減額特例

　親所有の土地に二世帯住宅を建築する場合、その建築資金につき子が住宅ローン控除の適用を受けることが考えられます。
　完全分離型の二世帯住宅の場合における子又は親の居住部分についての考え方は、住宅ローン控除(措法41)と小規模宅地等の特例(措法69の4)とで異なる場合があるため、注意が必要です。
　"keyword15 税額控除制度"のQ2(306頁)の事例で考えてみます。

◆具体例《取得対価5,000万円（自己の居住部分3,000万円）、住宅借入金等の年末残額2,500万円の場合》（再掲）◆

区分	完全分離型の二世帯住宅	
	共有（持分60％）	区分所有（持分100％）
① 取得対価	5,000万円（全体）	3,000万円(区分所有部分)
② 持分に係る取得対価	3,000万円（①×60％）	3,000万円
③ 住宅借入金等の年末残額	2,500万円	
④ ②と③の少ない金額	2,500万円	2,500万円
⑤ 自己の居住用割合	60％	100％
⑥ 自己の居住用部分の住宅借入金等の年末残高（④×⑤）	1,500万円	2,500万円
⑦ 住宅ローン控除額（⑥×0.7％）	10.5万円	17.5万円

　住宅借入金等の年末残高は2,500万円ですが、子の住宅ローン控除において控除対象となる住宅借入金等（⑥）は、共有とすると自己の居住部分の1,500万円となるため、区分所有の場合の2,500万円と比べ不利になり、控除額（⑦）も年間7万円程度減少します。

　次に小規模宅地等の減額特例の適用対象土地について、図を示すと次頁のとおりになります。なお、二世帯住宅には、一般には、左右型と上下型があります。次に掲げる事例は左右型ですから、「②区分所有」における土地利用については、子世帯と親世帯の建築面積（1階部分の面積）の割合により、子世帯に対応する土地（60％）と親世帯に対応する土地（40％）に区分しています。なお、上下型の場合には、それぞれの延床面積の割合を用いて区分します。

◆完全分離型の二世帯住宅に係る小規模宅地等の特例◆

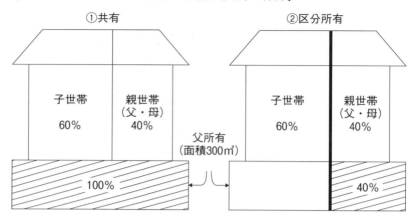

（注） 1 「①共有」における持分は、住宅ローン控除との関係で子60％、父40％としているが、小規模宅地等の特例においては、家屋の所有者は親族であればよく、共有又は単独所有のいずれであっても影響はない。
    2 子世帯と親世帯は生計が別と仮定。

　子世帯と親世帯は生計が別の場合において、父の相続時の小規模宅地等の特例（特定居住用宅地等…敷地面積330㎡部分まで80％の減額）の適用対象は上図の斜線部分となるため、区分所有（②）の方が不利になります（措法69の4③二イ、措令40の2⑬）。

　土地の面積を300㎡としますと、共有（①）の場合は、敷地の取得者が母又は子のいずれであっても（共有取得を含む。）、敷地300㎡の全てについて適用できます。

　しかし、区分所有（②）の場合は、敷地の40％部分（父所有の家屋に対応する敷地部分）が適用対象になります。この場合、母が敷地の全てを取得すると120㎡部分について、また、母と子で50％ずつの共有とすると母の取得に係る60㎡部分についての適用となるため（次表参照）、家屋を共有とした場合の300㎡に比べてかなり不利になります。

◆小規模宅地等の特例の適用面積（区分所有の場合）◆

敷地の取得者	小規模宅地等の特例の適用対象面積
母100％	120㎡ ＝ 300㎡ × 40％ × 100％ （敷地面積）（建築面積割合（注））（母の取得割合）
母50％・子50％	60㎡ ＝ 300㎡ × 40％ × 50％ （敷地面積）（建築面積割合（注））（母の取得割合）

（注）　上下型の二世帯住宅の場合は、延床面積の割合になる。

　この事例において、土地の1㎡当たりの相続税評価額を50万円としますと、その80％に相当する40万円が減額になりますから、土地の相続税評価額から減価される金額は次表のとおりとなり、区分所有の場合は、共有の場合に比べ減額金額が減少することに加え、減額されるのは母取得部分に限られます。

◆家屋の登記方法と小規模宅地等の特例で減額される金額◆

家屋の登記	土地の取得者	減額される金額 （1㎡当たり減額金額×適用面積）
共有	母又は子（注1）	12,000万円（40万円×300㎡）
区分所有	母100％	4,800万円（40万円×120㎡（注2））
区分所有	母50％・子50％	2,400万円（40万円×60㎡（注2））

（注）　1　母と子の共有を含む。
　　　　2　上記の表「小規模宅地等の特例の適用面積（区分所有の場合）」を参照。

> ポイント

■　二世帯住宅を建てる場合には、所得税（住宅ローン控除）、贈与税（住宅取得等資金贈与）及び相続税（小規模宅地等の特例）の適用要件を検討しておく方がよい。

◆ 個人事業税と青色申告決算書 ◆

Q4　アパート収入や月極めの駐車場収入は、所得税では不動産所得となるが、個人事業税では「不動産貸付業」と「駐車場業」に区分される。その区分はどのように行われるのか

////////////////////////// **税理士事務所ある日のやりとり** //////////////////////////

事務員　所長、永井様の所得税の申告書できました。チェック願います。

所長　どれどれ、まずは青色決算書からにするか……。不動産の賃貸収入が1,980万円で、収入の内訳はアパートと土地の貸付けか。

○不動産所得の収入の内訳

貸家貸地等の別	用途（住宅用、住宅用以外の別）	賃借人の住所・氏名		本年中の賃貸料	
				月額	年額
アパート	住宅用	○○不動産（20室の一括貸し）	自至	1,400,000円	16,800,000円
貸地	住宅用	××××	自至	32,000	384,000
〃	〃	××××	自至	33,000	396,000
〃	〃	××××	自至	35,000	420,000
〃	住宅用以外	××××	自至	30,000	360,000
〃	〃	××××	自至	30,000	360,000
〃	〃	××××	自至	30,000	360,000
〃	〃	××××	自至	30,000	360,000
〃	〃	××××	自至	30,000	360,000
			自至		
			自至		
			自至		
			自至		
計					19,800,000

事務員　アパートは20室の一括貸し、貸宅地は3件です。それからご自宅の前に月極めの駐車場が5台分あります。1か月30,000円の賃料です。

所長　青色決算書の「貸家貸地等の別」欄だけど、駐車場は「貸地」とはせず、「駐車場」と記載しておきなさい。

| 事務員 | 正確にはおっしゃるとおりですが、賃料や賃借人名に誤りがなければ問題は生じないと思います。
| 所　長 | 所得税はそうだけどね……。個人事業税では不動産貸付業と駐車場業の区分が必要だ。県税事務所の方が青色決算書をみて、駐車場業の収入を区分できるようにしておくことが必要だよ。
| 事務員 | 収入の区分ができたとしても、経費の区分はどうするのですか？
| 所　長 | 一般には、不動産所得の経費を駐車場収入とそれ以外の収入の比であん分していることが多いようだね。

所長の解説

　不動産等の貸付けが一定規模以上の場合、個人事業税の課税対象となります。所得税の不動産所得は、個人事業税では不動産貸付業と駐車場業に区分されます。いずれも課税対象となる規模であれば問題はありませんが、一方のみが個人事業税の課税対象となるケースもあります。

1　個人事業税における不動産貸付業と駐車場業

　個人事業税では、貸付不動産の規模、賃貸料収入及び管理の状況などを総合的に勘案して、不動産貸付業、駐車場業の認定が行われ課税されます。

　共有物件については共有持分にかかわりなく共有物全体の貸付状況で課税の有無を判断し、税額は持分に応じて計算されます。

　認定の基準は、都道府県により取扱いが異なることもあります。東京都の令和6年度における不動産貸付業と駐車場業の認定基準は、次表のとおりとされています。

◇不動産貸付業・駐車場業の認定基準（東京都）◇

種類・用途等				貸付用不動産の規模等（空室などを含む。）
不動産貸付業	建物*1	住宅	① 一戸建	棟数が10以上
			② 一戸建以外	室数が10以上
		住宅以外	③ 独立家屋	棟数が5以上
			④ 独立家屋以外	室数が10以上
	土地*2	⑤ 住宅用		契約件数が10以上又は貸付総面積が2,000m^{2}以上
		⑥ 住宅用以外		契約件数が10以上
	⑦ 上記①～⑥の貸付用不動産を複数種保有している場合			①～⑥の総合計が10以上又は①～⑥いずれかの基準を満たす場合
	⑧ 上記①～⑦の基準未満であっても規模等からみて、不動産貸付業と認定される場合			貸付用建物の総床面積が600m^{2}以上であり、かつ、この建物の賃貸料収入金額が年1,000万円以上の場合（権利金、名義書換料、更新料、礼金、共益費、管理費等は除く。）
				競技、遊技、娯楽、集会等のために基本的設備を施した不動産（劇場、映画館、ゴルフ練習場など）
				一定規模の旅館、ホテル、病院など特定業務の用途に供される建物
駐車場業	寄託を受けて保管行為を行う駐車場			駐車可能台数が1台以上（駐車可能台数は問わない。）
	建築物・機械式である駐車場			
	上記以外の駐車場*3			駐車可能台数が10台以上

*1　独立的に区画された2以上の室を有する建物は、一棟貸しの場合でも室数により認定する。

*2　土地の貸付件数は、1つの契約において2画地以上の土地を貸し付けている場合、それぞれを1件と認定する。

*3　土地を駐車場用地として一括して貸し付けている場合で、自らは建築物駐車場や機械式駐車設備を設置しておらず、かつ、貸し付けた相当方自身は駐車せずに第三者に駐車させているような場合は、住宅用以外の土地の貸付けと認定する。

（「東京都主税局HP」より）

> **参考**
>
> **「駐車場業」の範囲**
>
> 　コインパーキングなどで多く見受けられますが、土地を貸し付け、借主がその土地を駐車場として活用することがあります。都税事務所は従前、駐車場業について、「対価の取得を目的として、自動車の駐車のための場所を提供する事業」と定め、前記の形態による土地の貸付けを駐車場業として取り扱っていました。この点について、土地の貸主は、自ら駐車場経営を行っていないので、駐車場業とするのは違法である旨の訴訟を提起しました（原告は土地の貸主）。
>
> 　東京地裁は、「駐車場業」の意義について、①最高裁昭和56年4月24日第二小法廷判決による事業の意義（自己の計算と危険において独立して営まれ、営利性、有償性を有し、かつ、反復継続して遂行する意思と社会的地位とが客観的に認められる業務）と②駐車場法2条における駐車場の意義（自動車の駐車のための施設）により、「対価の取得を目的として、自動車の駐車のための場所を提供する業務を自己の計算と危険において独立して反復継続的に行うものであることを要するというべきである。」としました。
>
> 　そして、上記の土地の貸付け形態について、貸主は、単に、借主の駐車場事業の用に供するための場所として土地を定額賃料で貸し付けているにすぎないのであり、貸主自身が、対価の取得を目的として、自動車の駐車のための場所を提供する業務を自己の計算と危険において独立して反復継続的に行っているものと評価することはできないので、貸主は「駐車場業」を行う者であるとは認められない旨判示しました（東京地裁令和3年3月10日判決）。
>
> 　この判決により、都税事務所は、コインパーク業者などの駐車場経営を行う者への土地の単なる貸付けは、駐車場業ではなく、不動産貸付業（住宅用以外の土地の貸付け）の対象とする取扱いの変更をしています。

2　不動産貸付業と駐車場業の区分計算

(1)　区分方法

　不動産の貸付けと駐車場の貸付けを併せて行っている場合で、いずれか一方が不動産貸付業又は駐車場業に該当するときは、不動産所得の金額を不動産の貸付けと駐車場の貸付けに区分した上で税額を計算します。所得金額の区分に当たっては、それぞれの必要経費について

青色申告決算書等で明確に区分しているときや必要経費の内訳明細書を県税事務所に提出しているときは、その内容に基づき所得金額を区分します。

税理士が作成する青色申告決算書の多くは、不動産貸付けに係る必要経費と駐車場貸付けに係る必要経費を区分していません。そのような場合には、一般には、必要経費の合計額をそれぞれの貸付けに係る収入金額の割合であん分した上で所得金額を区分しているようです（神奈川県HP）。

(2) 具体例

冒頭の所長と事務員のやりとりに係る事例でみてみましょう。駐車場の貸付台数（駐車可能スペース）は5台です。10台未満で建築物内の駐車場等ではないため、駐車場業には該当しません。一方、アパートの貸室数が20室で10室以上であり、貸地も含めて、不動産貸付業に該当します。

青色申告特別控除前の不動産所得の金額（個人事業税は青色申告特別控除の適用はない。）を700万円とし、必要経費の明細書等を提出していないため収入金額によるあん分とされた場合としています。

① 不動産収入の内訳

　　不動産貸付業（アパート及び貸地）　1,800万円

　　駐車場業（駐車場）　　　　　　　　　180万円

　　　合計　　　　　　　　　　　　　1,980万円

② 不動産貸付業の所得（収入金額によるあん分）

$$700\text{万円} \times \frac{1,800\text{万円（アパート及び貸地の収入）}}{1,980\text{万円（不動産所得の収入の合計）}}$$

（青色申告特別控除前の不動産所得の金額）

　　＝　6,363,636円　（A）

③　個人事業税の税額

　　（(A) － 290万円） × 　5％　＝　173,100円（百円未満切捨て）
　　（上記②）　（事業主控除額）　　（税率）

※　事業税に係る各種の損失の控除はないものとしている。

3　個人事業税の納税通知書の確認

　個人事業税は、所得税の申告内容を基礎として、都道府県が税額計算を行い課税する賦課課税方式であり、不動産貸付業・駐車場業の認定基準は、都道府県により異なります。そのため、所得税の確定申告書の作成の際は、個人事業税の納税通知書の提示を受け、納税地の都道府県による認知基準を確認の上、税額計算が適正に行われているかどうか、確認しておくのがよいでしょう。

　なお、個人事業税に課税誤りがあった場合の税額の還付は、法定納期限から5年間に限られます（地法18の3①）。5年を超えた課税誤りに係る損害については、国家賠償請求訴訟を提起するしかなく、課税職員の故意又は過失により損害が生じたことについての立証責任は、納税者側が負うことになるため、勝訴判決を得るには困難を伴うものが多いといえます。

ポイント

- 個人事業税の「駐車場業」と「不動産貸付業」の区分け等は、一般には、青色申告決算書（不動産所得用）の収入の内訳の記載内容に基づき行われるので、用途等が分かるように記載する必要がある。
- 個人事業税は賦課課税方式であるため、納税通知書が送付されたら、税額計算の過程を確認し、不明点等については課税当局へ確認する。

◆ 事業の廃止と個人事業税の申告 ◆

Q5　所得税の確定申告をすると個人事業税の申告をしたものとみなされる。個人事業を廃業した場合も同様にみなされるのか

////////////////////////// **税理士事務所ある日のやりとり** //////////////////////////

事務員　川島様、10月末で運送業を廃業されました。

所　長　腰の状態がだいぶ悪かったしね。もう歳も歳だし、これまでだいぶ稼いだんだろう。蓄えもそれなりにあるようだから大丈夫だよ。

事務員　そうですね。ところで運送用車両ですが、廃業日の前日に全て売却できました。合計で350万円の譲渡損です。総合譲渡の損失なので、来年の確定申告の際に事業所得と損益通算できるとお話しました。

所　長　所得税はそうだけど……、たしか個人事業税では営業用車両の譲渡損は、申告要件になるけど運送業の所得からの控除だったはずだ。

事務員　所得税の申告をすれば、個人事業税の申告をしたとみなされますから大丈夫でしょう。

所　長　それは通常の場合だよ。廃業のときもその取扱いになるか確認してみなさい。

事務員　……所長、廃業後1か月以内の申告となっています。1か月を経過すると、譲渡損の控除はできない可能性があります。念のため、1か月以内に個人事業税の申告をします。

//

所長の解説

1 事業廃止の場合の個人事業税の申告

　所得税では、年の中途において事業を廃止した場合には、死亡又は出国により事業を廃止した場合を除き、通常の場合と同様に、廃止した年の翌年の3月15日までに確定申告書を提出すればよいこととされています（所法120①）。

　これに対し、個人事業税は、事業そのものを課税客体として課税するため、その課税客体の消滅である事業の廃止後直ちに課税すべきであると考えられています。その年度の初日の属する年の1月から3月までの間に廃止した場合は、担当職員の調査により、その廃止後直ちに課税することとされています（地法72の51③、72の50④）。

　そのため、年の中途において事業を廃止した場合には、その廃止した日から1か月以内（ただし、死亡による廃止の場合は4か月以内）に、その年の1月1日から廃止日までの事業の所得等を申告しなければなりません（地法72条の55①かっこ書き）。

2 個人事業税で期限内申告要件により認められる諸控除

　個人事業税では、次に掲げる取扱いは、期限内申告を要件として事業の所得からの控除が認められます（一定の宥恕規定はある。）。

① 所得税につき青色事業専従者給与に関する届出書を提出していない場合の青色事業専従者給与（地法72の49の12②後段）
② 事業専従者控除（地法72の49の12③）
③ 青色申告年分の損失（特定非常災害に係るものを含む。）の繰越控除（地法72の49の12⑥⑨⑪）
④ 被災事業用資産の損失（特定非常災害に係るものを含む。）の繰越控除（地法72の49の12⑦⑩⑪）
⑤ 事業用資産（機械装置、船舶・航空機、車両運搬具、工具・器具・

備品、生物）の譲渡損失の控除（地法72の49の12⑬）
⑥ 青色申告者の事業用資産の譲渡損失（上記⑤）の繰越控除（地法72の49の12⑭）

　通常の場合、所得税の確定申告書が提出された日に個人事業税の申告がされたものとみなされます（地法72の55の2①）。しかし、年の中途での事業の廃止の場合には、死亡による廃止を除き、申告されたものとはみなされないため（地令35の4）、前述のとおり廃止後1か月以内の申告が必要とされています。そのため、事業を廃止した場合で上記①ないし⑥の規定の適用を受けるには、原則として、事業廃止日から1か月以内に個人事業税の申告をする必要があります。

ポイント

- 個人事業税では事業の廃止があった場合には、直にその納税義務者に課税することとしているため、廃止後1か月以内（死亡による廃止は4か月以内）の申告が必要となる。
- 一定の事業用資産の譲渡損失などの事業の所得からの控除は、期限内申告要件である。事業の廃止の場合には、原則、廃止後1か月以内に申告をしないと、申告要件とされる諸控除は適用されない。

［筆者紹介］

秋山　友宏（あきやま　ともひろ）

［略歴］

昭和33年生まれ。明治大学商学部卒業。筑波大学大学院ビジネス科学研究科（博士前期課程）企業法学専攻修了。

昭和56年4月東京国税局採用。税務調査、不服申立て（異議申立て・審査請求）、税務訴訟等の事務に従事し、平成17年7月東京国税局課税第一部審理課総括主査を最後に退職。

平成17年9月税理士登録。平成20年度～同23年度中央大学・同大学院兼任講師。平成24年3月～令和5年3月税理士法人エー・ティー・オー財産相談室社員税理士。令和5年4月～税理士法人エー・ティー・オー財産相談室顧問。

［著書］

『税制改正早わかり』（平成18年度～令和6年度）（共著・大蔵財務協会）

『上場株式等に係る利子・配当・譲渡所得等の課税方式選択を踏まえた申告実務』（著・大蔵財務協会）

『所得税・個人住民税ガイドブック』（最終改訂令和5年12月）（共著・大蔵財務協会）

『改正減価償却の実務重要点解説』（共編著・大蔵財務協会）

『判例・裁決例にみる贈与の税務判断』（共編著・新日本法規出版）

大蔵財務協会は、財務・税務行政の改良、発達およびこれらに関する知識の啓蒙普及を目的とする公益法人として、昭和十一年に発足しました。爾来、ひろく読者の皆様からのご支持をいただいて、出版事業の充実に努めてきたところであります。
　今日、国の財政や税務行政は、私たちの日々のくらしと密接に関連しており、そのため多種多様な施策の情報をできる限り速く、広く、正確にかつ分かり易く国民の皆様にお伝えすることの必要性、重要性はますます大きくなっております。
　このような状況のもとで、当協会は現在、「税のしるべ」（週刊）、「国税速報」（週刊）の定期刊行物をはじめ、各種書籍の刊行を通じて、財政や税務行政についての情報の伝達と知識の普及につとめております。また、日本の将来を担う児童・生徒を対象とした租税教育活動にも、力を注いでいるところであります。
　今後とも、国民・納税者の方々のニーズを的確に把握し、より質の高い情報を提供するとともに、各種の活動を通じてその使命を果たしてまいりたいと考えておりますので、ご叱正・ご指導を賜りますよう、宜しくお願い申し上げます。

　　　　　一般財団法人　大蔵財務協会
　　　　　　　理事長　木村　幸俊

二訂版　キーワードで読み解く　所得税の急所

令和6年9月12日　初版印刷
令和6年9月24日　初版発行

不許複製	著　者	秋山　友宏
		（一財）大蔵財務協会　理事長
	発行者	木村　幸俊

発行所　一般財団法人　大蔵財務協会
　　　〔郵便番号　130-8585〕
　　　東京都墨田区東駒形1丁目14番1号
　　　（販　売　部）TEL03(3829)4141・FAX03(3829)4001
　　　（出版編集部）TEL03(3829)4142・FAX03(3829)4005
　　　https://www.zaikyo.or.jp

印刷　三松堂㈱

落丁・乱丁はお取替えいたします。
ISBN978-4-7547-3250-9